监察规范性文件
备案审查制度构建研究

张炜达　谢寄博　高小芳 ——————— 著

中国民主法制出版社

图书在版编目（CIP）数据

监察规范性文件备案审查制度构建研究/张炜达，谢寄博，高小芳著．—北京：中国民主法制出版社，2023.6

ISBN 978-7-5162-3240-8

Ⅰ.①监…　Ⅱ.①张…　②谢…　③高…　Ⅲ.①监察—行政执法—研究—中国　Ⅳ.①D922.114

中国国家版本馆 CIP 数据核字（2023）第 095716 号

图书出品人：刘海涛
出 版 统 筹：贾兵伟
图 书 策 划：张　涛
责 任 编 辑：周冠宇

书名/监察规范性文件备案审查制度构建研究
作者/张炜达　谢寄博　高小芳　著

出版·发行/中国民主法制出版社
地址/北京市丰台区右安门外玉林里 7 号（100069）
电话/（010）63055259（总编室）　83910658　63056573（人大系统发行）
传真/（010）63055259
http：// www.npcpub.com
E-mail：mzfz@npcpub.com
开本/16 开　710 毫米×1000 毫米
印张/27.5　字数/290 千字
版本/2023 年 6 月第 1 版　2023 年 6 月第 1 次印刷
印刷/廊坊市海涛印刷有限公司

书号/ISBN 978-7-5162-3240-8
定价/86.00 元

前　言

党的十八大以来，以习近平同志为核心的党中央领导深化纪检监察体制改革，完善党和国家监督体系，推动设立国家监察委员会和地方各级监察委员会，构建以党内监督为主导、各类监督贯通协调的机制，加强对权力运行的制约和监督。从党领导全国人民治国理政的实践看，法治是保证权力不被滥用的有效手段，一方面，要将法治原则贯彻落实到反腐的每一项具体工作中，严格依宪依法依规办案，确保国家监察机关所办理的每一起案件都经得起检验；另一方面，国家监察体制改革也要遵循法治要求，监察制度，尤其是监察权运行依据，应当尊重权力运行的逻辑，让监察权在法治的框架内发挥最大的效能，让制度治党贯穿于党的建设的全过程。

监察规范性文件备案审查制度是为保障宪法法律实施、维护国家法制统一的一项监督制度。党的十九届四中全会通过了《中共中央关于坚持和完善中国特色社会主义制度　推进国家治理体系和治理能力现代化若干重大问题的决定》，决定明确要求要推进合宪性审查工作，加强备案审查制度和能力建设，依法撤销和纠正违宪违法的规范性文件。《中华人民共和国各级人民代表大会常务委员会监督法》第五章规定了规范性文件的备案审查，2023 年十四届全国人大一次会议审议通过的《关于修改〈中华人民共和国立法法〉的决定》（第二次修正）在其第五章详细规定了法规规章的备案审查制度。除了新修正的立法法附则中对监察法规的备案作出原则性规定外，两部法律均没有将监察规范性文件的备案审查纳入法律框架。

2019年第十三届全国人大常委会第十四次会议通过了《全国人民代表大会常务委员会关于国家监察委员会制定监察法规的决定》，授权国家监察委员会制定监察法规，同时规定监察法规不得与宪法、法律相抵触，监察法规应当向全国人大常委会备案，全国人大常委会有权撤销同宪法和法律相抵触的监察法规。由此开启了监察法规备案审查制度的先河，也为监察规范性文件的备案审查提供了制度蓝本。在此背景下，笔者拟从监察规范性文件备案审查的基本原理、规范化路径、机制构建三大方面进行研究，系统考察我国监察规范性文件备案审查制度的演进历史和发展现状，在习近平法治思想的指导下，把握监察规范性文件备案审查的制度进路、功能和性质，尝试从监察规范性文件备案审查的范围、标准、程序、处理等方面探究监察规范性文件备案审查的规范化路径，并提出建构二元备案审查机制、备案审查衔接联动机制、公民建议机制、沟通协商机制等相关机制。

敬请各位同仁批评指正为盼。

目　录

第一章　监察规范性文件
备案审查的基本原理

第一节　监察规范性文件备案审查的演变历史

监察规范性文件备案审查作为备案审查制度的组成部分，是我国维护宪法法律实施和推进法制监督的一项重要制度。从1979年地方组织法首次规定省级地方性法规需报送备案，到2000年立法法正式确立备案审查制度，再到党的十八届四中全会提出"将所有规范性文件纳入备案审查范围"，发展到现阶段监察规范性文件纳入备案审查范围，我国规范性文件备案审查制度历经初创、探索、发展，不断完善，实现了备案审查的体系性、全覆盖和规范化。

一、立法监督制度的确立及发展

（一）立法监督制度的确立

作为新中国成立后的第一部宪法，1954年宪法已经对立法体制及立法监督体制作出确立。按照1954年宪法规定，各级人大、国务院以及人民委员会具有立法监督权，可以改变、撤销规范性文件。此外，1979年制定的《中华人民共和国地方各级人民代表大会和地方各级人民政府组织法》（以下简称地方组织法），规定乡镇人大有权改变或者撤销本级人民委员会不适当的决议和命令。

第一，人大的立法监督权。首先，全国人民代表大会有权修改宪法、制定法律、监督宪法的实施，其常委会有权解释法律、制定法令，有权撤销国务院同宪法、法律和法令相抵触的决议和命令，有权改变或者撤销省级国家权力机关的不适当决议。其次，地方各级人大（包括乡镇人大）有权改变或者撤销本级人民委员会不适当的决议和命令。再次，县级以上人大有权改变或者撤销下级人大不适当的决议和下一级人民委员会不适当的决议和命令。最后，自治区、自治州、自治县的自治机关可以制定自治条例和单行条例，报请全国人大常委会批准。

第二，政府的立法监督权。首先，国务院有权改变或者撤销其部门首长不适当的命令和指示，有权改变或者撤销地方各级行政机关不适当的决议和命令。其次，县级以上人民委员会有权停止下一级人大不适当的决议的执行，有权改变或者撤销所属工作部门不适当的命令、指示和下级人民委员会不适当的决议和命令。由此可知，1954 年宪法通过对违宪违法或者不适当的规范性文件行使撤销权等的规定，初步确立了立法监督制度。宪法规定的立法解释制度在当时一定程度上起到了宪法解释的作用，全国人大常委会通过行使立法解释权对宪法中的存疑问题作出解释和回答。因此有人认为，1954 年宪法确立了以立法解释为表现形式的宪法监督制度。①

1975 年宪法因为于"文化大革命"期间诞生，对 1954 年宪法作了诸多错误的摒弃，也导致了立法监督体制的倒退。此后，伴随"文化大革命"结束，宪法迎来第二次修正，不仅部分恢复了 1954 年宪法的科学规定，而且在一定程度上发展了立法

---

① 全国人大常委会法工委法规备案审查室：《规范性文件备案审查制度理论与实务》，中国民主法制出版社 2011 年版，第 6 页。

监督体制。根据 1978 年宪法，全国人民代表大会新增对法律实施的监督权，即全国人大常委会有权解释宪法和法律，制定法令，改变或者撤销省级国家机关不适当的决议。遗憾的是，1978 年宪法并未全面恢复 1954 年宪法有关立法监督的规定。

（二）立法监督制度的发展

1979 年地方组织法制定通过，确立了地方立法监督制度，同时对地方性法规的制定和备案作出规定，开启了备案审查制度的先河。地方组织法第六条规定，省、自治区、直辖市的人民代表大会根据本行政区域的具体情况和实际需要，在和国家宪法、法律、政策、法令、政令不抵触的前提下，可以制定和颁布地方性法规，并报全国人民代表大会常务委员会和国务院备案。

随着改革开放决定的作出，我国经济、政治、文化、法制等方面发生了巨大变化，提出新的修宪需求。1982 年宪法集中体现了十一届三中全会的诸多决定，对我国立法制度产生重大影响。1982 年宪法确定了统一分层次的立法体制和立法监督制度，形成了宪法、法律、行政法规、地方性法规、自治条例和单行条例、规章等不同等级效力法律文件组成的立法体系，为规范性文件备案审查制度的建立提供了宪法依据和保障。

正因如此，1983 年彭真在谈及人大常委会监督宪法时提出："违宪行为有各种各样，有大违、中违，也有小违"，因此"有些违宪行为，县、省可以处理，只是重大的违宪行为，由人大处理"。十余日之后，他更为明确地指出，"一般的违宪行为，由各地方、各部门、各方面及时处理、纠正"；"全国人大和它的常委会主要是对那些有关国家安危、国计民生的重大违宪事件，进行监督"。可见，自 1982 年以后，我国规范性文件的立法监督理念已开始普及并逐渐被认可与实施。

此后，地方组织法又经过多次修订完善，为我国立法监督制度的发展与完善作出巨大贡献。1995 年地方组织法确立了省级政府和较大的市政府制定的规章的备案制度。此阶段的"备案"开始突破"报备登记"的单纯内涵，开始包括"审查"，兼具"备案"与"审查"双重意蕴。①

二、备案审查制度的确立及发展

（一）备案审查制度的正式确立

2000 年 3 月立法法审议通过，在第五章"适用与备案审查"，围绕备案时间、备案机关、审查启动、审查期限、审查方式、审查结果等，对备案制度作出系统规定。立法法的颁布，标志着备案审查制度的正式确立，在整个历史发展进程中具有里程碑式意义。此时的备案与审查开始紧密联系，成为立法制度中的关键词，但是二者之间仍然是相互独立的两种制度。同年 10 月，全国人大常委会通过《行政法规、地方性法规、自治条例和单行条例、经济特区法规备案审查工作程序》（以下简称《工作程序》）。《工作程序》对立法法作了细化规定，提升了备案审查制度的可操作性，同时标志着"备案审查"开始作为一项完整的立法监督制度登上历史舞台。

（二）备案审查制度的发展

2006 年 8 月，《中华人民共和国各级人民代表大会常务委员会监督法》（以下简称监督法）审议通过，第五章专章对"规范性文件的备案审查"作了规定，通过三方面的新规定，推动了立

① 参见陈运生：《地方人大常委会的规范审查制度研究》，中国政法大学出版社 2013 年版，第 78 页。

法监督制度的进一步完善。一是规定了立法法规定以外的地方规范性文件的备案审查。监督法授权省级人大常委会参照立法法作出具体规定，并规定了地方人大常委会的审查撤销权及撤销的条件。二是规定了对司法解释的备案审查，同时规定其他国家机关、社会团体、企事业单位和公民具有司法解释审查建议权。

党的十八大以来，备案审查制度有了进一步发展。2013年11月，党的十八届三中全会通过的《中共中央关于全面深化改革若干重大问题的决定》，首次提出"完善和发展中国特色社会主义制度，推进国家治理体系和治理能力现代化"这一重大命题，同时进一步提出"完善规范性文件、重大决策合法性审查机制""健全法规、规章、规范性文件备案审查制度"。这表明党的十八届三中全会后，备案审查制度作为落实依法治国方略的重要途径，维护宪法权威的重要机制，以及推进国家治理体系和治理能力现代化的重大举措，成功开启了新发展篇章。

2014年10月，党的十八届四中全会通过《中共中央关于全面推进依法治国若干重大问题的决定》，再次强调"加强备案审查制度和能力建设，把所有规范性文件纳入备案审查范围，依法撤销和纠正违宪违法的规范性文件，禁止地方制发带有立法性质的文件"。"把所有规范性文件纳入备案审查范围"的提法，表明我国备案审查制度在广度上达到理论上的"完美"状态，为其进一步完善提供了新的时代机遇。人大、政府、军队、法院与检察院均开始积极推进备案审查工作。

2015年是备案审查制度发展历史中的高光时刻。首先，为了适应新时代完善中国特色社会主义法律体系，2015年3月，第十二届全国人大第三次会议对立法法进行首次修改，赋予设区的市地方立法权，扩大地方规章制定主体范围，并进一步完善了备案审查制度：一是补充完善了备案审查程序，二是健全了审查建议反馈及公开机制。其次，中共中央办公厅印发了《关于建立法规、规章和规范性文件备案审查衔接联动机制的意见》，提出建立党委、人大、政府和军队系统之间的规范性文件备案审查衔接联动机制，实现有件必备、有备必审、有错必纠。最后，全国人大常委会法工委启动专项审查，对有关的 107 件地方性法规逐件进行审查研究，督促地方人大常委会对 30 件与修改后的法律规定不一致的地方性法规及时作出修改。① 2016 年 12 月，法工委制定了《全国人大常委会法制工作委员会法规、司法解释备案审查工作规程（试行）》，司法解释开始正式纳入备案审查的范畴中来。

2018 年 3 月，第十三届全国人大第一次会议修改宪法，对我国政治制度和法治体系产生了重大影响，主要体现在以下几方面：一是将全国人大"法律委员会"更名为"宪法和法律委员会"。同年 6 月，第十三届全国人大常委会第三次会议通过关于全国人大宪法和法律委员会职责问题的决定，明确规定宪法和法律委员会在继续承担统一审议法律草案等工作的基础上，增加推动宪法实施、开展宪法解释、推进合宪性审查、加强宪法监督、配合宪法宣传等工作职责。二是确立国家监察体制，我国权力结构发生变化，并由此产生"一府一委两院"新格局，对备案审查制度提出新的要求。

三、监察规范性文件备案审查制度的确立

为了建立执政党领导下的集中统一、权威高效的监察体系，党中央作出了深化国家监察体制改革的重大政治决断。② 作

---

① 参见沈春耀：《全国人民代表大会常务委员会法制工作委员会关于十二届全国人大以来暨 2017 年备案审查工作情况的报告》。

② 参见秦前红、叶海波：《国家监察制度改革研究》，法律出版社 2018 年版，第 80 页。

为国家顶层部署下的重大改革，国家监察体制改革似"一汪春水"，对我国的政治制度、权力结构、立法体制等诸方面产生深远影响。就立法体系方面，2018 年宪法修订、监察法的出台，以及 2019 年《全国人民代表大会常务委员会关于国家监察委员会制定监察法规的决定》（以下简称《监察法规决定》）的印发，形成了以宪法为核心，以监察法为纲领性法律，以全国人大常委会制定的监察性专门法律为基础，以国家监察委员会制定的监察法规为具体性规范，以各级监察委员会制定的监察规范性文件为实施性规范，以其他法律法规为补充的，内在分层有序和外在协调一致的监察法律体系。与立法权限及体系变化相应，我国备案审查制度体系随即更新，在备案审查的主体、对象、权限、范围、效力、机制等基本方面均产生了涟漪效应。

（一）监察法规备案审查制度的确立

国家监察体制改革已取得重要阶段性成果，正在新的起点上逐步深化推进。[①] 为满足国家监察工作的规范供给需求，各级监察委员会（下文简称"监委"）都在不同程度地制定监察规范。2019 年 10 月，《全国人民代表大会常务委员会关于国家监察委员会制定监察法规的决定》，授权国家监察委员会制定监察法规，[②] 标志着独属监察系统的监察法规制定权的诞生。"这促使以人大立法权为核心且以行政立法权和军事立法权为补充的'一元二系'立法权架构产生横向拓展，进而生成了更加完善的'一元

---

① 参见习近平：《在新的起点上深化国家监察体制改革》，载《思想政治工作研究》2019 年第 4 期。

② 《监察法规决定》规定："一、国家监察委员会根据宪法和法律，制定监察法规。监察法规可以就下列事项作出规定：（一）为执行法律的规定需要制定监察法规的事项；（二）为履行领导地方各级监察委员会工作的职责需要制定监察法规的事项。监察法规不得与宪法、法律相抵触。"

三系'立法分工体系；与此同时，监察权的内涵也得到极大丰富，其不再仅限于监督性执行权，作为监督性立法权的监察法规制定权已然构成其新的权力维度，这有利于织密权力监督之网"[1]。

根据《监察法规决定》，国家监察委员会具有制定监察法规的权限，同时规定监察法规应当在公布后的三十日内报全国人大常委会备案，这表明监察法规已纳入全国人大常委会备案审查的工作范围。监察法规备案审查制度正式确立。2019年12月，全国人大常委会出台《法规、司法解释备案审查工作办法》（下文简称《备案审查办法》），进一步明确了监察法规的备案审查的具体办法，推动监察法规备案审查制度不断走向规范性，获得可操作性进而服务备案实践，成为有生命力的制度。2023年修订的立法法，正式确立了监察法规备案制度。根据立法法第一百一十八条规定，国家监察委员会制定监察法规，需报全国人民代表大会常务委员会备案。

（二）监察规范性文件备案审查制度的确立

我国监察规范性文件备案审查目前处于探索阶段，并无统一的监察规范性文件备案审查的法律规定。《中华人民共和国各级人民代表大会常务委员会监督法》（以下简称监督法）第五章，专门规定了规范性文件的备案审查。由于该法颁布较早，监察委员会尚未设立，故而未将监察规范性文件列入备案审查范围。全国人大常委会法制工作委员会（以下简称"全国人大常委会法工委"）关于2019年备案审查工作情况的报告中指出，只要是规范性文件的制定机关属于人大监督对象，这些机关制定的规范性文件就都应当纳入人大备案审查范围。全国人大常委会法

---

① 聂辛东：《国家监察委员会的监察法规制定权限：三步确界与修法方略》，载《政治与法律》2020年第1期，第70页。

工委关于 2020 年备案审查工作报告中再次提到，大多数省份已经将监察规范性文件纳入备案审查范围。

2019 年印发的《备案审查办法》，虽然没有明确规定监察规范性文件备案审查，但是要求地方各级人大常委会参照该办法对本级监委制定的有关规范性文件进行备案审查，事实上在立法层面确立了该项制度。2021 年，中共中央印发《法治中国建设规划（2020—2025 年）》，进一步强调"强化对地方各级政府和县级以上政府部门行政规范性文件、地方各级监察委员会监察规范性文件的备案审查"。至此，我国基本实现了地方"一府一委两院"制定的规范性文件全部纳入同级地方人大常委会备案审查范围、主动接受人大监督的新型格局。

在顶层备案审查全覆盖理念指导下，各省级人大及其常委会纷纷因地制宜进行落实。以湖北省为例，2020 年《湖北省各级人民代表大会常务委员会规范性文件备案审查工作条例》（下文简称《湖北省备案审查条例》）修订，规定各级监察委员会制定或者由其会同有关国家机关制定的规范、指导监察工作的规定、办法、细则、意见等规范性文件应当报送本级人民代表大会常务委员会备案。截至 2022 年 4 月，已有 21 个省级人大常委会完成相关地方性法规制定、修改工作，初步构建起同级人大常委会对地方监察规范性文件进行备案审查的制度。

第二节　监察规范性文件备案审查的现状考察

一、监察规范性文件备案审查的法律依据

（一）中央层面

监察立法权作为一项新型的立法权，因为产生时间较晚，在

具体实施过程中必然面临诸多法法衔接问题。囿于法律的稳定性及修法周期考量，现行法律体系亦难以及时作出调整，甚至出现所谓的"立法空白"问题。然而，即便部分法律并未对监察机关的立法权限作出明确规定，也不意味着存在适法问题。从法律的基本原则和精神出发，监察机关的立法活动必须坚持法治原则，遵循宪法及法律规定。虽然我国监察规范性文件备案审查目前处于探索阶段，目前尚无专门法律规定，但是我国备案审查制度建立已久，相关备案审查的法律理所当然属于监察规范性文件备案审查的依据。监察规范性文件备案审查的法律依据主要包括宪法、立法法、监督法以及监察法。

第一，宪法依据。法治原则作为现代国家宪法中的基本原则，已被普遍采纳为国家治理之道，并进而纳入社会整体所追求的价值范畴。[①] 我国宪法第五条第一款规定："中华人民共和国实行依法治国，建设社会主义法治国家。"这条规定内涵丰富，体现了我国法治的两个层次：一是依法治国，即要求以法律治理国家，内含"良法"和"善治"两个由浅入深、从形式向实质发展的基本要求。二是建设社会主义法治国家，即依法治国的目的，体现了法治原则的精神内核和价值内涵。作为一项宪法原则，法治原则对所有国家机关的活动设置了基本运行轨迹，同时决定了监察机关制定规范性文件必须遵循法治原则。此外，我国宪法对规范性文件备案审查作出了进一步规定。依据第五条第二款至第五款规定："国家维护社会主义法制的统一和尊严。一切法律、行政法规和地方性法规都不得同宪法相抵触。一切国家机关和武装力量、各政党和各社会团体、各企业事业组织都必须遵

---

① 参见江国华：《法治政府要论—基本原理》，武汉大学出版社 2020 年版，第 13 页。

守宪法和法律。一切违反宪法和法律的行为,必须予以追究。任何组织或者个人都不得有超越宪法和法律的特权。"依据宪法第一百二十七条规定,监察委员会依照法律规定独立行使监察权,内含依法监察原则,再次重申了监察立法权依法行使的要求。

第二,立法法依据。立法法作为立法领域中的纲领性、基础性法律,对立法权限、程序、解释、适用、备案审查等作出了全面规定,对所有立法活动具备约束和规范作用,其中也包括监察立法活动。立法法通过第五章,借助 19 个条款,对备案审查作出专章规定,为备案审查制度奠定了完备的法律基础。虽然立法法仅对法规、规章的备案审查作出规定,并未直接提及其他规范性文件,但是其确立的宪法不抵触原则,具有更为广泛和深远的影响。立法法第九十八条规定:"宪法具有最高的法律效力,一切法律、行政法规、地方性法规、自治条例和单行条例、规章都不得同宪法相抵触。"不抵触宪法原则是我国宪法上国家法制统一原则的一项重要内容,对于贯彻宪法精神和原则,维护国家法制统一以及确定合宪性审查的对象范围,具有重要作用和指导意义。[①] 监察机关在制定规范性文件时,必须遵循立法法规定,开展备案审查,以确保其合宪性。

第三,监督法依据。监督法是保障人民代表大会常务委员会依法行使监督职权,发展社会主义民主,推进依法治国的基础性法律。根据监督法,人大常委会对其他国家机关监督的方式主要包括听取和审议专项工作报告,规范性文件的备案审查,询问和质询等。为保障监察独立,监察人员依法执行职务是独立的,人

---

① 参见门中敬:《不抵触宪法原则的适用范围:规范差异与制度逻辑》,载《法学论坛》2022 年第 1 期。

大对监察委员会的监督限于机构监督和违法监督。[①] 地方人大对地方监察委员会规范性文件备案审查的监督属于机构监督和违法监督的范围，[②] 而规范性文件的备案审查则是具体的监督方式。因此，监督法第五章有关规范性文件的备案审查的专门性规定，属于监察规范性文件备案审查的法律依据。

第四，监察法依据。依法监察不仅是宪法法治原则的具体化，更是监察法的贯彻实施和监察法治的基本遵循。依法监察是一切监察制度及活动的基本前提。[③] 监察法第四条规定，监察委员会依照法律规定独立行使监察权。依照法律行使监察权，即是依法监察原则的法定表述。监察法第五十三条规定，各级监察委员会应当接受本级人民代表大会及其常务委员会的监督。各级人民代表大会常务委员会监督的方式包括三种：听取和审议专项工作报告、组织执法检查，以及提出询问或者质询。监察机关在行使作为监察权重要组成部分的监察立法职权时，必须接受人大监督。由此可知，各级监察委员会制定和发布监察规范性文件须符合法律规定，经过法定程序，是依法监察原则的应有之义，更是人大监督的基本表现，折射着浓厚的监察法治精神。

第五，人大发布的授权决定及相应文件。人大发布的授权决定及相应文件，为监察规范性文件备案审查提供了较为明确的依据。2019年10月26日通过的《全国人民代表大会常务委员会关

---

① 参见刘小妹：《人大制度下的国家监督体制与监察机制》，载《政法论坛》2018年第3期。

② 参见谭清值：《合宪性审查的地方制度构图》，载《政治与法律》2020年第2期。

③ 参见秦前红、石泽华：《论依法监察与监察立法》，载《法学论坛》2019年第5期。

于国家监察委员会制定监察法规的决定》，首次提出建立监察法规备案审查制度。同年通过《法规、司法解释备案审查工作办法》，正式将监察法规纳入备案审查范围，并对备案、审查（审查职责、审查程序、审查标准）、处理、反馈与公开、报告工作等八个方面作出细致规定。依据法律优越原则，监察法规的位阶高于监察规范性文件，监察规范性文件须严格依据法律规定不得抵触监察法规等上位法。既然监察法规已列入备案审查的范围，若不对监察规范性文件进行备案审查，则会出现当监察规范性文件与监察法规相抵触情形发生时，监察法规可能处于被架空的局面。对此，监察委员会印发的规范性文件，理应遵循《备案审查办法》。

此外，《中国共产党党内法规和规范性文件备案审查规定》中对党内法规和规范性文件的备案审查原则、范围、主体、报备、审查、处理、保障与监督等内容作出了明确的规定。考虑到纪检监察合署办公的体制设置，目前党内规范性文件纳入备案审查的范围，各级监察委员会制定的监察规范性文件纳入备案审查范围同样具有必要性与可行性。

（二）地方层面

中央层面尚无明确的监察规范性文件备案审查规定，但地方层面已经先行探索，将监察规范性文件纳入人大备案审查范围。2020 年备案审查工作报告指出，全国人大常委会法工委以指导地方正确参照适用《备审工作办法》为依托，推动各地健全备案审查制度和体制机制，目前已有 21 个省份将"一府一委两院"规范性文件全部纳入人大备案审查范围。例如，《河北省各级人民代表大会常务委员会规范性文件备案审查条例》《黑龙江省各级人民代表大会常务委员会规范性文件备案审查条例》《湖北省各级人民代表大会常务委员会规范性文件备案审查工作条例》《福建省各级人民代表大会常务委员会规范性文件备案审查条例》《江苏省各级人民代表大会常务委员会规范性文件备案审查条例》《新疆维吾尔自治区各级人民代表大会常务委员会规范性文件备案审查条例》《云南省各级人民代表大会常务委员会规范性文件备案审查条例》《青海省各级人民代表大会常务委员会规范性文件备案审查条例》《辽宁省各级人民代表大会常务委员会规范性文件备案审查条例》《天津市人民代表大会常务委员会和区人民代表大会常务委员会规范性文件备案审查办法》等（参见表1）。

表1　部分省（自治区、直辖市）有关监察规范性文件纳入备案审查的情况

发布时间	发布部门	名称	对应条款	制定依据
2018年8月24日	黑龙江省人大常委会	《黑龙江省各级人民代表大会常务委员会规范性文件备案审查条例》	第3条第6条	宪法、立法法、监督法
2019年11月28日	内蒙古自治区人大常委会	《内蒙古自治区各级人民代表大会常务委员会规范性文件备案审查条例》	第12条	立法法、监督法
2020年3月27日	河北省人大常委会	《河北省各级人民代表大会常务委员会规范性文件备案审查条例》	第4条第14条第17条	立法法、监督法
2020年6月11日	云南省人大常委会	《云南省各级人民代表大会常务委员会规范性文件备案审查条例》	第3条第8条第18条第40条	立法法、监督法
2020年7月24日	福建省人大常委会	《福建省各级人民代表大会常务委员会规范性文件备案审查条例》	第6条第7条第15条	立法法、监督法

续表

发布时间	发布部门	名称	对应条款	制定依据
2020 年 7 月 31 日	江苏省人大常委会	《江苏省各级人民代表大会常务委员会规范性文件备案审查条例》	第 10 条 第 41 条	立法法、监督法
2020 年 9 月 19 日	新疆维吾尔自治区人大常委会	《新疆维吾尔自治区各级人民代表大会常务委员会规范性文件备案审查条例》	第 7 条 第 13 条 第 25 条 第 26 条	立法法、监督法
2020 年 9 月 25 日	天津市人大常委会	《天津市人民代表大会常务委员会和区人民代表大会常务委员会规范性文件备案审查办法》	第 2 条 第 8 条 第 9 条 第 19 条	立法法、监督法
2020 年 11 月 25 日	辽宁省人大常委会	《辽宁省各级人民代表大会常务委员会规范性文件备案审查条例》	第 6 条 第 11 条 第 18 条	立法法、监督法
2020 年 11 月 27 日	湖北省人大常委会	《湖北省各级人民代表大会常务委员会规范性文件备案审查工作条例》	第 3 条 第 7 条 第 8 条 第 13 条	宪法、立法法、监督法
2020 年 12 月 2 日	青海省人大常委会	《青海省各级人民代表大会常务委员会规范性文件备案审查条例》	第 8 条 第 18 条	立法法、监督法
2021 年 5 月 21 日	上海市人大常委会	《上海市人民代表大会常务委员会规范性文件备案审查条例》	第 2 条 第 7 条 第 10 条	宪法、立法法、监督法
2021 年 5 月 28 日	山西省人大常委会	《山西省各级人民代表大会常务委员会规范性文件备案审查条例》	第 6 条 第 9 条	立法法、监督法

续表

发布时间	发布部门	名称	对应条款	制定依据
2021年6月1日	海南省人大常委会	《海南省各级人民代表大会常务委员会规范性文件备案审查条例》	第9条第18条	立法法、监督法
2021年7月28日	江西省人大常委会	《江西省各级人民代表大会常务委员会规范性文件备案审查条例》	第4条第12条	立法法、监督法
2021年7月30日	广东省人大常委会	《广东省各级人民代表大会常务委员会规范性文件备案审查条例》	第8条第16条	宪法、立法法、监督法
2021年9月29日	安徽省人大常委会	《安徽省各级人民代表大会常务委员会实行规范性文件备案审查的规定》	第6条第9条第16条第38条	立法法、监督法
2021年11月26日	北京市人大常委会	《北京市各级人民代表大会常务委员会规范性文件备案审查条例》	第7条第8条第13条	立法法、监督法
2022年3月30日	重庆市人大常委会	《重庆市各级人民代表大会常务委员会规范性文件备案审查条例》	第9条第10条	立法法、监督法
2022年7月28日	湖南省人大常委会	《湖南省各级人民代表大会常务委员会规范性文件备案审查条例》	第4条第11条	立法法、监督法
2022年7月29日	贵州省人大常委会	《贵州省各级人民代表大会常务委员会规范性文件备案审查条例》	第6条第7条第17条	立法法、监督法

二、监察规范性文件的基本样态

依据不同的标准，监察规范性文件具备不同的样态。根据文件名称形式，监察规范性文件包括意见、文件、办法和细则等四种类型。依照制定主体的地位和数量不同，监察规范性文件相应表现为两种形态：国家监察委员会制定的规范性文件与地方各级监察委员会制定的规范性文件，监察机关自行制定的规范性文件与监察机关和其他国家机关联合制定的规范性文件。按照内容标准，监察规范性文件可以分为执行性监察规范性文件和创制性监察规范性文件。

（一）文件名称

监察规范性文件作为各级监察机关制定的涉及公民、法人和其他组织权利、义务，具有普遍约束力，在一定时期内反复适用的文件，具备不同的形式。根据地方立法文件可知，监察规范性文件的名称主要有规定、办法、细则、意见。例如，《湖北省各级人民代表大会常务委员会规范性文件备案审查工作条例》第八条第三项规定，监察规范性文件的形式包括规定、办法、细则、意见；《江西省各级人民代表大会常务委员会规范性文件备案审查条例》第四条第三项规定，监察规范性文件的名称包括规定、细则、办法和意见。

关于规定、办法、细则和意见四种文件形式的具体内涵和内容差异，立法并未明确。例如，为了贯彻《国家监察委员会特约监察员工作办法》，海淀区监委出台了《海淀区监察委员会特约监察员工作办法》，广州市则制定了名为《广州市监察委员会特约监察员工作制度》的规范性文件。虽然监察规范性文件名称拟定尚存在随意、模糊等问题，但凡是内容为实施法律、法规和上级监察机关规范性文件的，其名称前需冠以"实施"两字。如宜昌市纪委监委先后出台《宜昌市纪检监察机关开展失实检举控告澄清正名工作的实施细则》《宜昌市纪检监察机关查处诬告陷害行为实施细则》。

（二）制定主体

按照文件制定主体不同，可以将监察规范性文件分为监委单独制定的监察规范性文件以及监委会同其他国家机关联合制定的监察规范性文件。

监察机关自行制定的监察规范性文件，囊括了国家、省、市、县四级监察机关制定的监察规范性文件。从效力层级上来看，监察规范性文件的效力与监察机关的级别呈正比，从国家监委到县级监委，监察规范性文件的效力逐级递减。例如，《武汉市监察委员会特约监察员工作办法（试行）》的效力等级应低于《国家监察委员会特约监察员工作办法》。

监委与其他国家机关联合制定的监察规范性文件，在实践中更为常见，数量最多。从联合印发主体来看，通常包括本级纪委、人民法院、人民检察院、人民政府及其职能部门，内容可能涉及监察权运行时各主体之间的职责划分与衔接、工作协助与配合。其中，纪监联合印发的监察规范性文件在联合印发规范性文件中，占比最多。例如，为深化国家监察体制改革，充分发挥中央纪律检查委员会和国家监察委员会合署办公优势，推动监察机关依法接受民主监督、社会监督、舆论监督，规范特约监察员工作，中央纪委与国家监委在 2018 年 8 月 24 日联合印发《国家监察委员会特约监察员工作办法》。为深入贯彻习近平新时代中国特色社会主义思想，培育和践行社会主义核心价值观，建设文明家庭、实施科学家教、传承优良家风，强化党员和领导干部家风建设，突出少年儿童品德教育关键等，2021 年 6 月，中宣部、中央文明办、中央纪委、中组部、国家监委、教育部与全国妇联七个主体联合印发《关于进一步加强家庭家教家风建设的实施意见》。

（三）规范内容

为了调和国家监察体制改革过程中规范供给与规范需求之间的矛盾，必须赋予监察机关制定规范性文件的权力。监察规范性文件制定数量的增长，为监察工作的高效开展提供了法规范依据，同时也存在效力等级较低、规范性质不明、制定主体欠妥等瑕疵，① 甚至会因权限问题而诱发关于合法性的质疑。立法权限的划分是任何国家立法制度的核心内容，而监察法作为我国立法体系中的新成员，尚面临立法权限较为模糊的问题。一般而言，根据立法权限不同，立法可分为创制性立法和执行性立法。与之相应，根据规范内容和功能不同，监察法律及规范性文件一般可分为执行性和创制性两类。

2019 年 10 月十三届全国人大常委会第十四次会议通过《全国人民代表大会常务委员会关于国家监察委员会制定监察法规的决定》，明确规定监察法规可以作出规定的事项，分别是"为执行法律的规定需要制定监察法规的事项"和"为履行领导地方各级监察委员会工作的职责需要制定监察法规的事项"，分别对应执行性立法和创制性立法。关于监察规范性文件的规范内容，虽然现行立法并未予以明确，但应将其限制在执行性的范畴。一方面，立法法明确规定立法的形式为法律、法规和规章，并未确认规范性文件的"立法"属性；另一方面，在地方性立法中，基本形成了监察规范性文件目的在于指导和规范监察工作的共识。由此

---

① 参见叶海波：《从"纪检立规"到"监察立法"：深化国家监察体制改革法治路径的优化》，载《政治与法律》2020 年第 8 期。

可知，监察规范性文件不具有创设新权利义务的功能，而只能作为指导和规范监察工作的具体手段，其规范内容应限于执行性目的。

三、监察规范性文件备案审查的实践运行

（一）取得成效

监察规范性文件备案审查自 2018 年被黑龙江省人大常委会以地方性法规的形式予以确立后，至今虽然只有短短几年，但在诸多领域激起涟漪效应，产生了诸多积极影响。

首先，推动备案审查全覆盖。推动一切规范性文件纳入备案审查范围，是衡量法治建设的一个重要指标。党的十八届四中全会提出，要"加强备案审查制度和能力建设，把所有规范性文件纳入备案审查范围，依法撤销和纠正违宪违法的规范性文件，禁止地方制发带有立法性质的文件"。可见，构建规范性文件备案审查制度成为法治建设的重要方向。监察体制改革以来，各地监察委员会在工作中大量采用制发监察规范性文件的方式开展工作，导致实践中监察规范性文件的大量存在。从本质上来看，监察规范性文件属于规范性文件的范畴，理应纳入备案审查范围。监察规范性文件备案审查契合规范性文件备案审查制度的现实发展需要，有助于弥补规范性文件备案审查制度现存的缺漏。

地方人大备案审查范围，是迄今四份备审年报持续关注的事项。2019 年 10 月通过的《全国人民代表大会常务委员会关于国家监察委员会制定监察法规的决定》将监察法规纳入备审范围，居于 2019 年备审范围"全覆盖"四个增加的亮点之首；[①] 关于将包

[①] 参见郑磊、赵计义：《2019 年备案审查年度报告评述》，载《中国法律评论》2020 年第 2 期。

括"一委"在内的所有规范性文件都纳入地方人大常委会监督工作范围，2019 年报告只是作为建立健全地方的备案审查工作情况报告制度的"目的"提及。《备案审查办法》第五十五条明确规定，地方各级人大常委会参照本办法对包括监察委员会在内"一府一委两院"制定的有关规范性文件进行备案审查。在《备案审查办法》实施后，河北、云南、福建、江苏、新疆、天津、辽宁、湖北、青海、上海、山西、海南等相继制定或修改备案审查条例，将县级以上监委会规范性文件纳入备案审查范围。

这项工作将继续成为重点。2021 年 4 月在南宁召开的备案审查工作座谈会上，强调对当前需要重点推进的几项工作中，第一项就是"全面贯彻实施《法规、司法解释备案审查工作办法》，尽快将'一府一委两院'制定发布的有关规范性文件纳入备案审查范围。"① 2020 年备案审查报告指出，已有 21 个省份将"一府一委两院"规范性文件全部纳入人大备案审查范围。"一委"作为此次报告的亮点，表明了我国备案审查的范围已经实现了全覆盖。

其次，提升监察工作法治化水平。监察工作具有高度的政治属性，所有监察工作均应将政治性摆在首位。但在实践过程中，监察工作更为重视政治要求，法治化进程依旧处于推进阶段。目前，我国并未建立完善的监察法制体系，非立法性的监察规范性文件活跃于监察工作之中，监察规范性文件中的术语规范性与技术性有待进一步提升。监察权的运行需要置于国家监督体系之下，而监察规范性文件备案审查是法治监督下的必然要求，有助于提升监察规范性文件的法治性，促使监察工作在法治轨道上有序开展，提高监察法治水平。

---

① 《全国人大常委会法工委在广西南宁召开备案审查工作座谈会》，载微信公众号"备审动态"2021 年 4 月 22 日，https：//mp. weixin. qq. com/s/5m9CTBx_ kI9WrPnJVyktIg。

再次，推动社会主义法治体系进一步完善。习近平法治思想"十一个坚持"中提到，坚持建设中国特色社会主义法治体系。中国特色社会主义法治体系的建设是全面推进依法治国的重要一环。法治体系建设内容丰富，其中监察规范性文件、行政规范性文件及党内规范性文件均属于法治体系建设的范畴。监察规范性文件备案审查作为监察法制体系建设中的重要环节，在法治体系建设中不可或缺。换言之，法治体系建设亟须构建监察规范性文件备案审查制度。监察规范性文件备案审查制度的构建有助于促进法治体系建设。

最后，推进国家治理体系和治理能力现代化。国家治理问题是现代法治社会的一个重要问题，反映着一个国家的治理水平好坏，主要包含国家治理体系和治理能力两大方面。坚持在法治轨道上推进国家治理体系和治理能力现代化，是习近平法治思想的核心命题之一，是推进国家治理法治化的科学理论指引。① 国家治理体系和治理能力现代化的要求之一便是规范公权力的有效运行，监督公权力的正确行使。监督是权力正确运行的保证，是国家制度和治理体系有效运转的重要支撑。监察规范性文件在某种程度上折射出监察工作是否合乎法治化要求，将其纳入备案审查范围符合国家治理的总目标。监察规范性文件备案审查作为国家治理中的一项重要制度，能够纠正监察工作中的违法不当规定，将其有效转化为国家监察效能。构建中国特色的监察规范性文件备案审查制度，可以有效助推监察活动制度化、规范化、科学化。

（二）现实困境

然而，作为新兴的监察规范性文件备案审查制度依旧处于起

---

① 参见李林：《坚持在法治轨道上推进国家治理体系和治理能力现代化》，载《暨南学报（哲学社会科学版）》2021 年第 1 期。

步阶段，在实践运行中面临不少问题亟待解决。

首先，监察规范性文件备案审查的法律依据不明确。自监察法颁布以来，各级监察委员会大多采取制定监察规范性文件的形式开展具体的监察工作。监察规范性文件广泛应用于监察实践工作中，对监察工作的推进具有重要的意义。目前，国家层面尚未出台统一的监察规范性文件备案审查的相关法律规定，宪法、立法法、监督法等尚未规定将监察立法文件纳入备案审查范围，致使监察规范性文件备案审查缺乏明确的法律依据。地方层面，各地对于监察规范性文件是否纳入备案审查范围不统一。据初步统计，有21个省、区、市已经依据《法规、司法解释备案审查工作办法》将监察委员会制定的规范性文件纳入人大备案审查范围内。其他地方正在进行修订备案审查方面的相关规定。此外，已经将监察规范性文件纳入备案审查范围的各地方仍存在不同的规定。例如，青海省将规范性文件备案审查地方性法规的内容分为总则、备案、审查、处理、保障与监督、附则等六部分，审查部分对审查职责、审查程序、审查标准进行了专门规定。湖北省将审查要求与审查建议独立，与审查、处理、保障与监督等部分相并列。监察规范性文件备案审查体现了人大对监察机关的监督，突出了人大在备案审查工作中的主导地位。根据监察法的规定，主要表现为听取和审议专项报告、组织执法检查、就监察工作中的有关问题提出询问或者质询。① 对于监察规范性文件如何进行相应的监督并无明确的法律规定，出现了法律监督的"真空地带"，以致监察规范性文件备案审查工作无法有效开展。

其次，监察规范性文件备案审查的基准不明晰。基准是描述

---

① 参见张云霄：《监察法学新论》，中国政法大学出版社2020年版，第257页。

依据的标准。监察规范性文件备案审查的基准是判断监察规范性文件是否符合监察法治的重要依据。我国宪法、立法法、监督法等法律中存在监督规范性文件的审查基准规定。但上述法律中的备案审查基准在实际操作过程中存在不统一的情形，宪法、立法法和监督法理论上主要确立了合法性基准，备案审查实践中则适用合法性基准与适当性基准。① 监察规范性文件备案审查工作直接适用于上述基准则会出现合法性标准过于简单化、适当性标准抽象化、操作标准空洞化等问题。② 对监察规范性文件进行备案审查，具体的备案审查基准是一个关键性的问题。目前，具体的备案审查基准为何，相关立法和实践并不明晰，增加了监察规范性文件备案审查的现实难度。监察规范性文件备案审查的基准是衡量监察规范性文件合法适当与否的重要标尺。监察规范性文件备案审查基准的明确，方能有效推进监察规范性文件备案审查制度的构建。

再次，监察规范性文件备案审查的程序不统一。法律程序意指行为主体依照一定的方式、方法、步骤、时限等所形成实体法律内容的过程。法治国家原则要求程序正当，正当法律程序有助于公正实体结果的实现。监察规范性文件备案审查的程序规定关乎具体备案审查工作的正常运行，监察规范性文件备案审查工作理应坚持正当程序原则，确保备案审查工作严格依照相关法定程序进行。实践中，统一的监察规范性文件备案审查程序缺失，给监察规范性文件备案审查工作的有序开展带来了困扰。监察规范性文件备案审查的程序如何规定，究竟是借鉴党内法规和规范性

---

① 参见孙波：《论规范性文件备案审查结果的溯及力》，载《政治与法律》2021 年第 1 期。

② 参见秦前红：《人大监督监察委员会的主要方式与途径——以国家监督体系现代化为视角》，载《法律科学（西北政法大学学报）》2020 年第 2 期。

文件的备案审查程序，还是根据其自身特色制定特殊的备案审查程序，是一个需要迫切明晰的问题。

最后，监察规范性文件备案审查的沟通反馈不力。作为一种强制性的公权力，监察权适用于监督公职人员的行为。自监察法颁布以来，监察委员会呈现出位高权重的态势。从政治法律角度综合评估，纪委监委合署办公，统一掌握各项反腐资源。其权力空前厚重且集中，政治地位明显高于同级法院和检察院。[①] 此种情形下，各级人大对监察委员会进行监督制约的难度剧增，无法支配和监督党的纪委和纪律监督权。[②] 进而会导致监察规范性文件备案审查的沟通不易、反馈不力。实践中，对于监察委员会未能及时落实备案审查机关提出的审查建议，备案审查机关可建议主任会议要求监察委员会向人民代表大会提交专项报告。[③] 而对于专项报告后备案审查机关与监察委员会如何沟通则语焉不详。故此，人大常委会与监察委员会间的沟通反馈亟待加强。

第三节　监察规范性文件备案审查的制度属性

一、监察规范性文件备案审查的制度进路

规范性文件备案审查制度，是为了保障宪法法律实施、维护

---

① 参见童之伟：《对监察委员会自身的监督制约何以强化》，载《法学评论》2017 年第 1 期。

② 参见秦前红：《人大监督监察委员会的主要方式与途径——以国家监督体系现代化为视角》，载《法律科学（西北政法大学学报）》2020 年第 2 期，第 36—44 页。

③ 参见祝晓光、袁任新：《规范性文件备案审查范围探究》，载《河北经贸大学学报（综合版）》2020 年第 2 期。

国家法制统一确立的宪法性制度。党的十八大以来，以习近平同志为核心的党中央深入推进依法治国，高度重视宪法实施和监督，就加强备案审查工作作出一系列部署。党的十九届四中全会通过了《中共中央关于坚持和完善中国特色社会主义制度推进国家治理体系和治理能力现代化若干重大问题的决定》，该决定明确要求，推进合宪性审查工作，加强备案审查制度和能力建设，依法撤销和纠正违宪违法的规范性文件。由此，对规范性文件的备案审查，纠正规范性文件中存在的违宪违法和明显不适当的问题应当是各级人大及其常委会的工作重心，也是规范性文件备案审查制度的核心问题。

2000年，第九届全国人大常委会通过了《行政法规、地方性法规、自治条例和单行条例、经济特区法规备案审查工作程序》，其中的第五条、第六条规定报送备案的法规由全国人大常委会办公厅秘书局负责接收、登记、存档。每年1月底前，各报送机关应将其上一年度制定的法规的目录报全国人大常委会办公厅备查。2001年国务院《法规规章备案条例》第六条规定，依照本条例报送国务院备案的有关规定执行。2006年，《中华人民共和国各级人民代表大会常务委员会监督法》第二十八条规定，行政法规、地方性法规、自治条例和单行条例、规章的备案、审查和撤销，依照立法法的有关规定办理。2014年全国人大常委会法工委先后制定了《对提出审查建议的公民、组织进行反馈的工作办法》《法规、司法解释备案审查工作规程（试行）》等程序性规定。2023年第十四届全国人大一次会议通过了《关于修改〈中华人民共和国立法法〉的决定》，这是继2015年立法法修改后的第二次修改，立法法的两次修改完善了备案审查的规定。其中，第一百零九条规定，行政法规、地方性法规、自治条例和单行条例、规章应当在公布后的三十日内依照规定报有关机关备案；同时规定了不同的法规、规章报不同的部门备案。第一百一十一条规定了对法规进行被动审查和对规范性文件进行主动审查的情况，第一款规定，有关的专门委员会和常务委员会工作机构可以对报送备案的规范性文件进行主动审查；第二款还规定了国务院审查工作机构可以根据需要进行专项审查。全国人大常委会从 2017 年开始，听取并审议备案审查专项工作报告，2019 年全国人大常委会委员长会议审议通过了《法规、司法解释备案审查工作办法》，切实推动了全国和地方各级人大常委会建立听取和审议备案审查工作专项报告制度的落实，进一步完善了备案审查工作制度，2023 年立法法的第二次修正，从法律上健全了备案审查制度。

从硬件设施上讲，全国人大常委会牵头并指导地方人大常委会共同建设了覆盖全国、互联互通、功能完备、操作便捷的备案审查信息平台，规范性文件实现统一电子报备，公民可在线提交审查建议，备案审查实现全流程电子化，并初步建成了国家法律法规数据库。对审查中发现的规范性文件违宪、违法、明显不适当等问题，通过沟通、协商、约谈、函询等方式加大纠错力度，备案审查制度的制度性进一步增强。并通过备案审查衔接联动机制加强同党委、政府、军队等系统备案审查工作机构的联系，落实"有件必备、有备必审、有错必纠"。

《法治中国建设规划（2020—2025 年）》明确提出，强化对地方各级政府和县级以上政府部门行政规范性文件、地方各级监察委员会监察规范性文件的备案审查。2019 年全国人大常委会审议通过了《法规、司法解释备案审查工作办法》，授权地方各级人大常委会对本级监察委员会制定的有关规范性文件进行备案审查。从《法规、司法解释备案审查工作办法》第二条规定的适用范围来看，监察法规应当在备案审查之列。2019 年第十三届全国人大常委会第十四次会议通过了《全国人民代表大会常务委员会关于国家监察委员会制定监察法规的决定》，明确规定监察法规应当在公布后的三十日内报全国人大常委会备案，全国人大常委会有权撤销同宪法和法律相抵触的监察法规，监察法规由国家监察委员会办公厅负责报送备案。《法规、司法解释备案审查工作办法》第二十六条第四款规定，对地方监察委员会制定的规范性文件提出的审查建议，移送制定机关所在地的省级人大常委会，并可同时移送国家监察委员会。根据监察法的规定，地方各级监察委员会对本级人民代表大会及其常委会和上一级监察委员会负责，并接受其监督。《全国人民代表大会常务委员会关于国家监察委员会制定监察法规的决定》将规范性文件的制定机关纳入了人大监督的对象，其制定的规范性文件也自然应当纳入人大备案审查的范围。该办法第五十五条规定，地方各级人大常委会参照本办法对依法接受本级人大常委会监督的地方政府、监察委员会、人民法院、人民检察院等国家机关制定的有关规范性文件进行备案审查。地方人大常委会积极探索地方监察委员会的规范性文件纳入备案审查范围，加强监督。

二、监察规范性文件备案审查的制度功能

（一）权力机关监督监察权运行的重要方式

根据宪法、立法法和监督法的规定，备案审查制度包括备案、审查和纠正三方面的程序和内容。从现有的制度和监察机关的领导体制看，对监察规范性文件有监督权的主要包括三类主体：第一类是权力机关；第二类是党的机关；第三类是监察机关的上级机关。

从宪法、立法法、监督法和《法规、司法解释备案审查工作

办法》的规定来看，国家权力机关和监察机关之间是监督与被监督的关系。各级监察委员会对产生它的权力机关和上一级监察机关负责。地方各级监察机关由本级人民代表大会产生，对本级人民代表大会负责，受本级人民代表大会的监督，该监督包括本级人民代表大会的工作监督和法律监督。这就意味着，同级人民代表大会及其常委会对各级监察机关的产生、运行以及各级监察机关行使监察权进行监督，根据相关法律法规的规定，该监督包括职务任免、工作监督、法律监督和对各级监察机关制定的规范性文件的监督。从监察机关制定的规范性文件来看，有的文件是执行上位法或者上级机关的规定，有的文件是依照上位法或者上级机关的规定创设的新规范。由此可见监察规范性文件是国家监察权行使的重要方式之一，在国家权力体系的运行中具有举足轻重的作用。监察权是落实监督责任、澄清吏治、促进善治的重要职权。通过对监察规范性文件的备案审查，逐步实现监察法和监察法规的有效实施，监督、督促监察权的正确行使，维护国家法制的统一。

（二）各级党委监督监察机关的重要方式

各级监察机关是在同级党委和上级监察机关的领导下开展工作的。同级党委通过对各级监察机关制定的规范性文件进行备案审查，既是同级党委领导法治建设工作的需要，也是各级党委反腐的职责所在，同时还是党领导组织建设的重要方式。党的领导不仅仅体现在政治领导、组织领导和作风建设上，还包括对同级政府部门和各级领导干部的监督。各级党委通过对各级监察机关制定的规范性文件的监督推进对同级政府部门的监督，同时通过对规范性文件的备案审查推进监察工作的规范性，从而实现对各级领导干部的监督，也促进了对党政干部监督的法治化，也是各级党委全面落实从严治党，推进反腐工作的有利抓手。党内监督和国家的监察体制具有内在一致性，决定了党内监督和国家监察统一的必然性。① 各级监察机关对同级党委负责，接受党委的领导和监督。各级党委对同级监察规范性文件的审查具有主导性、全程性和嵌入性，这也是由监察机关的特殊性质决定的。根据党中央的决策和部署，从国家监察委员会成立之初，就是与中央纪委合署办公的，这就意味着，我国的监察机关既是执法机关也是执行党的纪律检查的机关，也从根本上解决了反腐败"五龙治水"局面，既强化了党对反腐工作的集中统一领导，也增强了反腐工作的权威性和威慑力。

从工作监督讲，各级党委对纪委监察机关的领导表现为工作领导、管理，定期或者不定期听取、审议本级纪委和监察机关的工作报告。在监察机关侦办案件过程中，涉及案件问题的线索、立案调查、违纪审查和调查中的重大事项，都应当向本级党委报告。根据《中国共产党党内法规和规范性文件备案审查规定》，各级纪委和监察机关制定的规范性文件，应当向同级党委的法规部门备案，同时按照《中国共产党党内法规和规范性文件备案审查规定》的规定审查。

实践中，各级纪委和同级监察机关会联合发布大量的规范性文件，这类文件既包含党内法规的性质，又有法律法规的性质。从规范性意义上讲，它既不是严格意义上的党内法规，又没有经过严格的立法程序；但是从效力上讲，它对党员干部和非党员干部又都具有拘束力。② 从党内法规的审查备案来讲，各级人大及

---

① 李建国：《关于〈中华人民共和国监察法（草案）〉的说明》，载《全国人大常委会公报》2018 年第 2 号。

② 参见曾哲、丁俊文：《问题展开与路径阐释：依法监察理论和地方监察立法之证成》，载《河北法学》2020 年第 10 期。

其常委会对此类规范性文件没有审查权，只有同级党委能够备案审查，但是作为联合发文来讲，各级监察机关应当向上级监察机关和同级人大常委会备案，由同级人大及其常委会进行审查。

（三）各级监察机关领导和监督下级监察机关工作的方式

从我国监察制度创设来看，监察权是同立法权、行政权、司法权平行的权力，都是从属于国家主权的权力，监察机关也是由权力机关产生，对权力机关负责，受权力机关监督的机关。监察制度的创设，既是我国组织制度的创新性改革，也是权力监督制度的创建。从监察制度的体系看，国家监察委员会领导地方各级监察委员会的工作，上级监察委员会领导下级监察委员会，既包括组织上的领导，也包括业务上的领导。上级监察委员会不仅仅对下级监察委员会具有行政管理意义上的领导，同时还对下级监察委员会具有监督和管理的职责。根据监察法第二章、第三章中监察范围和第四章监察权限的规定，上级监察委员会对下级监察委员会的领导是全面的、具体的、全过程的领导，不但包括结果上的监督，还包括办案过程中的领导和监督。从这个意义上讲，上级监察委员会对下级监察委员会的领导既不同于行政机关上下级之间的领导关系，也不同于司法机关上下级之间的业务指导关系。[①]

从《法规、司法解释备案审查工作办法》第二条、第十条和第二十六条的规定来看，国家监察委员会制定的监察法规由国家监察委员会办公厅报送给全国人大常委会备案审查；地方各级监

---

① 秦前红：《我国监察机关的宪法定位——以国家机关相互间的关系为中心》，载《中外法学》2018年第3期。

察委员会制定的规范性文件由全国人大常委会法工委提出审查建议，并移送省级人大常委会备案审查，同时移送国家监察委员会。由此可见，国家监察委员会对地方各级监察机关是统一领导的，国家监察委员会对地方各级监察机关制定的监察规范性文件也进行备案审查。监察规范性文件是由各级监察委员会制定的。上级监察委员会通过备案审查机制监督下级监察机关的工作，防止下级监察委员会滥用监察权，同时也在权力上给予下级监察委员会必要的支持。上级监察委员会对下级监察委员会制定的规定性文件的备案审查，既是业务上的指导，也是职权上的领导，还包括对个案的判断和指导；既是对具体案件侦办的指导，也是对抽象监察行为的审查和监督，同时也是依据监察法律法规履行重大事项报告制度。

三、监察规范性文件备案审查制度的性质

（一）规范权力的"笼子"

1. 规范权力的制度逻辑

监察规范性文件的备案审查制度从横向上看，是监察权在体制内的纵深发展，是把权力关进制度的笼子的有效抓手，是独立建制的监察机构的专业化模式，是监察权独立于其他国家权力的关键一步。从纵向上看，是新时代党领导纪检监察体制的改革和创新，是国家治理能力和治理体系现代化建设过程中的探索和发展，是我国纪检监察体制发展的新思路，也是解决改革实践中反腐问题的基础逻辑。

国家监察委员会的创设，监察体制的改革是新中国成立以来最重大的政治体制变革之一。制度的生命在于是否能够适应时代的变迁，制度衰败的原因是与外部环境脱节而造成的制度

性僵化。① 客观上讲，任何制度都会面临失效的问题，任何系统在创设之初都是一个权力制衡的存在，但是分权的过度细化将导致权力部门的"体制性否决"，② 难以形成有效的制约，所谓体制性否决就是权力的过度细化而导致部门过分关注部门权力而缺乏整体性考虑，致使体制无法发挥有效的作用。党的十八大以来，习近平总书记一直强调"谁来监督纪委，防止'灯下黑'的问题"，这就意味着把权力关进制度的笼子，同样适用于监察机关。

2. 监察体制的实践逻辑

我国的国家治理应当立足我国的基本国情，这也是解决问题的基础。中国共产党是我国的执政党和领导党，在国家和社会的治理中具有实质意义上的领导地位，我国的领导干部多数都具有中国共产党党员的身份，在探索监察体制过程中，就必须将这一情况作为制度性背景考虑其中，并将监察体制的顶层设计"嵌入"这一"制度背景"中。在这一体制背景下，监察委员会的设置至少要实现三个目标，即监察权必须在党的统一领导下行使；一个机构必须实现党和国家监督权力的双重职责；对权力的监督能够有效实施。只有同时实现这三个目标，监察权才能跳出"体制性否决"的僵局，实现监察效率。

从性质上讲，我们党是工人阶级的先锋队，同时是中华民族的先锋队；从工作作风上讲，我们是一个敢于直面问题本身，在发展中解决问题的党。2016 年，习近平总书记在部署监察体制改革工作时就强调，完善监督体制，做好监督体系的顶层设计，扩大监察范围，整合监察力量，健全国家监察组织架构，形成全面

---

① 参见［美］弗朗西斯·福山：《政治秩序的起源：从前人类时代到我国大革命》，毛俊杰译，广西师范大学出版社 2012 年版，第 443 页。

② 参见王若磊：《论监察体制的制度逻辑》，载《法学评论》2021 年第 4 期，第 72—104 页。

覆盖国家机关及其公务员的国家监察体系。[①] 监察体制改革的目标就是整合反腐资源力量，加强党对反腐工作的集中统一领导，构建集中统一、权威高效的中国特色国家监察体制。

此次改革之前，我们的反腐体制是"九龙治水"的局面，反腐败的职能分别由党的纪律监察机关、检察院的反贪反渎部门和行政系统内部的行政监察机构分别行使，此外还有行政机关内的审计部门和反腐机关。国家监察委员会的设立，就是要改变反腐败体制分散、低效、乏力的问题，建立集中统一、权威高效、全面覆盖的监督体系。

（二）法制统一的保障

规范性文件备案审查制度是中国特色的法律监督制度，我国的规范性文件制度主体范围比较宽泛，立法主体和非立法主体都可以制定规范性文件。备案审查制度是保障规范性文件和宪法法律统一的基本方法，也是提高立法质量和维护法制统一的有效方式。[②] 单纯从规范性文件来看，备案审查制度是维护法制统一的有效方式，从对监察规范性文件看，备案审查就不仅仅是维护法制统一的方式，还是保障宪法法律实施，保证党中央决策部署贯彻落实和权利保障的重要方式。

从维护法制统一看，2000 年全国人大常委会法工委在《关于〈中华人民共和国立法法（草案）〉的说明》中明确指出，行政法规、地方性法规、规章的备案审查程序的主要目的是维护法制的统一。2015 年和 2023 年立法法两次修改，赋予更多

[①] 习近平：《在第十八届中央纪律检查委员会第六次全体会议上的讲话》，载《人民日报》2016 年 5 月 3 日第 2 版。

[②] 参见全国人大常委会法制工作委员会法规备案审查室：《规范性文件备案审查理论与实务》，中国民主法制出版社 2020 版，第 5—9 页。

的主体立法权，也拓宽了立法主体的立法权限。维护法制统一的难度明显增大了，备案审查工作的任务也就愈发的艰巨，因此从2017年开始，备案审查年度报告就特别关注行政法规、地方性法规、规章和规范性文件的合宪性和合法性。[①] 2019年《法规、司法解释备案审查工作办法》明确将维护国家法制统一作为备案审查的基本功能。

从保证党中央决策部署贯彻落实看，正确处理党与法的关系不仅仅关系到国家法制统一的问题，还关系到中国特色社会主义道路的方向问题。党的十九大报告指出，坚持党中央的权威和集中统一领导，是党的政治建设的首要任务。习近平总书记反复强调，每一个党的组织，每一名党员干部，无论处在哪个领域、哪个层级、哪个部门和单位，都要服从党中央集中统一领导，确保党中央令行禁止。[②] 尤其是作为党政联合的监察规范性文件，备案审查制度更是实现党的统一领导的保证。从国家监察体制的设计看，我国的监察体制是党的纪检部门和国家监察委员会实行合署办公，监察规范性文件有时是监察机关独立发文，但是需要经过党委的审查和批准，有时是党的纪检机关和监察机关联合发文。这就要求监察规范性文件在备案审查时，必须坚持党的领导，并且在涉及党中央决定的重大改革和政策的规范性文件时，监察规范性文件与党中央的重大决策部署和方向要高度一致。从监察规范性文件本身来看，监察规范性文件一般都是作为党监督干部，监察机关监督其他机关或者上级监察机关监督下级监察机关的重要文件，多数的监察文件都会涉及国家的重大策略

---

① 全国人大常委会法工委研究室：《全国地方立法研讨会讲话汇编》，中国民主法制出版社2017年版。

② 习近平：《决胜全面建成小康社会，夺取新时代中国特色社会主义伟大胜利》，载《人民日报》，2017年10月28日版。

在地方上的执行。

（三）人民权益的保障

从权利保障看，实现国民福祉、保障公民合法权益才是制度建设的根本价值。宪法明文规定中华人民共和国的一切权力属于人民，党的宗旨是全心全意为人民服务，人们对美好生活的追求是我们党的奋斗目标，从这个意义上讲，维护国家法制统一、保证党中央的重大决策能够顺利施行都是工具性价值，根本目标是保障人民权益，从法治上实现人民主权。监察规范性文件作为权力监督的有效工具，也是规范权力行使的有效工具。从福利国家的角度讲，行政权或者说公权力既是国家的职权，也是国家的职责，作为国家职权的公权力，是履行国家和社会的管理职能，实现资源有效分配的权力；作为国家职责的公权力，是践行国家的公共服务职能，实现有效社会治理的权力。作为国家和社会管理的公权力，在资源分配过程中难免产生失灵的情况，也可能会出现行政权被俘获的情况，这就需要对公权力进行监督，以保障资源分配的公平公正。作为提供社会公共服务的公权力，在公共服务过程中难免会出现权力的异化，将服务职能异化为管理职能，这就需要监督行为进行纠正。监察规范性文件在这一过程中是贯彻中央决策，实行权力监督的重要措施，因此对监察规范性文件的备案审查是人民权益保障的最后一道防线。

第四节　监察规范性文件备案审查的理论基础

2016 年我国开始着手进行监察体制改革的试点，2018 年修订宪法并出台了《中华人民共和国监察法》，根据宪法的规定，中华人民共和国的国家机构实行民主集中制的原则。全国人民代表大会和地方各级人民代表大会都由民主选举产生，对人民负责，受人民监督。国家行政机关、监察机关、审判机关、检察机关都由人民代表大会产生，对它负责，受它监督。全国人民代表大会选举国家监察委员会主任，也可以罢免国家监察委员会主任。同时宪法第三章第七节全文规定了监察委员会的各项事项，与第三章的各节并列单独成为一节，也就意味着，监察委员会是独立于其他国家机关的专门行使监察权的机关，监察权是与立法权、行政权、司法权并行的国家权力，监察机关只受权力机关的监督，对它负责。这也意味着我国的监察制度是中国特色社会主义法治道路的必然产物，是支撑中国特色社会主义法治体系，将权力关进制度的笼子的关键。

一、习近平法治思想中的监察法治理论

（一）习近平关于监察法治的重要论述

从党内监督和国家各种监督形式的关系上看，党的执政地位，决定了党内监督在党和国家各种监督形式中是最基本的、第一位的。只有以党内监督带动其他监督、完善监督体系，才能为全民从严治党提供有力制度保障。各级纪委是党内监督专责机关，履行监督执纪问责职责。要把维护政治纪律和政治规矩放在首位，加强对所辖范围内遵守党章党规党纪情况的监督，检查党的路线方针政策和决议的执行情况。要落实纪律检查工作双重领导体制，强化上级纪委对下级纪委的领导；加强对派驻纪检组工作的领导，督促被监督单位党组织和派驻纪检组落实管党治党责任。[①] 坚持党内监督和群众监督相统一，以党内监督带动其他监

---

　① 中国共产党新闻网，http：//fanfu. people. com. cn/n1/2018/0328/c64371-29894687. html《在党的十八届六中全会第二次全体会议上的讲话》（2016 年 10 月 27 日）。

督，积极畅通人民群众建言献策和批评监督渠道，充分发挥群众监督、舆论监督作用。①

从国家监督体制的顶层设计上讲，深化国家监察体制改革，构建党统一指挥、全面覆盖、权威高效的监督体系。我们党的执政是全面执政，从立法、执法到司法，从中央部委到地方、基层，都在党的统一领导之下。我国公务员队伍中党员比例超过80%，县处级以上领导干部中党员比例超过95%。因此，监督国家公务员正确用权、廉洁用权是党内监督的题中应有之义。要做好监督体系顶层设计，既加强党的自我监督，又加强对国家机器的监督。强化党内监督是为了保证党立党为公、执政为民，强化国家监察是为了保证国家机关依法履职、秉公用权，强化群众监督是为了保证权力来自人民、服务人民。要把党内监督同国家监察、群众监督结合起来，同法律监督、民主监督、审计监督、司法监督、舆论监督等协调起来，形成监督合力，推进国家治理体系和治理能力现代化。要坚持党对党风廉政建设和反腐败工作的统一领导，扩大监察范围，整合监察力量，健全国家监察组织架构，形成全面覆盖国家机关及其公务员的国家监察体系。要坚持党对党风廉政建设和反腐败工作的统一领导，扩大监察范围，整合监察力量，健全国家监察组织架构，形成全面覆盖国家机关及其公务员的国家监察体系。② 深化国家监察体制改革，将试点工作在全国推开，组建国家、省、市、县监察委员会，同党的纪律检查机关合署办公，实现对所有行使公权力的公职人员监察全覆

① 中国共产党新闻网，http：//fanfu. people. com. cn/n1/2018/0328/c64371－29894687. html《习近平总书记在十九届中央纪委二次全会上发表重要讲话》（2018 年1 月 11 日）。

② 中国共产党新闻网，http：//fanfu. people. com. cn/n1/2018/0328/c64371-29894687. html《在第十八届中央纪律检查委员会第六次全体会议上的讲话》（2016 年1 月 12 日）。

盖。制定国家监察法，依法赋予监察委员会职责权限和调查手段，用留置取代"两规"措施。[①]

从依法治国的战略上看，党的领导、人民当家作主和依法治国三者是有机统一，缺一不可的。党的领导是人民当家作主和依法治国的根本保证，人民当家作主是社会主义民主政治的本质特征，依法治国是党领导人民治理国家的基本方式，三者统一于我国社会主义民主政治伟大实践。[②] 从这个意义上讲，监察体制的改革和监察法治的顶层设计有赖于中国共产党的推动。同时走什么样的法治道路，建设什么样的法治体系，是由一个国家的基本国情决定的。[③] 评价一个国家政治制度是否民主、有效，主要看国家领导层能否依法有序更替，全体人民能够依法管理国家事务和社会事务、管理经济和文化事业，人民群众能够畅通表达利益要求，社会各方面能够有效参与国家政治生活，国家决策能否实现科学化、民主化，各方面人才能否通过公平竞争进入国家领导和管理体系，执政党能否依照宪法法律规定实现对国家事务的领导，权力运用能否得到有效制约和监督。[④]

（二）习近平监察法治思想的指导意义

从古今中外的历史经验来看，监察制度自古就有，但是并没有从根本上解决统治阶层的腐败问题，甚至出现了监察机构的异化，违背了制度的初衷。如何集中统一、权威高效地对公职人员进行监督，同时防范监察机构权力滥用和膨胀是制度本身绕不开的命题。从习近平总书记对监察法治的重要论述中可以看出，中

---

① 中国共产党新闻网，http://fanfu.people.com.cn/n1/2018/0328/c64371-29894687.html《在中国共产党第十九次全国代表大会上的报告》（2017年10月18日）。

② 习近平2017年10月18日在中国共产党第十九次全国代表大会上的报告。

③ 习近平：《习近平谈治国理政（第二卷）》，外文出版社2017年版，第117页。

④ 习近平：《习近平谈治国理政（第二卷）》，外文出版社2017年版，第287页。

国特色社会主义法治道路的见识离不开党的领导；中国监察法治的顶层设计必须立足于中国国情，夯实中国特色社会主义法治的制度性基础；中国的监察法治可以为世界各国的监察体制提供中国方案和理论借鉴。

首先，从制度建设具体的理论基础看，我国监察法治的建设不能将监察的政治属性与法治属性对立。监察机关具有较强的政治属性，监察机关应当旗帜鲜明地强调自己的政治属性。① 从马克思主义的立场看，社会不是以法律为基础的，相反法律应当以社会为基础。② 法治中包含政治，没有脱离政治的法治，每一种法治形态背后都有一套政治理论，每一种法治模式中都有一种政治逻辑，每一条法治道路下都有一种政治立场。③ 将政治与法律对立或者割裂开是一种理论上的误区。监察权的运行更应当把讲政治和讲法治结合在一起。法律是党的意志和人民意志的统一，党领导人民实施法治，党带头遵守法律，是党的领导和依法治国的统一，从这个意义上讲，法治就是最大的政治。

其次，纪检监察机关应当在法律框架内行使职权，履行职责。习近平总书记强调要整合规范纪检监察工作的流程，完善各项工作规则，牢固树立法治意识、程序意识和证据意识，严格依照权限规则有序开展工作。2018 年监察法颁布实施为监察机关的履责划定了"四梁八柱"，2019 年中共中央颁布了《中国共产党纪律监察机关监督执纪工作规则》，同时中纪委和国家

① 闫鸣：《监察委员会是政治机关》，载《中国纪检监察报》，2018 年 3 月 8 日第 3 版。

② 《马克思恩格斯全集（第 6 卷）》，人民出版社 2017 年版，第 10 页。

③ 中共中央文献研究室编：《习近平关于全面依法治国论述摘编》，中央文献出版社 2015 年版，第 34 页。

监察委联合印发了《监察机关监督执法工作规定》为纪检监察机关在法律框架内行使职权、履行职责提供了充分的制度性依据。

再次，纪检监察机关是党和国家专门行使监察权的机关。从宪法和法律的规定来看，纪检监察机关独立于行政机关、司法机关，直接向权力机关和上一级纪检监察机关负责；同时纪检监察机关严格依法办案，监察机关只针对专项案件享有调查权。比如在涉及职务犯罪的案件中，监察机关只能针对嫌疑人进行调查，如果需要采取强制措施或者使用其他侦查手段，则只能由公安机关进行，是否提起公诉只能由检察院决定，是否构成犯罪也只能由法院裁判，监察机关不能一手包办。但是在整个案件的侦办过程中，必须服从同级党委、纪委和上级监察机关的领导，尤其是政治上的领导。纪检监察机关作为专门行使监察权的机关能够有效防止利益勾连，对监察权形成有效制约，这是现代法治原理的题中应有之意。

最后，纪检监察机关必须形成有效的内部监督机制。习近平总书记强调，纪检监察机关要强化自我监督，在内部形成相互制约的机制，把权力关进制度的笼子。① 对监察权的监督，不仅要有党委、人大和社会等外部监督，还必须形成有效的内部监督机制。② 只有监察机关内部形成有效的分权监督机制，监察法治才能实现，也是实现党内法治的基础性工作。纪委和监察机关的合署办公，是监察权兼顾党纪国法的创新性机制，是依规治党和依法治国的有机结合。在这一创新性命题中，法律和党内法规严密的构成了中国特色社会主义法治体系，共同构建了国家

---

① 《习近平总书记关于加强派驻监督重要论述摘录》，载《中国纪检监察》2018 年第 22 期，第 4—5 页。

② 习近平：《习近平谈治国理政（第一卷）》，外文出版社 2014 年版，第 395 页。

治理的制度性供给，也是党不断自我革命和自我净化的具体体现。

二、马克思主义理论中的人民主权思想

法治建设过程中主线是以人民为中心，满足广大人民群众的美好追求。人民主权理论是世界各国法治的重要理论，也是社会主义民主法治的源头。我国宪制层面的权力配置均体现人民的意志。人民是权力的来源，是权力产生效力的正当性的基础。[①] 监察权作为新兴的权力类型，必然受到人民主权理论的影响。监察规范性文件指导监察主体作出监察行为，对监察对象产生监察法律效果。规范性文件备案审查制度的理论来源为人民主权理论，监察规范性文件当然也不例外。人民主权理论是监察规范性文件备案审查的逻辑起点。作为中国特色社会主义法治的最新理论成果，习近平法治思想的核心要义之一就是坚持人民主体地位，把以人民为中心的发展思想融入全面依法治国的伟大实践中。[②] 是马克思主义在中国发展的新阶段，为监察法治理论提供了思想理论基础。马克思主义理论中的人民主权思想是在批判启蒙思想的基础上，克服了卢梭人民主权思想的抽象性和空洞性，赋予了人民主权思想实践性和现实性。

马克思认为权力异化主要包括两种方式，一是权力被个人用来谋取私人利益；二是权力被统治阶级用来谋取自身利益，[③] 本质上就是权力丧失了公共性。马克思认为根除权力异化的方式就是

---

① 赵宬斐：《党内法规"一元多维"备案审查模式及其效能发挥》，载《苏州大学学报》（哲学社会科学版）2018年第5期，第32—38页。

② 周尚君：《坚持以人民为中心的法治思想》，载《法学杂志》2021年第1期，第19-25页。

③ 彭定光、周师：《论马克思的权力异化观》，载《伦理学研究》2015年第4期。

无产阶级通过革命成为统治阶级，实现人民民主，恢复权力作为维护和实现人民共同利益的本质。同时通过普选制实现将权力掌握在人民手中的设想，人民通过参与立法，行使政治权力，保证法律以实现人民利益。在权力体制内，设置专门的监察机关对行政权、审判权和检察权进行横向监督，以保证权力不偏离人民意志。为了增强监察机关的监察效能，列宁就强调了监察权的独立性和权威性，同时还强调监察的民主性，监察委员要从工农代表团中选举产生，选举产生的这些监察委员同中央委员享有同样的权力，以实现权威性和民主性的均衡，实现有效的权力制约。①

以马列主义为指导，结合中国的实践，"以人民为中心"的政治理论是新时代习近平法治思想的核心指导理念，也是监察法治建设的核心理念。牢记人民重托，牢记责任重于泰山，让人民群众有更多获得感，要在为人民服务中担当起该担当的责任。强调管党治党的政治责任、脱贫攻坚的政治责任和生态文明建设的政治责任。强调要团结和带领全国各族人民，继续解放思想，坚持改革开放，不断解放和发展生产力，坚定不移地走共同富裕的道路，最终实现发展成果由人民共享。这是"以人民为中心"的政治理论在新时代的具体体现。

"以人民为中心"的政治责任的实现要依靠党的领导，要依靠各级党员干部的带领和共同努力，因此抓住各级党员干部这个"关键少数"就要把吏治管理这个政治责任落实到位，就要强调"权力行使"过程中的对人民负责。保障掌握权力的党员干部和其他领导干部始终不忘初心，牢记使命，把权力关进制度的笼子的制胜法宝就是责任体系和监察机制的建构。党的十八大以

---

① 参见王建国：《列宁的社会主义法治思想及其当代价值》，载《北方法学》2019 年第 2 期。

来，党和国家强化了政治责任的意识，强调在政治问题上，任何人不能越过红线，越过了就要严肃追究政治责任。推进从严治党，落实党要管党的政治责任，严肃推动责任的落实，强化党委的主体责任、纪委的监督责任，督促领导干部种好自己的责任田。强调权力必须接受监督，有权必有责，用权受监督，失职要问责，违法要追究，整合和建构监督问责制度，建立国家监察体制，实现问责内容、对象、事项、主体、程序、方式的制度化、程序化。

党的十八届四中全会通过《中共中央关于全面推进依法治国若干重大问题的决定》将党内法规纳入法治体系。在党内层面，要运用党内法规管党治党，把从严治党落到实处；在国家层面，推进政府机构、职能、权限、程序、责任法定化，强调任何人都没有法外之权，任何组织或者个人都必须在宪法和法律范围内活动，坚持法无授权不可为，建立重大决策终身责任追究制度及责任倒查机制。

监察法治和政治责任的法治化是将权力关进制度的笼子新抓手，也是防止权力异化，实现权力有效制约，实现权力公共性，保证人民当家作主的关键，这也是马克思主义的政党能够把人民主权理论纳入法治实践的重要原因。我国的监察法治建设和政治责任思想建设以马克思主义的人民主权理论为基本指导，将依规治党和依法治国进行有机结合，逐步深化，保证有权者和用权者不忘初心，始终以人民为基本的立场，构建包含全体党政干部的监督机制和政治责任体制，逐步实现监察机制的法治化和制度化。

三、权力制约中的行政自制理论

任何权力都应当受到监督和约束，这是民主法治社会的必然要求。权力制约理论是出于权力易腐蚀、易滥用的特性而建构起的理论。监察权作为一种监督性的权力类型，理应受到其他国家机关相应的法律监督，这是避免权力滥用的最佳选择。十九届中央纪委第五次全体会议中提到，坚持和完善党和国家监督体系，忠实履行党章和宪法赋予的职责，有力推动党中央决策部署有效落实①。监督和权力制约机制贯穿于法治建设的过程中，构建全覆盖的监督制度是法治建设的必然要求。监察规范性文件备案审查工作体现了人大及其常委会对监察委员会进行监察活动的法律监督，契合法治社会权力制约的理念。监察规范性文件备案审查有助于规范监察机关的行为，纠正不合法和不适当的规定，促使监察工作在法治轨道上有序运行。

　　权力制约是权力正当运行的基础，尤其在公法领域，权责一体是自然法学派的基础。从契约论的经典论述出发，权力的创设和产生其目的是为了保障权利的运行，人民让渡权利的目的是为了保障权利的实现，但是权力产生之后容易产生异化，因此需要对权力进行监督和制约。通过对权力的制约达到保障权利的目的。权利保障是经典社会契约论的立足点和理论宗旨，公职人员掌控权力只有在保障公民权利的时候才具有正当性与合法性，公权力更多的是作为权利保障的工具保护人与生俱来的自然权利，这也是政府建立的初衷和使命。但是公权力自创设那一刻起就具有扩张性、侵害性，与公民的自然权利之间有一种天然的紧张关系。因此，至于公权力对自然权利的侵害，保证用权者能够在合法前提下行使权力，服务于公民的基本权利是经典的自然法基本原理，也是永恒的话题。

---

　　① 参见赵乐际《推动新时代纪检监察工作高质量发展 以优异成绩庆祝中国共产党成立 100 周年——在中国共产党第十九届中央纪律检查委员会第五次全体会议上的工作报告》。

分权制衡的理论也是基于上述理念产生的，这也是现代政府的基础。权力的分立制约是权力对权力的制约，因为权力是无法通过自律实现制约的，必须通过外部的监督实现制约。但是现实是行政权日益强大，仅靠外部的控制是无法实现的，外在制约是必要的，但是其高成本和低效性也是显而易见的。在传统的控权机制逐渐失灵的情况下，政府内部的权力自控模式逐渐出现用以弥补外部控制的不足，伴随着内控机制的探索，行政权内部控制的专门性机构大量兴起。① 现代行政法理论将行政权的自我控制称为行政自制或者行政自律原则。行政自制原则是指行政权在运行过程中通过其内部的各种机制进行调节，使内部的各种关系得到合理搭配、和谐共处，并在发生组织的情况下通过内部的救济机制便可排除运行障碍的行政权控制形式。②

行政自制强调行政权的主观控制，是一种软性的拘束力，是行政内部分权以适应社会发展的自我革命。对规范性文件的备案审查机制来看，对规范性文件的合法性、规范性和适当性的审查首先由机关自身进行审查比较合适，属于机关内部的自我监督，也是自我纠错的开始，是行政权自我约束的方式。当然，机关对规范性文件的自我审查是存在制度逻辑上的缺陷的，比如由机关自己备案审查或者提交备案审查的规范性文件的合法性和公正性会受到质疑，但是这种机制是降低监督成本提高行政效率的有效手段。在现代社会分工日益精细化的今天，文官的政治地位和专业性越来越强，权力机关和司法机关对行政机关的控制也越来越显得力不从心，即使是在具体的程序和方向上，权力机关和司法机关对行政权的控制也远不及行政机关自身的自制来的高

---

① 季涛：《行政权的扩张与控制》，载《行政法学研究》1997 年第 1 期。
② 关保英：《论行政权的自我控制》，载《华东师范大学学报（哲学社会科学版）》2003 年第 1 期。

效。从这个意义上讲，外部控制远不如内部控制更为有效。

从监察规范性文件自身的特殊性来讲，对监察规范性文件的备案审查至少可以从三个维度来思考，一是其政治性，需要执政党对其政治性进行把控而不能随意改变；二是其法律性，作为准立法形式的监察规范性文件也是监督机制的有效制度供给，应当从法律意义上对其进行有效的管理；三是其专门性，监察机关或者监督机关是独立于行政机关、司法机关和立法机关之外的专门性机关，监察权也是包含政治属性和调查技术等多方面的专业性较强的权力，因此从这三者来看，对于监察规范性文件的备案审查，要注重法治理论、权力制约理论和行政自制理论的有机结合，同时要以我国的政治法律实践为基础。

第二章　监察规范性文件备案审查的规范化路径

第一节　监察规范性文件备案审查的范围

一、监察规范性文件范围的考量

（一）备案审查的发展历史

1. 备案制度的缘起

备案审查制度在我国最早规定在 1979 年的《中华人民共和国地方各级人民代表大会和地方各级人民政府组织法》中，该法第七条规定，省、自治区、直辖市的人大根据本行政区域的具体情况和实际需要，在不同宪法、法律、行政法规相抵触的前提下，可以制定和颁布地方性法规，报全国人大常委会和国务院备案，省、自治区的人民政府所在地的市和经国务院批准的较大的市的人民代表大会根据本市的具体情况和实际需要，在不同宪法、法律、行政法规和本省、自治区的地方性法规相抵触的前提下，可以制定地方性法规，报省、自治区的人大常委会批准后实施，并由省、自治区的人大常委会报全国人大常委会备案。宪法第一百条规定，省、直辖市的人大及其常委会可以制定地方性法规，报全国人大常委会备案。宪法第一百一十六条规定，民族自治地方人大制定的自治条例和单行条例报省或者自治区人大常委会批准生效后，报全国人大常委会备案。从法律规定看，宪法和地方政府组织法规定的备案仅仅是事后报备性质的备案，没有规定是否需要进行审查，这有可能导致实践中备案制度的空心化。

1987年，《国务院办公厅关于地方政府和国务院各部门规章备案工作的通知》对规章向国务院备案作出了要求。通知规定，各省、自治区、直辖市人民政府以及省、自治区人民政府所在地的市、国务院批准的较大的市的人民政府和国务院各部委、各直属机构制定和发布的规定、办法、实施细则等规章，应当于批准之日起30日内，由各省、自治区、直辖市人民政府和国务院各部委、各直属机构将规章文本、起草说明、备案报告等有关材料一式25份，报送国务院备案。这是我国首次以规范性文件的形式规定了行政机关法规规章备案制度。[1] 同年，《全国人民代表大会办公厅、国务院院办公厅关于地方性法规备案工作的通知》要求省、自治区、直辖市人大及其常委会和省、自治区人民政府所在地的市、国务院批准的较大的市人大及其常委会制定的地方性法规，自治州、自治县的自治条例和单行条例，应当在经本省、自治区、直辖市的人大常委会批准之日起30日内，分别报全国人大常委会和国务院备案。至此，我国的法规规章备案制度作为一项规范性的制度得以确立，并初步起到了对法规规章的监督作用，当然因为制度初定，制度本身和实践操作中仍然有诸多不够完善之处，尚需进一步探索。

2. 备案制度的完善

1989年行政诉讼法的颁布实施，要求人民法院审理行政诉讼案件时要将法律、行政法规、地方性法规作为依据，同时应当参

---

① 参见湛中乐、张水海：《法规规章备案问题研究》，载《法治论丛》2009年第3期。

照规章，这就对法规和规章提出了规范化的要求。在这一要求下，1990 年国务院法制办公室印发了《法规规章备案规定》，明确规定了法规规章的备案审查程序和方法。该规定是一个较为系统、全面和完整的法规规章备案制度，而且该规定是以行政法规的性质对法规规章的备案作出了规定，法律位阶较高，为法规和规章的备案提供了制度性支持。同年，国务院办公厅发布了《关于贯彻实施〈法规规章备案规定〉的通知》，对法规规章备案的工作程序、工作方法已经备案的形式都作出明确规定。1995 年修订了地方政府组织法，该法第六十条规定，自治区、直辖市的人民政府可以根据法律、行政法规和本省、自治区、直辖市的地方性法规，制定规章，报国务院和本级人大常委会备案。省、自治区的人民政府所在地的市和经国务院批准的较大的市的人民政府，可以根据法律、行政法规和本省、自治区的地方性法规，制定规章，报国务院和省、自治区的人大常委会、人民政府以及本级人大常委会备案。依照前款规定制定规章，须经各级政府常务会议或者全体会议讨论决定。修订后的地方政府组织法以法律的形式明确了法规规章备案的要求，进一步提高了法规规章备案行为的位阶。

《法规规章备案规定》并没有规定哪些规范性文件属于规章，自然也就没有明确法规规章的备案范围；实践中对法规规章的备案范围标准的认识也很不一致，因此即便以行政法规和法律的形式对法规规章备案进行规定，实践中依然很难实施。

2000 年立法法的颁行以专章的形式对规章的概念、内容、制定主体、制定程序进行了规定，同时立法法还引用了宪法和地方政府组织法中关于法规规章备案的相关规定，并对法规规章备案审查的内容、启动程序、备案审查后的处理以及效力作出了明确规定，同时规定了行政法规也必须向全国人大常委会备案，对行政法规的备案提出了法律上的要求。同年，九届全国人大常委会通过了《行政法规、地方性法规、自治条例和单行条例、经济特区法规备案审查工作程序》。与立法法相呼应，2002 年国务院在修改《法规规章备案规定》的基础上颁行了《法规规章备案条例》，对法规规章备案的范围、内容、格式、具体的报备机关和承办机构，以及备案审查的内容、程序和审查后的处理方式都作出了明确的规定，同时将规范性文件备案审查这一活动的标准界定为"维护国家法制统一"，也对法规规章之外的其他规范性文件的备案审查提出了要求，为所有的规范性文件的备案审查提供了立法层面的直接法律依据。

3. 备案制度的发展

2006 年，十届全国人大常委会通过了《中华人民共和国各级人民代表大会常务委员会监督法》，根据监督法的规定，全国人大设立专门机构，即法规备案审查室，对法规规章和规范性文件进行备案审查。至此，宪法、立法法、监督法、《法规规章备案条例》共同构成了我国规范性文件备案审查的"四梁八柱"，并针对不同的规范性文件有明确的分工：由国务院法制办对全国范围内的法规规章进行备案审查，并由国务院法制办的专门机构负责办理，备案审查的范围包括部门规章、地方性法规和地方政府规章，只要发现审查范围内的规范性文件存在违法或者不当的问题，即由国务院法制办向国务院提出建议，可以直接撤销规章或者改变规章；同时，国务院根据公民、法人和其他组织的审查建议，对有行政立法权的规范性文件进行备案监督。省级人民政府对国务院指定的较大市、设区的市及其职能部门的规范性文件进行备案监督，地方政府的法制机构对本级政府的职能部门和下级政府及其职能部门的规范性文件负责审查和备案监督。除行政系统外，2005 年十届全国人大常委会审议通过了《司法解释备案审查工作程序》，2012 年经中共中央批准，由中共中央办公厅发布了《中国共产党党内法规和规范性文件备案规定》，为我国规范性文件备案审查的完善增加了维度。

4. 十八大以来备案制度的新进展

随着全面依法治国的推进，党的十八大以来，党中央对规范性文件备案审查工作提出了新的要求，作出了新的部署。党的十八届三中全会提出要健全法规、规章、规范性文件的备案审查制度；十八届四中全会提出要完善全国人大及其常委会宪法监督制度，加强备案审查制度的能力建设，将所有的规范性文件纳入备案审查的范围，依法撤销和纠正违宪违法的规范性文件；党的十九大提出要加强宪法实施和监督，推进合宪性审查工作，维护宪法权威，并将制定备案审查工作规范作为落实十九大精神的重大改革任务。2018 年，党中央强调要健全规范性文件备案审查制度，把各类法规、规章、司法解释和各类规范性文件纳入备案审查范围，建立健全党委、人大、政府、军队备案审查衔接联动机制，加强备案审查制度和能力建设，实行有件必备、有备必审、有错必纠。同时完善宪法监督制度，积极稳妥推进合宪性审查工作，加强备案审查制度和能力建设。

2015 年立法法规定，设区的市享有地方立法权，地方性法规的制定主体大幅增加，全国人大常委会备案审查的工作强度增大，提高地方立法质量和规范性文件备案审查工作之间的矛盾更为突出。为了解决这一矛盾，提高立法质量，全国人大常委会法工委于 2017 年着手起草《法规、司法解释备案审查工作办法》，经过各方努力，该办法于 2019 年 12 月 16 日第十三届全国人大常委会第四十四次委员长会议通过，这是全国人大常委会贯彻党中央决策部署在加强备案审查制度建设方面取得的重要成果，全面总结了备案审查工作的实践经验，形成了统一的备案审查工作制度规范。2023 年立法法第一百一十条、第一百一十一条、第一百一十二条专门规定了备案审查制度，对法规和规范性文件的合宪性、合法性问题作出了明确的的审查要求；同时第一百一十五条要求备案审查应当建立健全联动机制。至此，国家以基本法律的形式规定了备案审查机制。

（二）监察文件的规范化过程

1. 从纪检监督到监察法治的嬗变

监察体制改革是党的十八大以来最重大的改革之一，也是中国近四十年来最重大的政治体制变革之一。众所周知，从国家层面讲，我国监察体制改革之前，监察职能由多个机构共同行使，呈现出的是"五龙治水"的局面。其中主要承担监察职能的有三个部门，一是党的纪律检查机关；二是检察机关的反贪反渎部门；三是行政系统的行政监察机构，此外还有行政机关内部的审计机构和预防腐败的机关。2016 年，习近平总书记指出，完善监督体制，做好监督体系顶层设计，扩大监察范围，整合监察力量，健全国家监察组织架构，形成全面覆盖国家机关及其公务员的国家监察体制。自 2018 年起，中共中央纪检机关、国家监察委员会就制定了《公职人员政务处分暂行规定》《国家监察委员会管辖规定（试行）》《监察机关监督执法工作规定》等 30 多项党规国法，从监察机构、监察专员、管辖、政务处分、监察机关监察监督具体工作、信访举报、线索处理、审查调查和案件办理等方面对监察法制予以具体化。地方各级纪检机关和监察机关也根据党中央和国家监察委的安排与部署，制定和发布与之相应的执行性文件或者围绕这些文件针对各地具体的实际需求将有关内容予以细化。从各级纪检机关和监察机关制定文件分析，文件多是由各级纪检机关和监察机关联合制定，一般都是在党的纪检机关主导下，由监察机关具体负责调研起草，部分文件则直接由党的纪检机关制定，部分文件由监察机关制定；从依据上看，因为有的文件是由党的纪检机关直接制定，其主要依据是党章党规，由监察机关制定的文件多数都是依据监察法，共同制定的文件以党章党规和监察法为依据。不难看出，从监察体制上看，国家法律和党内法规都是监察机关的行为依据；从规范对象上看，公职人员中绝大部分是党员干部，纪检法规和监察法规的主要规范对象就是公职人员，主要是针对党员干部。基于上述分析，纪检机关制定的文件在法治国家建设方面功不可没，纪检机关制定的文件是规范党员干部和党内成员的主要规范，是推动依规治党和依法治国的重要的规范性依据。我国的依法治国和依规治党是一体的，管党治党、从严治党的重要依据包含纪检机关制定的文件，是法治国家建设的制度性保障。同时纪检机关制定文件的实践经验既是对党内法规体系的完善，也为依法治国中监察法制体系的完善提供了经验。在监察法律法规缺位的时候，纪检机关制定的文件不但弥补了这一空缺，也为纪检监察的正当性、合法性、合规性提供了有效的制度支持。

2. 纪检监督面临的法治化挑战

在监察体制改革之前，纪检监督的行为主要是党的行为，不是国家行为也不是政府行为，更不是行政机关的行政行为。从这个维度看，法律和权力机关对纪检监督的行为和纪检机关其他行为，包括制定和发布文件的行为很难监督。2018 年开始着手进行监察体制改革，但是改革后，法律和权力机关对监察机关的监督依然有很多问题。从权力机关监督来讲，人大是我国的权力机关，权力机关依据宪法和法律对其他国家机关进行监督，人大主要的监督方式是听取工作报告、对各国家机关进行质询，同时还包括对各机关制定的规范性文件进行备案审查。这既是权力机关对其他国家机关监督的方式，也是权力机关的法定职责。但是在改革期间，纪检监督和纪检机关的其他行为属于党的行为，权力机关无权进行监督，权力机关只能对检察机关、行政系统内的监察机构、审计机构和预防腐败的部门的工作和活动进行监督，但是"五龙治水"的局面使得权力机关的监督空置；改革之后，权力机关只能对监察机关的活动进行监督，对纪检机关和监察机关的联合行为或者联合制定、发布的纪检监察规范性文件没有备案审查的权限，也就意味着纪检监察机关制定的多数文件只能由党委进行备案审查，权力机关作为宪法和法律实施的监督部门对纪检监察机关制定的文件备案审查功能性缺位，从这点来看，与依规治党和依法治国的统一性是矛盾的。

对规范性文件的备案审查制度的功能之一就是保障公民权利，监察权在行使过程中必然涉及公民的人身自由，比如监察调查过程中的留置；公民的财产权，比如监察调查过程中的扣押和查封。依照宪法和法律的规定，这些都只能由法律规定，应当遵循法律保留的原则。党的十八届四中全会明确禁止地方性立法不能在法律没有规定的情况下减损公民、法人和其他组织的合法权益，或者增加公民义务。根据宪法和立法法的规定，关于限制人身自由的强制措施及公民政治权利的剥夺和限制属于严格的法律保留事项。监察体制改革之前，行政机关和检察机关的此类行为受到严格的法律控制；改革之后，各级纪检监察机关的诸多监督行为多数只能由党规规范，形成了法律上的缺位。比如《国家监察委员会管辖规定（试行）》第十九条、第二十条就规定国家监察委员会可以在其职责范围内对相关案件进行并案处理，这实际上等于扩大了监察机关的管辖权，而且监察法规没有引入律师介入制度，或者说监察法规推迟了律师介入的时间，使得本应当在侦查阶段介入的律师，只在起诉阶段才能介入，从实质上影响了律师对公民的救济，影响了公民的基本权利。以有效治理腐败为核心理念的监察体制改革无可厚非，但是在强调治理腐败效果的同时，也应当注重保障公民权利，实现二者的平衡。

国家监察体制改革之后，国家监察委员会并不当然地享有监察立法权。根据宪法和监察法第五条的规定，国家监察机关的工作应当严格依照宪法和法律，以事实为依据，以法律为准绳。监察法和立法法并没有明确规定监察机关具有监察立法权。为了解决监察立法权和监察规范制度供给不足的问题，全国人大常委会于 2019 年印发了《全国人民代表大会常务委员会关于国家监察委员会制定监察法规的决定》，授权国家监察委员会制定监察法规。这一规定仅仅是授权国家监察委员会制定监察法规，根据立法法的规定，国务院及其组成部门和设区的市以上的地方政府可以制定行政法规、规章、地方性法规，但这并不意味着各级监察机关享有监察立法权。因为监察机关是独立于行政机关，独立行使监察权，直接对国家权力机关负责，不是行政机关的附属机关。因此，地方各级监察机关行使的监察立法权没有宪法和法律上的依据，而党的纪检部门和监察机关制定的规范性文件只能依据党内法规取得效力，只能对党员干部发生效力。

3. 监察立法的规范化路径

从规范性文件备案审查规范化的发展路径看，我国监察规范性文件的备案审查工作道阻且长。对标行政规范性文件备案审查的法治化过程看，监察规范性文件的备案审查工作的前提是要完善监察规范性文件的供给体系。监察规范性文件供给体系的完善，既符合监察立法的发展规律，为监察法治提供完备的制度供给，又可以填补监察法领域的空白，使纪检监督行为做到有法可依。

从监察体制改革之前的实践经验看，监察规范主要分为两类，一类是专门性的规范，比如行政监察法、《行政监察法实施条例》、《监察机关特邀监察员工作办法》等；另一类是监察业务相关性规范，比如《行政机关公务员处分条例》《财政违法处罚处分条例》《事业单位工作人员处分暂行规定》《湖北省行政问责办法》《河南省预防职务犯罪条例》等。监察体制改革之后，监察法的实施也意味着体制改革之前制定的监察规范性文件都应当废止，个别与监察相关的规范性文件也应当在修改后才能适用。

监察体制改革以后，2018 年制定的监察法依旧承袭了"立法宜粗不宜细"的原则，制定的监察法较为原则，在实践中具体适用时，依然存在诸多问题。比如监察法规定，根据需要，经过严格的批准手续，可以采用技术调查措施，根据需要如何判断，什么样的手续算是严格的手续，谁来批准，批准权是什么权力，如何规制，这一系列的立法表达都不是法言法语，在实践中必然带来操作上的困难，同时也赋予监察机关无限的自由裁量权，极有可能对公民的权利产生消极的影响。从现有的关于监察法规的规定看，监察规范性文件的规范化不仅需要对监察权的分配进行科学化和规范化的设置，而且需要对监察规范性文件的制定权进行合理的配置，监察规范性文件制定权的合理配置是提高监察规范性文件质量、统一国家法制、实现监察法治的客观需要。

二、监察规范性文件备案审查的范围

监察规范性文件的备案审查是监察立法规范化过程中不可或缺的程序，同时监察立法的规范化也是监察规范性文件备案审查的前提。完备的监察法制体系离不开一个规范化、科学化、高效的规范供给机制。监察法出台后，国家为了完善监察法制体系的供给，十三届全国人大常委会第十四次会议表决通过了《关于国家监督委员会制定监察法规的决定》（简称《制定监督法规决定》），明确"国家监察委员会，根据宪法和法律，制定监察法规"，但这一授权并不能穷尽监察立法权的配置，全国各级监察机关在今后的实践中必然遇到各种需要面对的问题。为了提高纪检监察活动的规范性，应当规范国家监察立法体制，强化监察立法的供给。

（一）监察立法制定权的配置

全国人大常委会表决通过的《制定监察法规决定》将监察法规的制定权赋予了国家监察委员会，这是否意味着地方监察机关就当然地享有监察规范的制定权？从监察权的属性来讲，监察权是独立于立法权、行政权和司法权的专门性的国家权力，我国的宪法和立法法只规定了行政机关享有行政立法权，县级以上人民政府及其职能部门在各自管理的事项权限范围内享有行政立法权和制定行政规范性文件的权力。但是监察权和监察立法权、监察规范性文件的制定权并没有在宪法和立法法中明确规定，立法法对行政立法权的规定也不能当然地适用于监察立法权和监察规范性文件的制定权。从实践需要来讲，如果地方各级监察机关没有监察立法权和监察规范性文件的制定权，则势必会影响监察工作的效率，也不利于监察体制的完善。

从监察体制改革之前的实践经验看，由于监察对象范围的有限性，地方对监察立法的需求并不明显；监察体制改革之后，监察对象的极大扩展，监察机关对立法的需求可能会明显上升，如果监察立法权只赋予中央，可能会导致权力供需的矛盾。为了适应实践的需要，监察立法权应当在全国各级监察机关范围内进行合理配置。尤其在具体的侦办案件过程中，如果监察权不在地方各级监察机关范围内配置，则可能导致监察工作难以开展。比如监察机关的调查权，实质上是侦查权在监察业务上的形象化，地方监察机关如果不享有监察权，则意味着地方监察机关进行案件侦办过程中需要不断地向中央请示，不利于监察工作的开展。从这个意义上讲，监察规范性文件的制定权同样面临这样的问题。因此参考行政规范性文件制定的先例，对监察规范性文件的制定权进行层级配置，也就是说，国家监察委员会可以制定监察法规和监察规范性文件，地方各级监察委员会都有权在其相应的范围制定监察规范性文件。

（二）监察规范性文件制定权的具体配置

根据我国宪法、立法法的相关规定，监察机关不能创设关于犯罪、刑罚和限制人身自由的强制措施等绝对属于法律保留事项的内容；此外有学者认为，因为监察制度本身涉及侦查权和预审事项等司法制度的内容，监察立法应当可以涉及司法制度这样的法律绝对保留事项。[①] 笔者对此持不同意见：当监察体制改革过程中涉及司法制度的变更时，可以由国家监察委员会上报全国人大进行修改；况且涉及制度，哪怕是具体体制机制的变革一般都非紧急性事项，或者是积弊较深需要深刻变革的事项，授权具体的国家机关进行体制机制性变革的做法明显既不符合我国现有的国家根本制度，也说明变革的草率，更有可能会因此而发生方向上的错误。因此涉及制度性的变革还是应当由具体的国家机关提出建议交由全国人大讨论决定。对于执行性立法和具体事项的立法权可以根据地方各级监察机关的需要由法律法规授予地方各级监察机关，比如《制定监察法规决定》规定，为执行法律的规定需要制定监察法规的事项和为履行领导地方各级监察委员会工作

[①] 参见叶海波：《从"纪检立规"到"监察立法"：深化国家监察体制改革法治路径的优化》，载《政治与法律》2020年第8期，第69—82页。

的职责需要制定监察法规的事项，同样也可以通过法律法规授权给省级或者设区的市一级的监察机关制定规范性文件。地方各级监察机关对执行法律法规的规定或者具有地方性监察事务的规定，在不与上级监察机关制定的法律法规和规范性文件相抵触的情况下，可以制定符合自身特征的监察规范性文件，比如港澳特别行政区、经济特区等地方。

（三）监察规范性文件的体系化建设

根据我国宪法的规定，监察权是不同于立法权、行政权和司法权的独立的国家权力，是国家监督权。[①] 监察权作为独立的国家权力，自然应当有相应的法律部门与之相呼应，监察法部门也就成为国家法律框架体系的组成部分。

监察法所确定的框架体系为监察法律部门系统框定了监察法规范体系的建构，也为不同类型和层次的监察关系提供了制度性依据。从监察法规范体系本身看，监察法是该体系内部的"基本法"，除"基本法"之外，从理论研究和实践的需要看，监察法规范体系还缺少"四梁八柱"的建构和其他规范性文件的补充。

首先，监察法规范体系缺乏组织法以及相应的实施细则；其次，监察权在实施过程中缺乏一系列实施细则；再次，地方监察机关也缺乏相应监察规范性文件的立法权限；最后，监察执行机关缺乏制定规范性文件的依据，也缺乏法理上的论证。

监察规范性文件是党和国家监察制度的有机组成部分，是集中统一、全面覆盖、高效权威反腐机制的有效抓手，是实现监察法治化的逻辑起点。监察规范性文件体系化建设，是党和国家监察制度规范体系化的配套性、制度化的支撑，是推进全面从严治

---

① 夏金莱：《论监察体制改革背景下的监察权与检察权》，载《政治与法律》2017年第8期，第55—64页。

党规范体系和国家监察法制体系的有效衔接，为党和国家监督机制提供有效的制度供给。

从监察规范性文件的功能看，监察规范性文件以规范和保障监察权的有效运行为基本的出发点。从这个意义上讲，调整监察权运行的基本规范主要包含：调整监察机关的机构设置和工作的法律制度、规范监察行为的法律制度、贯穿于监察权过程的程序性法律制度、监督监察权运行的法律制度等。

首先，监察权是由监察主体行使的，规范监察主体行使监察权的规范性文件一般称之为组织法，即监察组织法规和规范性文件。监察组织法规和规范性文件是为了健全监察机关各机构的职能分工和工作流程的制度性规范。结合本国的国情，我国的监察机关与同级纪委合署办公，从职能权限、工作性质和人员结构等方面高度融合，因此在制定规范性文件过程中，必须注意协调有关机构和人员机构的配比。

其次，监察权行使的主要外在表现是监察行为，因此有关监察行为的规范性文件是监察规范性文件的重点。监察行为的规范性文件为监察机关的职权行为提供了指引和规范，监察机关的行为可以分为职权行为和非职权行为，非职权行为不涉及监察权的行使和运行，因此也就不会成为规范性文件规范的对象。而职权行为从内容上看，可以分为对内和对外两种行为，监察机关对外的行为会对相对人的权利义务产生实际上的影响，是规范性文件规范的重点对象，也是监察法治的落脚点；对内行为主要是约束监察机关内部行为，是规范对外行为的保证，同时也能够保障监察权合法高效地运行。除此之外，《中国共产党纪律检查机关监督执纪工作规则》规定了监察机关应当严格执行请示报告制度，以列举的方式规定了中央纪委向党中央请示报告的具体工作情况，以及地方各级纪委向同级党委和上级纪委监察委员会汇报的事项。从实践经验看，监察行为不是纯粹意义上的法律上的行为，而是包含政治属性的行为，因此监察行为的履职经验相对于监察规范性文件的规定更具有科学性和可行性，总结实践中的监察经验，将其转变为监察规范性文件对监察权的行使更具有有效性。我国的监察行为是党的纪律监督和国家监察权的有机结合，监察规范性文件的制定应当在二者之间进行协调，并将其进行明确化和规范化，使得两种行为的性质、目的和方式能够深度协调，实现依法治国和依规治党的双重效力。《中国共产党纪律检查机关监督执纪工作规则》和《监察机关监督执法工作规定》是党的纪检部门和国家监察机关监督公权力运行的基本规范，党内法规和国家法律法规如何实现高效的衔接，尚需制定规范性文件实现两种性质的法规之间的有效衔接。此外，中央纪委办公厅还印发了《关于加强和改进案件审理工作的意见》，强调各级纪检监察机关对案件的审理部门要以事实为根据，以纪律和法律为准绳，对案件审理部门具体职责和工作流程作出了全面的规定。

从监察行为规范的主要功能看，有关监察行为的规范性文件主要承担以下功能：一是为了执行上位法或者上位党纪党规而制定的监察规范性文件；二是在执行过程中，需要对上位法或者上位党纪党规进行具体阐释而制定的监察规范性文件；三是为了协调国家法律法规和党纪党规在运行中出现的交叉现象，以便于能够保障监察权高效地运行。

再次，有关监察程序的规范性文件贯穿于监察权运行的始终，是保障监察实体公正的程序性规范，也是实现监察程序正义的基本要求。监察法对监察权运行的基本程序作出了原则性规定，对调查程序、处置程序、监督程序等都作出了具体的规定。但是由于实践上的差异，各地的实践和个案的实践都不同，因此在具体的案件处理过程中就需要对上位法的原则性规定进行具体化，也需要对交叉性规定的适用作出具体的区分，尤其是程序上更需要对原则性规定进行步骤上的具体化。实践中，法定程序与工作的具体程序会有一些差异性，比如法律规定的报告程序和工作中的汇报程序会有较大的差异性，法律规定的报告程序是依照程序性法律法规的规定，需要向上级机关报告并请示审批的程序；而实际工作中的汇报程序除了法律规定的报告程序以外，还包括向同级党委或者涉密案件的主管部门汇报的程序，以及需要协调性的汇报程序。有关监察行为的规范性文件本身就涉及法定程序和工作程序的衔接和协调。

最后，为了防止监察机关被"俘获"，监察权的行使也需要监督，对监察机关行使职权过程中出现的违法违规行为也需要监督。一般来说，这类规范性文件主要是公开监察机关监察性信息的规范、监督监察机关和监察工作人员行为的规范和对监察行为相对人救济的规范。

（四）应当纳入备案审查的监察规范性文件的范围

1. 规范性文件的基本特征

党的十八大以来，全面依法治国深入推进，同时党中央对备案审查工作也提出了新的要求，作出了新的部署。党的十八届三中全会提出，健全法规、规章、规范性文件备案审查制度。党的十八届四中全会提出，加强备案审查制度和能力建设，把所有规范性文件纳入备案审查范围，依法撤销和纠正违宪违法的规范性文件。党的十九大提出要推进合宪性审查工作，维护宪法权威。同时，全国人大常委会法工委将制定备案审查工作规范作为落实党的十九大精神的重要举措全面推进。2018年，党中央要求把各类法规、规章、司法解释和各类规范性文件纳入备案审查的范围，健全规范性文件备案审查制度，建立健全党委、人大、政府、军队之间备案审查衔接联动机制，加强备案审查制度的能力建设，实行有件必备、有备必审、有错必纠，积极稳妥地推进合宪性合法性审查工作。党的十九届四中全会再次提出，加强备案审查制度和能力建设，依法撤销和纠正违宪违法的规范性文件。从党的历次重要会议对规范性文件备案审查工作的要求和部署可以看出，规范性文件的备案审查制度和能力建设是推进国家治理能力和治理体系现代化的重要组成部分，也是全面推进依法治国的关键环节。尤其是党的十八届四中全会，要求将所有规范性文件纳入备案审查的范围，这也就意味着，所有的监察规范性文件也应当纳入备案审查的范围；同时，党的十八大以来党的历次会议也为规范性文件备案审查制度指明了方向，在此基础上，2019 年十三届全国人大常委会通过了《法规、司法解释备案审查工作办法》，这也为监察规范性文件的备案审查划定了范围，并给出了制度的雏形。

根据《法规、司法解释备案审查工作办法》第十条的规定，行政法规、监察法规、地方性法规、自治州和自治县制定的自治条例和单行条例、经济特区法规、最高人民法院和最高人民检察院制定的司法解释都需要备案审查。[①] 又根据立法法第九十八条和监督法第二十九条的规定，地方政府规章、设区的市、自治州的人民政府制定的规章和县级以上人民政府发布的决定、命令也应当报送备案审查。由此可见，从行政法规到县级人民政府

---

① 《法规、司法解释备案审查工作办法》第十条：法规、司法解释的纸质文本由下列机关负责报送备案：（一）行政法规由国务院办公厅报送；（二）监察法规由国家监察委员会办公厅报送；（三）地方性法规、自治州和自治县制定的自治条例和单行条例由各省、自治区、直辖市人大常委会办公厅报送；（四）经济特区法规由制定法规的省、市人大常委会办公厅（室）报送；（五）司法解释分别由最高人民法院办公厅、最高人民检察院办公厅报送；最高人民法院、最高人民检察院共同制定的司法解释，由主要起草单位办公厅报送。

制定的规章都纳入了备案审查的范围。除此之外，县级以上人民政府的决定、命令也纳入备案审查的范围。[①] 问题在于县级以上人民政府所制定的"命令""决定"等是有关表彰或者任免的文件，是任免或者有关表彰形式性的文件，纳入备案审查的范围没有实质性的意义。

将所有的规范性文件纳入备案审查范围的目的在于发挥对规范性文件的监督作用，发挥对"一府一委两院"的监督作用，维护国家法制的统一，推进国家治理体系和治理能力的现代化。备案审查的范围主要集中在如何界定规范性文件上。行政规范性文件是行政主体为实施法律和执行政策，在法定权限内制定的除行政立法以外的决定、命令等普遍性行为规则的总称，俗称"红头文件"，在法律文件中多表现为"行政措施""决定""命令""公告""通告""会议纪要""通知"等。[②] 从理论上讲，规范性文件是国家机关在其职权范围内，依照法定程序制定的具有普遍拘束力的文件。既然具有普遍拘束力，也就意味着可以针对不特定的相对人反复适用。

从实践立法来看，很多省份关于规范性文件备案审查的规定都对规范性文件的范围作出了界定。湖南是最早制定规范性文件备案审查文件的省份，2007 年 11 月 30 日，湖南省第十届人民代表大会常务委员会通过了《湖南省各级人民代表大会常务委员会规范性文件备案审查条例》，但是湖南省的规范性文件备案审查条例并没有对规范性文件进行概念上的界定，而是以列举的方式

---

① 监督法第二十九条规定：县级以上地方各级人民代表大会常务委员会审查、撤销下一级人民代表大会及其常务委员会作出的不适当的决议、决定和本级人民政府发布的不适当的决定、命令的程序，由省、自治区、直辖市的人民代表大会常务委员会参照立法法的有关规定，作出具体规定。

② 姜明安主编：《行政法与行政诉讼法》（第七版），北京大学出版社、高等教育出版社 2019 年版，第 172 页。

规定了应当备案审查的规范性文件。① 新疆作为少数民族自治区也紧跟湖南的步伐制定了规范性文件备案审查的文件，《新疆维吾尔自治区各级人民代表大会常务委员会规范性文件备案审查条例》② 第三条明文规定了规范性文件的概念，即自治区各级国家机关（以下统称制定机关）依照法定权限和程序制定发布的涉及本行政区域内公民、法人和其他组织权利、义务，具有普遍约束力的文件。无独有偶，《黑龙江省各级人民代表大会常务委员会规范性文件备案审查条例》第三条规定，本条例所称规范性文件，是指本省各级人民代表大会及其常务委员会和县级以上人民政府、监察委员会、人民法院、人民检察院制定，涉及不特定的自然人、法人和非法人组织权利、义务，在一定时期内反复适用并具有普遍约束力的文件。③ 通过对各地规范性文件备案审查条例的总结，可以得出规范性文件应当具备以下四个特点：一是依照法律法规、党纪党规应当公开的文件，涉密的文件或者内部文

① 湖南省桂阳县人民政府网，http：//www. hngy. gov. cn/zwgk/fggw/content_ 1434488. html《湖南省规范性文件备案审查条例》第三条规定，下列规范性文件，应当报送本级人大常委会备案：（一）省人民政府制定的规章、长沙市人民政府制定的规章；（二）省人民政府及其所属部门、长沙市人民政府及其所属部门、自治州和自治县人民政府，根据地方性法规、自治条例和单行条例的授权就地方性法规、自治条例和单行条例适用中的具体问题所作的规定；（三）县级以上人民政府向社会公开发布的决定、命令以及其他涉及公民、法人和其他组织权利义务、具有普遍约束力的文件；（四）县级以上人民政府办公厅（室）向社会公开发布的涉及公民、法人和其他组织权利义务、具有普遍约束力的文件。长沙市人民政府制定的规章，在报送本级人大常委会备案的同时，还应当报送省人大常委会备案。第四条规定，下列规范性文件，应当报送上一级人大常委会备案：（一）设区的市、自治州和县（市、区）人民代表大会及其常务委员会作出的决议、决定；（二）乡、民族乡、镇人民代表大会作出的决议、决定。最后访问日期 2022 年 10 月 5 日。

② 全国人大网，http：//www. npc. gov. cn/npc/c1211/201012/a942b6d2bd04466db 50c5871cd3b4190. shtml《新疆维吾尔自治区各级人民代表大会常务委员会规范性文件备案审查条例》，最后访问日期 2022 年 10 月 5 日。

③ 鹤岗市人民政府网，http：//www. hegang. gov. cn/szf/tzgg/2018/11/19204. htm 最后访问日期 2022 年 10 月 10 日。

件可以不纳入备案审查的范围；二是从文件的内容看，内容如果涉及公权力的运行则应当公开，而不能仅仅看文件的标题是否是"决定""命令"等；三是文件是否对相对人的权利义务产生实质性影响，该实质性影响应当是直接影响相对人的权利义务；四是文件是否能够普遍适用，不能普遍适用的文件不需要纳入备案审查的范围。除此之外，还有政府的内设机构和职能部门制定的规范性文件也应当纳入备案审查的范围。但是政府的内设机构和职能部门制定的规范性文件不需要报人大常委会备案审查，只需要报同级政府备案审查即可。即便如此，也不需要对政府内设机构和职能部门制定的所有规范性文件进行备案审查，只需要按照前文所述的规范性文件的四个特点进行分类，对符合前述四个特点的进行备案审查即可。

2. 监察法规范体系的基本架构

监察法规范体系是国家监察法治建设的基础性环节，也是监察工作有法可依的前提。从实践经验看，监察法规范体系应当呈现立体化、多层次的结构，需要通过专门的立法、制定细则和对法律法规的有效解释等方式形成纵向的监察立法权限体系，与监察权的职能体系共同构成纵横交错的监察法规范体系的网络架构，为监察法规范体系提供基本的规范系统。

参照行政法规范体系的基本架构，监察法的规范体系应当根据监察法与宪法、法律、监察法规和监察规范性文件的关系锚定其基本框架，即宪法——监察法律——立法解释——监察法规——监察规范性文件的框架设定监察法规范性体系。[①] 在这一规范体系中，结合我国单一制的政体结构，除监察法和监察法规

---

① 秦前红、石泽华：《监察法规的性质、地位及其法治化》，载《法学论坛》2020 年第 6 期，第 88—100 页。

以外，应当给予监察规章和监察规范性文件足够的关注。

随着国家监察体制改革的不断深化，监察法中一些原则性的表述需要进一步具体化。2019 年 8 月，国家监察委员会致函全国人大常委会办公厅，提出制定《中华人民共和国监察法实施条例》的建议。2019 年 10 月，第十三届全国人大常委会第十四次会议通过了《关于国家监察委员会制定监察法规的决定》，2021 年 9 月《中华人民共和国监察法实施条例》正式开始实施。至此在全国范围内发生效力的监察法律法规就包括《中华人民共和国监察法》和《中华人民共和国监察法实施条例》。

根据宪法和立法法的相关规定，国家监察委员会的部门和省级以下的监察机关无权制定监察规章，而且国家监察委员会、地方各级人大及其常委会也不得通过监察法规、地方性法规授权制定监察规章。这也就意味着在现行法律法规体系下，不可能出现监察规章等类文件。但是也有学者从立法效率和监察权的规范性角度出发，认为应当授予省级监察机关规章制定权。① 参考行政监察法的立法路径，由全国人大常委会制定行政监察法，国务院制定行政监察法实施条例，监察部制定监察机关特邀监察员工作办法，地方人大制定相应的地方性法规，地方人民政府制定相应的地方政府规章。从立法效率和规范监察权的方式看，这种路径是必要的，原因在于，省级监察机关是由省级人大及其常委会产生的，省级监察机关的权力来源于省级人大及其常委会，方便地方权力机关对同级监察机关的监督，也能够提高监督的效率。因此赋予省级监察机关监察规章的制定权，不仅可以弥补监察法和监察法规过于抽象的不足，还能够提高监察效率和对监察规章监

---

① 参见冯铁拴：《国家监察立法体系化论析》，载《西南政法大学学报》2019 年第 1 期。

督的效率。

对于省级以下监察机关是否有制定规范性文件的权力，则可以分类讨论。首先，监察规范性文件的功能可以分为监察组织规范性文件、监察行为规范性文件、监察程序规范性文件和监察救济规范性文件四个方面，前文已有详细论述，此处不再赘述。除了功能性划分以外，监察规范性文件可以分为内部规范性文件和外部规范性文件。内部规范性文件是作为监察机关内部规则运行的，但是不具有普遍拘束力，不会对相对人的权利义务造成实质性影响；外部规范性文件是针对不特定的相对人反复适用，且会对相对人的权利义务造成实质性影响的，具有普遍拘束力的文件。从效力上讲，外部规范性文件可以作为法院判案的依据，至少可以作为法院判案的参考或者参照对象。其次，如果省级以下监察机关没有制定规范性文件的权限，则省级以下监察机关需要时时事事向省级以上监察机关请示，这不但会增加省级监察机关的工作量，也会降低监察效率。对于省级以下监察机关制定的规范性文件，只需要明确授权，规范制定程序，就能够有效防止监察规范性文件制定权的越权行为，而且对于省级以下监察机关制定的规范性文件可以由同级人大常委会备案审查，既能够有效防止越权，又可以提高立法效力。

综上所述，应当纳入备案审查的监察规范性文件包含省级监察机关制定的监察规章和省级以下监察机关制定的其他监察规范性文件。从监察规范性文件的功能分析看，省级以下监察机关制定的规章和其他监察规范性文件一般不会涉及监察组织的规范，监察组织的规范理应由监察法律法规来设定，对于监察救济的规范也应当由监察法律法规设定，而对于监察程序的规范，监察规章和规范性文件也只能进行细致性的具体化的规定，而不能创设程序，大部分的监察规章和规范性文件都是关于监察行为的规定；从内部文件和外部文件来看，监察规章和规范性文件因为具有强政治性，因此内部文件可能会多于外部文件，因此即便授予省级以下监察机关制定规范性文件的权限，其所制定的规范性文件也极其有限。本书将监察规章和其他监察规范性文件统称为监察规范性文件。国家监察委员会制定的监察法规当然应当纳入备案审查的范围，但并不是本书研究的对象。

第二节　监察规范性文件备案审查的标准

一、规范性文件备案审查的工作原则

审查标准是对规范性文件进行审查的过程中用以衡量、评价规范性文件是否应予撤销或者纠正的一系列准则和尺度，也是规范性文件备案审查制度运行中最为关键和核心的内容。在确立审查标准之前应当首先明确审查机关的审查范围，即审查机关可以审查哪些规范性文件，可以对规范性文件的哪些方面进行审查，以便根据审查的对象确定审查标准，以及审查后的处理方式。《法规、司法解释备案审查工作办法》第二条、第五十四条、第五十五条的规定，基本上涵盖了所有的规范性文件，可以将包括监察规范性文件在内的所有规范性文件纳入备案审查的范围。从这个意义上讲，对规范性文件的备案审查就应当以"有件必备""有备必审""有错必纠"为基本的工作原则。

《法规、司法解释备案审查工作办法》第五十五条规定，地方各级人大常委会参照本办法对依法接受本级人大常委会监督的地方政府、监察委员会、人民法院、人民检察院等国家机关制定的有关规范性文件进行备案审查。本条规定既把所有的规范性文

件都纳入了备案审查的范围，也为"有件必备"提供了法律法规上的依据，同时也明确了人大常委会备案审查的规范性文件的范围。全国人大常委会应当按照《法规、司法解释备案审查工作办法》第二条的规定，对行政法规、监察法规、地方性法规、自治条例和单行条例，以及经济特区法规和最高司法机关出台的司法解释纳入备案审查的范围。同样，地方人大常委会也应当把地方政府规章和规范性文件、地方监察委员会、地方各级人民法院和人民检察院的规范性文件纳入同级人大常委会备案审查的范围，实现监督的全覆盖。对制定机关迟报、漏报、瞒报，以及报备材料不全、不符合要求、报备行为不规范的应当按照《法规、司法解释备案审查工作办法》第十五条的要求予以督促检查，规范报备行为。

"有备必审"要求对备案的规范性文件都要主动进行审查，且审查不能流于形式，要在审查中发现问题，全面掌握"一府一委两院"及各级人大制定政策、发布文件、出台规章和作出决议的情况，全面了解各地经济社会建设、法治改革建设和地方发展中的重难点，为规范性文件的有效审查提供实践基础。除此以外，还应当按照《法规、司法解释备案审查工作办法》的规定对规范性文件加强专项审查。对涉及重大改革、政策调整、关系群众切身利益和引发社会广泛关注的规范性文件，要按照党中央制度化建设的要求开展重点专项审查，在某一领域实现制度的迅速调整、更新、健全和完备。

在审查实践中，"有错必纠"是审查工作的落脚点。落实"有错必纠"应当综合运用沟通、函询、约谈、通报、提醒和纠正等多种方式，督促制定机关对规范性文件进行修订，从总体上提高立法水平，杜绝立法放水的现象。"有错必纠"的关键是审查的标准。《法规、司法解释备案审查工作办法》第三十六条至三十八条对审查标准作出了明确的规定，并以合宪性、合法性、政治性和适当性对审查标准作出了方向性的分类。不难看出，《法规、司法解释备案审查工作办法》关于审查标准的界定和分类依然秉承了"立法宜粗不宜细"的原则。对审查标准依然需要在实践中不断完善。

二、审查标准的分析

（一）合宪性审查标准

党的十九大报告明确指出，要加强宪法实施和监督，推进合宪性审查工作，维护宪法权威。完善宪法监督制度，积极稳妥推进合宪性审查工作，加强备案审查制度和能力建设，依法撤销和纠正违宪违法的规范性文件。十三届全国人大一次会议通过的宪法修正案将全国人大法律委员会更名为"全国人大宪法和法律委员会"。2018年6月，全国人大常委会通过了《关于全国人大宪法和法律委员会职责问题的决定》，提出要推动宪法实施、开展宪法解释、推进合宪性审查、加强宪法监督、配合宪法宣传等工作职责，为推进合宪性审查工作提供了制度性保障。

合宪性标准，是指对法规、司法解释等规范性文件是否符合宪法规定、宪法原则和宪法精神进行审查时适用的标准，对不符合宪法规定、宪法原则和宪法精神的规范性文件，应当予以撤销、纠正。[①] 宪法是国家的根本大法，是全国各族人民、一切国家机关和武装力量、各政党和各社会团体、各企事业组织的根本活动准则，具有最高的法律效力。依法治国，首先是依宪治国。

---

① 全国人大常委会法制工作委员会法规备案审查室：《〈法规、司法解释备案审查工作办法〉导读》，中国民主法制出版社2020年版，第98页。

对规范性文件的合宪性审查，就是要审查规范性文件的形式和内容是否都符合宪法，是否存在与宪法相抵触的情形。

从违宪审查的实践来看，违宪主要包括三种情况：违反宪法的明文规定；违反宪法的原则性规定和违反宪法的精神。除此之外，也可能存在规范性文件的立法目的违宪，即制定机关制定的规范性文件所包含的目的或者意图违反宪法规定、宪法原则和宪法精神的情况；规范性文件的方式违宪，即规范性文件为了实现立法目的所规定的手段对宪法保护的权利或者法益作出了限制，且与立法目的之间存在不合理的关联性，或者其所规定的手段无益于立法目的的实现，或者实现立法目的的方式不具有正当性、合理性；规范性文件的规定有悖于常理，即为实现立法目的，规范性文件所规定的手段对宪法保护的权利或法益作出的限制处于明显不必要的状态，或者明显超出实现立法目的所需要的程度。规范性文件的规定侵犯了宪法保护的更大价值的法益，即规范性文件规定要保护的法益明显低于宪法要保护的法益。

从违宪审查的结果看，根据《法规、司法解释备案审查工作办法》第三十六条的规定，规范性文件出现违宪的情况时，并非一定要直接撤销，而是应当提出意见，由制定机关进行规范和完善。规范性文件制定的直接依据是法律法规，对规范性文件的审查应当首先考虑是否违法，只有在确定没有违法的情况下，才考虑是否违宪。因此对规范性文件的审查不一定直接适用违宪的判断。

（二）合法性审查标准

合法性标准应当包括形式合法和实质合法，形式合法是立法法第一百零八条第（一）项、第（五）项规定的权限和程序合法；实质合法是立法法第一百零八条第（二）项、第（三）项、第（四）项规定的内容，即规范性文件的内容不违背宪法和法律的基本原则，不与上位法相抵触，不与同位法相冲突，其内容与效力等级相协调。另根据《法规、司法解释备案审查工作办法》的规定，对规范性文件合法性标准的审查，主要是指审查法规、司法解释等规范性文件内容是否与上位法相抵触。

从合法性标准审查的实践看，规范性文件违反合法性标准主要有三种情况。

首先，超越权限，即制定机关超出自己行使立法权或者规范性文件应当规定的范围，对自己无权规定的事项作出规定。立法法第十一条明确规定了十一项由法律保留的事项，第十二条规定了对于这十一项法律保留事项，全国人大常委会可以决定授权国务院根据实际需要制定行政法规，但是有关犯罪和刑罚、对公民政治权利的剥夺和限制人身自由的强制措施和处罚、司法制度等事项属于法律绝对保留事项。除此之外，超越权限，违法设定公民、法人和其他组织的权利义务，或者违法设定国家机关的权力和责任；违反授权决定，超出授权范围，授权其他机关制定法规；对依法不能变通的事项作出变通的都属于超越权限的情形。

其次，下位法违反上位法，即对上位法已经作出规定的事项，下位法作出的规定与上位法不一致的，就构成了对上位法的"抵触"，应当予以纠正。比如，违法设定行政许可、行政处罚、行政强制，或者对法律设定的行政许可、行政处罚、行政强制违法作出调整和改变的情况，制定机关应当严格遵守行政许可法、行政处罚法和行政强制法的规定，不得超越权限任意制定规范性文件。再如，与法律规定明显不一致，或者与法律的立法目的、原则明显相违背，旨在抵消、改变或者规避法律规定，即在实践中搞"上有政策，下有对策"，导致上位法被架空或者没有发挥事实上的作用。又如，违背法定程序。规范性文件的制定是程序性较强的活动，程序合法是规范性文件发生效力的前提条件。立法法对法律的制定、行政法规、地方性法规、自治条例和单行条例、规章的制定程序都作出了明确的规定，地方政府及其职能部门在制定规范性文件时，通常以法规规章制定程序为基础性依据，否则制定出来的规范性文件可能会因违背法定程序而被纠正或者撤销。对于在制定程序上具有轻微瑕疵，但尚未达到欠缺生效要件程度的规范性文件，可由制定机关进行补正，无须一律撤销。

（三）适当性审查标准

适当性审查标准又称合理性标准，是指法规、司法解释等规范性文件的内容应当符合一般社会公众对民主、自由、公平、正义、平等、秩序等法的价值的认知，还要符合实际、合乎理性、宽严适度，能够为一般社会公众所接受和理解。[①] 适当性原则是行政法的基本原则之一，在行政法中表述为合理性原则，其核心价值是比例原则。从立法目的上讲，限制公民权利的规范性文件必须考虑限制的必要性，以及限制造成损害的最小化。从规范性文件规定的具体措施上讲，规范性文件规定的具体行为对公民的权利或者法益造成的损害，或者为公民设定的义务应当实现最小化，应当降低公民为实现权利或者履行义务的成本，同时因减损公民权益所取得的收益，必须明显高于公民权益所受到的损失。

根据《法规、司法解释备案审查工作办法》第三十九条的规定，结合立法实践，现实中出现的不适当的情形主要包括：一是

---

① 全国人大常委会法制工作委员会法规备案审查室：《〈法规、司法解释备案审查工作办法〉导读》，中国民主法制出版社 2020 年版，第 110 页。

对公民、法人和其他组织的权利义务的规定明显不合理，或者为实现立法目的所规定的手段与立法目的明显不匹配的情况。规范性文件属于广义上的法律法规，权利与义务的规定是规范性文件的核心内容。规范性文件对权利义务的规定，如果明显不恰当、不平衡，或者显失公平，则应当认为是规范性文件具有不适当性。规范性文件的制定作为实施法律的手段，如果规范性文件的规定具有不适当性，说明手段不具有合目的性，换言之，规范性文件规定的手段无助于实现立法目的，或者为了实现立法目的规定了过激的、不必要的手段。二是明显违背公序良俗和社会主义核心价值观。公序良俗是国家社会存在和发展所依托的、被社会公众所认可的公共秩序和善良风俗的道德价值标准，也为规范性文件的制定提供了基本的价值判断。社会主义核心价值观是社会主义道德价值的核心内容和具体表现，是我国社会公众对社会事务和自身行为作出是非判断的基本价值标准。规范性文件如果违反了公序良俗和核心价值观的基本要求，则必然违反宪法和法律的规定。三是因发生情势变更或者现实情况发生重大变化而不宜继续实施的情况。法律法规和政策具有稳定性，因为具有稳定性，因此也具有滞后性。现实情况是不断发生变化的，规范性文件虽然在制定过程中会具有一定的前瞻性，但是当现实情况发生重大变化或者有突发状况时，规范性文件难免会出现一定时期的不适应性，应当适时作出调整。四是第三十九条第（四）项所规定的变通明显无必要或者不可行，或者不适当地行使制定经济特区法规、自治条例、单行条例的权力的情形。变通或者行使变通规定的权力，应当符合国家经济社会和法治发展的方向和节奏，不能变相地实施地方保护，更不能损害公民、法人和其他组织的合法权益，否则即便合法也被认为是不恰当的行为。

（四）政治性审查标准

政治性审查标准是指法规、司法解释等规范性文件的内容应当与党中央的重大方针政策、决策部署以及国家重大改革方向保持一致。[①] 政治性审查标准的内容：[②] 一是规范性文件的规定是否同党的理论、路线、方针、政策等保持一致，是否含有对党的理论、路线、方针、政策的故意曲解或者理解不够准确的问题。二是对党中央作出的重大决策部署，规范性文件的规定是否予以贯彻落实，是否存在不予落实、变相抵制或者落实不够到位的问题。三是规范性文件的规定是否同国家的重大改革方向保持一致，是否存在同国家重大改革方向相背离或者相偏离的问题。

根据《行政法规制定程序条例》[③] 的规定，为了确保行政法规的正确政治方向，制定行政法规，应当贯彻落实党的路线方针政策和决策部署，符合宪法和法律的规定，遵循立法法确定的立法原则。制定政治方面法律的配套行政法规，应当按照有关规定及时报告党中央。制定经济、文化、社会、生态文明等方面重大体制和重大政策调整的重要行政法规，应当将行政法规草案或者行政法规草案涉及的重大问题按照有关规定及时报告党中央。根据《规章制定程序条例》[④] 的规定，为了确保规章的正确政治方

---

① 全国人大常委会法制工作委员会法规备案审查室：《〈法规、司法解释备案审查工作办法〉导读》，中国民主法制出版社 2020 年版，第 100 页。

② 全国人大常委会法制工作委员会法规备案审查室：《〈法规、司法解释备案审查工作办法〉导读》，中国民主法制出版社 2020 年版，第 101 页。

③ 参见《行政法规制定程序条例》（中华人民共和国国务院令第 321 号）第三、四条。2017 年 12 月 22 日中华人民共和国国务院令第 694 号《国务院关于修改〈行政法规制定程序条例〉的决定》。

④ 参见《规章制定程序条例》（中华人民共和国国务院令第 322 号）第四条。2017 年 12 月 22 日中华人民共和国国务院令第 695 号《国务院关于修改〈规章制定程序条例〉的决定》。

向，制定政治方面法律的配套规章，应当按照有关规定及时报告党中央或者同级党委（党组）。制定重大经济社会方面的规章，应当按照有关规定及时报告同级党委（党组）。

党中央的决策、部署、政策、主张同宪法法律本质上是一致的，规范性文件的制定如果对党中央的决策、部署、政策、主张没有保持高度的一致性，则规范性文件本身可能涉及违宪违法的可能，在进行合宪性合法性审查的同时，应当首先进行政治性审查，以确保规范性文件正确的政治方向。

三、监察规范性文件审查标准

（一）监察规范性文件审查标准的锚定

要锚定对监察规范性文件的审查标准，首先应当明确监察规范性文件的范围。根据前文关于对监察规范性文件的审查范围来看，所有的监察规范性文件都应当纳入审查的范围。监察机关与同级纪委合署办公，共同承担执纪监督和执法监督的职责，其制定的规范性文件与单纯的党的部门制定的党内法规、行政机关制定的行政规范性文件、司法机关制定的司法解释都有所不同。前文已经从监察立法权分配的角度划定了监察规范性文件的初步范围，为了明确对监察规范性文件的审查标准，对监察规范性文件依照监察机关不同的职责为标准进行分类。首先，从监察机关会同同级执法部门、司法部门或者其他机构执行法律法规，或者监察机关自己执行法律法规制定的监察规范性文件，属于监察机关执行法律法规制定的监察规范性文件；其次，监察机关的内设机构为了行使对内管理的职能，制定的规范性文件，属于监察机关内部规范性文件；最后，监察机关会同同级纪委制定的规范性文件，既有监察执法的职能；又包含党内执纪的职能，以党的十八届四中全会的要求看，也应当纳入监察规范性文件的范畴，但是对于这类规范性文件的审查更应当强调政治性或者政策性标准。根据上述分析和《法规、司法解释备案审查工作办法》第五十四条、第五十五条的规定，监察规范性文件应当也适用合宪性、政治性、合法性和适当性的标准，而且应当更加强调政治性或者政策性，同时应当将政治性或者政策性的标准作为前提性标准。

（二）监察规范性文件审查标准的分析

1. 政治性标准

十三届全国人大一次会议对监察法（草案）的说明中，将监察体制改革的总目标定位在整合反腐败资源力量，加强党对反腐败工作的统一领导，实现对所有行使公权力的公职人员的监察全覆盖。这就决定了党内监督和国家监察的高度内在一致性，也决定了实行党内监督和国家监察统一的必然性。[①] 在这样的顶层设计下，监察规范性文件除了基本的法律属性，还融会贯通了党内监督的职能。两种职能的融会贯通符合中国的国情，监察对象在拥有国家公职人员身份的同时，也是中国共产党的领导干部，至少具有党员的身份。这是监察规范性文件的张力所在，更是监察规范性文件强调政治性的根本原因。

根据前文所述的审查程序，笔者以党政联席会议的方式对监察规范性文件进行审查，明确了审查主体，即党政联席会议，但是从审查依据上讲，应当依照《中国共产党党内法规和规范性文件备案规定》第七条，并借鉴《行政法规制定程序条例》和《规章制定程序条例》第四条的规定分步骤进行审查，确保监察

[①]　中共中央纪律检查委员会中华人民共和国国家监察委员会网站，李建国：《关于〈中华人民共和国监察法（草案）〉的说明》，https://www.ccdi.gov.cn/toutiao/201803/t20180314_166242.html 最后访问时间 2022 年 9 月 12 日。

规范性文件正确的政治方向和政策方向。

2. 合宪性审查

对于国家监察委制定的监察法规和监察规范性文件的合宪性审查，可以依照《法规、司法解释备案审查工作办法》第三十六条的规定进行。但是对于地方监察委员会制定的监察规范性文件或者地方监察委员会与同级纪委共同制定的监察规范性文件的合宪性审查具有一定的难度。从审查主体上讲，具有违宪审查权的只有全国人大及其常委会，地方各级人大及其常委会没有违宪审查权，因此对地方监察规范性文件的合宪性审查具有主体上的不现实性。从审查内容上讲，地方监察规范性文件所涉及的内容多为执行法律法规或者针对内部管理的文件，其主要依据和直接依据都是法律法规或者地方性法规和规章，因此可以将合宪性审查与合法性审查同步进行。

3. 合法性审查

对监察规范性文件的合法性审查，应当依据《法规、司法解释备案审查工作办法》第三十八条的规定，针对违反立法法第八条，对只能制定法律的事项作出规定；超越权限，违法设定公民、法人和其他组织的权利与义务，或者违法设定国家机关的权力与责任；违法设定行政许可、行政处罚、行政强制，或者对法律设定的行政许可、行政处罚、行政强制违法作出调整和改变；与法律规定明显不一致，或者与法律的立法目的、原则明显相违背，旨在抵消、改变或者规避法律规定；违反授权决定，超出授权范围；对依法不能变通的事项作出变通，或者变通规定违背法律的基本原则；违背法定程序；其他违背法律规定的情形，八种情形进行审查，并根据规定进行反馈。

4. 适当性审查

同样对监察规范性文件适当性的审查，应当依据《法规、司法解释备案审查工作办法》第三十九条的规定，针对明显违背社会主义核心价值观和公序良俗；对公民、法人或者其他组织的权利和义务的规定明显不合理，或者为实现立法目的所规定的手段与立法目的明显不匹配；因现实情况发生重大变化而不宜继续施行；变通明显无必要或者不可行，或者不适当地行使制定经济特区法规、自治条例、单行条例的权力等四种情形进行审查。值得注意的是，对监察规范性文件适当性的审查应当注重规范性文件规范制定的手段的合目的性，而不能一味强调比例原则，这是考虑地方资源有限性的因素。

第三节　监察规范性文件备案审查的程序

一切有权力的人都容易滥用权力，这是万古不变的经验，要防止滥用权力，就必须以权力制约权力。[①] 无论是行政规范性文件还是监察规范性文件，都是国家公权力在抽象意义上的具体表现，抽象意义上的公权力行为，一旦出现问题，就必然会对社会秩序和国家发展造成不良影响。备案审查程序既是民主法治价值重要的表现方式，也是现代法治国家主权在民的体现形式。既是对公权力有效的制约方式，也是审查规范性文件的合法性、科学性、合理性，确保权力的行使不偏离人民意志的模式之一。

为落实党的十九届四中全会的精神，推进合宪性审查工作，加强备案审查制度和能力建设，依法撤销和纠正违宪违法的规范性文件，2019 年全国人大常委会通过了《法规、司法解释

---

① ［法］孟德斯鸠：《论法的精神》，张雁深译，商务印书馆 1961 年版，第156 页。

备案审查工作办法》为纠正规范性文件中存在的违宪、违法、不适当等问题，确保宪法法律的各项规定能够落地实施提供了有效的规范性支持。《法规、司法解释备案审查工作办法》是在充分总结近年来规范性文件备案审查制度实践发展中取得的成果和经验，深入分析研究新形势下备案审查工作面临问题的基础上制定的规范性文件的备案审查制度。《法规、司法解释备案审查工作办法》按照"有件必备、有备必审、有错必纠"的工作要求，从备案、审查、处理、反馈、公开、报告等各个环节作出具体规定，为依法开展法规、司法解释备案审查工作提供具有可操作性的工作制度和程序规范，为实现保证党中央令行禁止、保障宪法法律实施、保护公民合法权益，维护国家法制统一提供了制度性保障。本章中的备案审查程序就是以《法规、司法解释备案审查工作办法》为基本依据展开分析。

一、监察规范性文件的备案程序

（一）监察规范性文件备案的性质、目的和原则

规范性文件备案审查是规范性文件的备案与审查相结合形成的法律制度，是有关国家机关依法将其制定的行政法规、地方性法规、司法解释、规章和其他规范性文件报送法定机关备案，由接收本案的机关进行登记、存档，依法进行审查并对违宪违法问题予以纠正和处理的法律制度。[①] 规范性文件的备案审查制度，包括规范性文件的备案制度和规范性文件的审查制度。备案是存档以备查，是有权机关及时、准确了解规范性文件的内容及

---

① 全国人大常委会法制工作委员会法规备案审查室：《〈法规、司法解释备案审查工作办法〉导读》，中国民主法制出版社 2020 年版，第 37 页。

其制定情况的方式，便于对规范性文件进行及时有效的监督，备案工作是行使审查权的基础和前提。[①]

1. 性质

从现有的法律规定来看，立法法第一百零九条中关于报送备案的规定可以明确得出备案就是存档备查的结论。换言之，备案是法定程序，是规范性文件公布实施后的法定程序，备案既不是规范性文件的生效程序，也不是备案机关确认规范性文件合宪性合法性的程序。备案的目的是为了全面了解立法情况，加强对立法的监督，便于备案机关进行审查，消除规范性文件之间的冲突，是备案机关行使立法监督权的基础。从这个意义上讲，备案应当属于程序性行为，属于事后监督的行为，未经备案并不影响规范性文件的效力，也不影响备案义务主体依据规范性文件进行活动。但是这并不是说不依法进行备案就不承担任何法律责任，依照《法规、司法解释备案审查工作办法》第十五条的规定，常委会办公厅对报送机关的报送工作进行督促检查，并适时将迟报、漏报等情况予以通报。备案制度是建立在督促检查机制上的，通报既可以是限定范围的通报，也可以像社会公开通报，通报制度的建立，将促使全国人大常委会进一步落实监督职责，强化各报送机关主体责任，及时并有针对性地改进备案工作。

2. 目的

从立法实践来看，各级国家机关通常会将备案程序作为规范性文件的前置性审查程序，或者将备案程序作为审查的前置性程序。比如在文件正式发布之前，除了制定部门的法制机构进行法律审查以外，还会提交同级政府的法制机构进行合法性审查；当

---

① 全国人大常委会法制工作委员会法规备案审查室：《〈法规、司法解释备案审查工作办法〉导读》，中国民主法制出版社 2020 年版，第 37 页。

规范性文件涉及公众利益或者重大社会问题时，下级部门会提请上级政府提前介入，对规范性文件进行前置性审查，比如有的地方政府规章就规定，制定规范性文件，应当经制定机关的法制机构进行合法性审核，提出审核意见。乡（镇）人民政府制定涉及公民、法人或者其他组织重大利益的规范性文件，应当经所在的县级人民政府法制机构实施前置审查后发布。实践中的前置审查程序已经从实质上突破了备案这一法定程序的法理基础，也改变了监督主体和被监督主体之间的关系，是一种强制审查的模式，不但让备案本身失去了意义，而且增加了立法成本和各级机关制定规范性文件的负担。

3. 原则

"有件必备、有备必审、有错必纠"是党的十八大以来推进全面依法治国新形势下提出的新要求，也是全国规范性文件备案工作的主要工作原则，自然也应当作为监察规范性文件备案审查的原则。从程序上讲，备案审查的第一步是报送备案，只有在报送备案之后，规范性文件才能进入审查环节。如果备案义务主体不能按照要求及时对规范性文件进行报备，则审查程序就无法进行。审查是备案审查的核心环节，对报送备案的规范性文件进行严格的、全面的审查是备案审查职能的主要功能和价值体现，因此必须要做到有备必审。备案审查的目的是依据宪法法律对规范性文件进行监督，是纠正违宪违法和不适当的规范性文件，是实现中央令行禁止、保障宪法法律实施、保护公民合法权益、维护国家法制统一的保障。

除此之外，备案是规范性文件制定的法定程序，应当遵守"公开、透明"的程序性原则。规范性文件在备案过程中遵守"公开、透明"的程序性原则，有利于公众对规范性文件备案工作的监督，也是实体正义和程序正义统一的要求。所谓"公开、透明"的原则至少应当包括两种基本的含义：一是备案过程中，规范性文件的相关信息，除依照法律法规应当保密的以外，其他都应当及时向社会公开；二是备案过程中，规范性文件的备案应当实行"开门工作"的形式，即在备案过程中，应当引入广泛的公众参与，由公众积极提供备案线索，督促备案义务主体积极主动的备案。"公开、透明"的原则不仅仅是针对规范性文件本身，对规范性文件制定的背景、目的、依据等背景性资料，以及规范性文件的主要内容、事实依据和其他可能涉及相对人利益的重要信息都应当及时准确完整的公开。必要时，规范性文件的制定主体在备案过程中还应当对规范性文件的相关背景知识和规范性文件的内容予以解释，这也是相对人了解行政信息、参与行政程序、维护自身合法权益的基本前提。[①]

（二）监察规范性文件备案的一般程序

明确监察规范性文件备案审查的范围和标准后，为了能够更好地完成备案，应当首先明确监察规范性文件备案的一般程序，科学合理的备案程序是规范监察规范性文件备案工作的关键。

首先，应当明确监察规范性文件报备的主体。根据《法规、司法解释备案审查工作办法》第十条的规定，监察法规由国家监察委员会办公厅报送备案。监察法规是国家监察委员会根据宪法和法律，为执行法律规定需要或者为履行领导地方各级监察委员会工作的职责需要制定的法规。2019 年 10 月十三届全国人大常委会通过了《全国人民代表大会常务委员会关于国家监察委员会制定监察法规的决定》，明确规定监察法规不得与宪法、法律相

---

① 参见姜明安主编：《行政法与行政诉讼法》，法律出版社 2006 年版，第 371 页。

抵触,全国人大常委会有权撤销同宪法和法律相抵触的监察法规。监察法规由国家监察委员会办公厅负责报送备案。从现行法律法规的规定看,省级以下监察机关没有制定监察规范性文件的权力,因此实践中也没有备案的相关规定。根据前文的论证,笔者认为应当赋予省级以下监察机关制定规范性文件的权限。监察规范性文件的报备机关应当从两个方面考虑:一是路径依赖,即依照我国现行的政治体制,我国地方各级国家机关与中央国家机关基本上是一一对应的关系,监察法规由国家监察委员会办公厅报备,则省级以下监察规范性文件的报备应当由各级监察机关的办公厅(室)报备,监察机关的派出机构制定的规范性文件,则应当由派出机关的办公厅(室)报备;二是功能主义,省级以下监察机关无论是为了执行监察法和监察法规而进行的具体化的规定,还是为了规范内部行为而作出的规定,都需要由本机关根据当地具体的实践,并结合上位法的规定来处理,而对于自身制定的规范性文件,自然也最熟悉,由其自身报备当然就是最佳选择。

其次,应当明确接收备案的主体。根据《法规、司法解释备案审查工作办法》第九条的规定,法规、司法解释,应当自公布之日起三十日内报送全国人大常委会备案。这也意味着国家监察委员会制定的监察法规应当报送全国人大常委会备案。同时第十四条还规定,常委会办公厅对接收备案的法规、司法解释进行登记、存档,并根据职责分工,分送有关专门委员会和法制工作委员会进行审查研究。从这两条的规定,可以看出监察法规报送备案的接收机关是全国人大常委会,接收机构是全国人大常委会办公厅,同时还应当分送全国人大常委会法工委。同样根据路径依赖和实践需要的原则,省级以下监察机关制定的规范性文件应当报送同级人大常委会备案,同时由同级人大常委会办公厅

（室）接收，并送同级人大常委会法工委审查。

最后，应当明确报备的时限以及不及时报备的后果。根据立法法第一百零九条、《法规、司法解释备案审查工作办法》第九条的规定，应当自公布之日起三十日内报送备案；另外《关于地方性法规备案工作的通知》规定，地方性法规、自治条例和单行条例应当自批准之日起三十日内向全国人大常委会和国务院报送备案。实践中，有些地方的备案并不是特别及时，导致备案会迟于法律规定，而且"批准"这是立法程序的一个步骤，《关于地方性法规备案工作的通知》规定的批准之日起备案，也就将备案程序变成了立法中的一个审查程序。根据立法法的规定，应当是自公布之日起备案，而不应当是批准之日起三十日内备案。

从以上规定可以得出的结论是，监察法规也应当在公布之日起三十日内向全国人大常委会备案。省级以下监察机关制定的监察规范性文件应当进行变通，首先考虑到省级以下的监察规范性文件的数量会多于监察法规，如果都是自公布之日起三十日内备案，则很有可能会造成备案工作的拥堵，还应当考虑到监察规范性文件的更新速度可能会较为频繁，因此，监察规范性文件的备案应当根据各地的实际情况，先由上级监察机关进行审查，认为应当备案的，可以向同级人大常委会和上级机关备案，不对外发生效力的可以不进行备案或者延迟备案，即便需要备案的也不需拘泥于公布后三十日内的时间规定，应当根据监察规范性文件的具体情况进行备案。《法规、司法解释备案审查工作办法》第十五条还规定了不及时报送备案的后果，即常委会应当督促备案，这一点应当适用所有的规范性文件的备案程序。

（三）监察规范性文件备案的其他要求

1. 监察规范性文件备案的格式与方式

监察规范性文件的备案是对监察规范性文件制定的程序性要求，因此对备案的监察规范性文件的格式和方式进行统一既能够降低备案的成本，便于事后查阅，也能够有利于监察规范性文件的规范化和科学性。在《法规、司法解释备案审查工作办法》颁布实施之前，国务院以行政法规的形式颁布实施了《法规规章备案条例》，同时国务院法制办还印发了《国务院法制办公室关于印发规章备案格式的通知》对要备案的地方性法规、规章提出了备案格式的要求，其格式主要包括：部门规章的备案格式、部门联合规章备案的格式、地方政府规章备案的格式和年度规章目录备案格式；一般备案的文件应当包括版头、发文字号、标题、主送机关、正文、发文机关署名、成文时间、印章等部分。① 同时《法规规章备案条例》第六条第四款规定，报送法规、规章备案，具备条件的，应当同时报送法规、规章的电子文本。但是由于当时电子文本尚未普及，此条款的规定在具体的实施中收效不大，多数都是采用纸质版的文件进行备案。

2019 年全国人大常委会委员长会议通过了《法规、司法解释备案审查工作办法》，对备案的格式和方式提出了更为具体的要求。《法规、司法解释备案审查工作办法》第十一条针对不同的规范性文件给出了不同的备案文件种类和要求。法规备案的内容包括：备案报告、国务院令或者公告、有关修改废止或者批准的决定、法规文本、说明修改情况汇报以及审议结果报告等有关文件。司法解释报备的内容包括：备案报告、公告、司法解释文

---

① 参见《国务院法制办公室关于印发规章备案格式的通知》（国法函 [2002] 10 号），2002 年 2 月 4 日。

本等有关文件。因为 2015 年立法法修改时，专门对自治条例、单行条例、经济特区法规作出了规定，要求说明对法律、行政法规、地方性法规作出变通的情况，因此在备案时也针对它们提出了特殊的要求，要求说明其变通的内容、依据和理由。

2. 电子报备的相关要求和程序性规定

前文已述，《法规规章备案条例》第六条第四款规定，报送法规、规章备案，具备条件的，应当同时报送法规、规章的电子文本。但是由于当时电子文本尚未普及，此条款的规定在具体的实施中收效不大，多数都是采用纸质版的文件进行备案。《法规、司法解释备案审查工作办法》第十二条、第十三条专门针对电子报备的专责机构和电子文本的要求，以及电子备案的流程作了详细规定。电子报备必须由电子文本制定机关的专责机构负责报送，专责机构应当保持机构、人员的专门性和稳定性。明确专责机构后，应当及时将专责机构名称、联系人姓名及职务、联系方式等信息报送至全国人大常委会办公厅，发生变更时，应当及时告知，并自行做好工作交接和业务培训等工作。对于报备的电子文本，原则上除了开展电子报备之前的历史数据外，新制定、修改的法规、司法解释电子报备的文件范围与纸质报备应当一致。电子报备文件的格式标准是依据 2012 年《党政机关公文处理条例》以及《党政机关公文格式》国家标准（GB/T9704—2012)，并参照全国人大常委会法律文件格式制定的。电子报备承办人员在使用文字处理软件制作报备文件时，需要按照 2016 年 12 月 30 日发布的《党政机关电子公文格式规范》（GB/T33476—2016）制作。[①] 从电子备案的流程上讲，《法规、司法

---

① 全国人大常委会法制工作委员会法规备案审查室著：《〈法规、司法解释备案审查工作办法〉导读》，中国民主法制出版社 2020 年版，第 48 页。

解释备案审查工作办法》要求，常委会办公厅应当自收到备案文件之日起十五日内进行形式审查，对符合法定范围和程序、备案文件齐全、符合格式标准和要求的，予以接收并通过全国人大常委会备案审查信息平台发送电子回执；对不符合法定范围和程序、备案文件不齐全或者不符合格式标准和要求的，以电子指令形式予以退回并说明理由。因备案文件不齐全或者不符合格式标准和要求被退回的，报送机关应当自收到电子指令之日起十日内按照要求重新报送备案。电子报备时应当提交备案文件的 WPS 和 PDF 两种格式的电子文本。报送机关通过全国人大常委会备案审查信息平台报送全部备案文件的电子文本，应当符合全国人大常委会工作机构提出的格式标准和要求。

《法规、司法解释备案审查工作办法》第十五条还专门规定了备案的处理结果，按照党中央关于备案审查工作"有件必备，有备必审，有错必纠"的原则和要求，全国人大常委会办公厅对报送机关的报送工作进行督促检查，并适时将迟报、漏报等情况予以通报。工作办法的条款赋予备案机关对报送机关迟报、漏报的行为予以通报的权力，强化了备案机关的监督主体责任。

3. 监察规范性文件备案的特殊要求

我国的监察机关和党的纪检机关合署办公，监察规范性文件中有相当数量的党政联合发文，也就是意味着监察规范性文件不但具有规范性文件的性质，还具有党的文件的性质，因此应当具有党政联合发文的性质。根据《中国共产党党内法规和规范性文件备案审查规定》的立法目的，规范党内法规和规范性文件备案审查工作，维护党内法规和党的政策的统一性、权威性，应当根据该规定的要求对监察规范性文件进行备案。《中国共产党党内法规和规范性文件备案审查规定》第四条规定，各级党委应当与同级人大常委会、政府等有关方面建立健全备案审查衔接联动机制，从本条的规定和立法逻辑上看，对党政联合发文进行备案审查是对规范性文件监督的必要措施。除此，《中国共产党党内法规制定条例》还规定了党内法规制定的前置审查程序，对于监察规范性文件在备案审查之前也应当按照该条例的规定，进行前置审查，确保监察规范性文件正确的政治方向。

二、监察规范性文件的审查程序

立法法第一百一十二条对全国人大常委会审查规范性文件的程序作了规定，同时也授权其他接受备案的机关对报送备案的地方性法规、自治条例和单行条例、规章的审查程序。监督法规定了司法解释的备案审查程序。《法规规章备案条例》第九条至第十八条、第二十一条对地方性法规、自治条例和单行条例、经济特区法规、规章的审查程序作了规定。《法规、司法解释备案审查工作办法》在适应新形势的要求下，对法规审查工作程序作了更符合实际和更具有操作性的规定。根据相关法律法规和《法规、司法解释备案审查工作办法》的规定，审查的程序主要包括初步研究、函告制定机关、征求意见、实地调研、提出审查报告等阶段。

第一步，初步研究，确定是否属于审查范围。《法规、司法解释备案审查工作办法》第十八条规定了依职权审查、依申请审查、移送审查和专项审查四种审查方式，无论哪种审查方式，首先都应当进行初步的研究，初步研究主要解决两个问题，一是审查机关是否具有审查的权限，尤其是在已审查的情况下，对审查要求、审查建议提出的审查对象是否属于审查机关的审查范围进行判断；二是审查是否具有必要性。对符合要求已作接受、登记的审查要求或审查建议，有的属于本级备案机关的审查范围，有的不属于本级机关的审查范围，需要通过初步研究区别对待。属于审查范围的，进行下一步的审查研究是否需要启动审查程序；不属于审查范围的，可以告知审查建议人向有权审查机关提出；或者向有权审查机关移送；再或者还可以向有关审查机关移送并告知审查建议人。

第二步，将可能存在的问题函告制定机关。经初步研究，发现法规、司法解释的规定可能存在需要纠正的情形，有必要进行进一步审查的，一般应当函告制定机关。制定机关一般应当在一个月内对可能存在的问题进行情况说明，同时对可能存在的问题进行反馈。函告制定机关的同时，对需要批准才能生效的法规，比如自治地方制定的自治条例和单行条例，还应当抄送批准机关。

第三步，根据审查范围和各机关职权的不同，向有关方面征求意见。《法规、司法解释备案审查工作办法》第二十八条至第三十条规定，对法规、司法解释进行审查研究过程中，对涉及不同的机关范围内的事项，可以征求有关方面的意见。为提高审查质量，在法规、司法解释备案审查过程中，涉及国务院职权范围的事项，需要征求国务院有关方面的意见。征求国务院有关方面的意见主要采取书面和电话的形式，有时也采取召开座谈会的形式。对法规、司法解释审查过程中，可以征求全国人大各专门委员会和全国人大常委会工作机构的意见。各专门委员会和常委会应当在审查过程中发挥各自的作用，形成合力，为审查工作提供智力支持。审查过程中需要征求第三方意见的，可以通过座谈会、听证会、论证会或者委托第三方研究等方式，听取其他国家机关、社会团体、企事业组织、人大代表、专家学者以及利益相关方的意见。听取第三方的意见和建议，有助于集思广益，提高审查工作的质量。

第四步，根据审查的实际需要，选择是否进行实地调研。我国的法规、司法解释具有明显的地域性和抽象性，有的法规可能还具有领域内的专业性，比如食品安全，在法律没有规定时，应当对该行政区域内或者专业领域内进行实地调研，对解决问题作出创设性的规定。比如在生态环境保护领域，我国各地方的生态呈现多样化的特征，地方的生态保护法规如果照搬上位法，则不能解决当地的实际问题，甚至可能会引发新的问题，尤其在少数民族地区，还有可能会危及国家安全和民族团结的问题，因此在这些领域都需要进行实地调研后给出审查的结论。

最后，提出审查报告。《法规、司法解释备案审查工作办法》明确规定，专门委员会、法制工作委员会一般应当在审查程序启动后三个月内完成审查研究工作，提出书面审查研究报告。立法法还规定，法规、司法解释应当在公布后三十日内报送全国人大常委会备案。这就对审查报告作出的时限作出了严格的规定，在法规、司法解释公布后三十日内进行备案，备案后就应当启动审查程序，并在三个月内完成审查工作形成审查报告。审查报告是客观反映全国人大常委会备案审查机构对法规、司法解释开展审查过程和结果的内部文件。虽然是内部文件，但是审查报告具有结论性、全面性的特征。审查报告对被审查的法规文件进行了说明，并给出了是否正确妥当的结论，进而确定是否需要启动纠正程序。审查报告在全面听取各方面意见和实地调研的情况下，给出的结论，这些意见和调研情况会全面地体现在报告中，为审查结论提供了全方位的建议和意见。

三、监察规范性文件备案审查程序的特殊性

根据《法规、司法解释备案审查工作办法》第五十四条的规定，对国务院的决定、命令和省、自治区、直辖市人大及其常委

会的决议、决定以及最高人民法院、最高人民检察院的司法解释以外的其他规范性文件进行的审查，参照适用本办法有关规定。第五十五条规定，地方各级人大常委会参照本办法对依法接受本级人大常委会监督的地方政府、监察委员会、人民法院、人民检察院等国家机关制定的有关规范性文件进行备案审查。从这两条的规定能够明显得出的结论是国家监察委员会制定的监察法规和地方各级监察委员会制定的监察规范性文件的备案审查也应当适用工作办法的相关规定。

（一）监察规范性文件的特殊性质

2021 年颁布实施的《中华人民共和国监察法实施条例》是国家监察委员会成立以来制定的第一部监察法规，也是深化国家监察体制改革的重要举措，强化了监察机关的政治属性。从立法法和其他现行法律规定看，从法律地位上讲，监察委员会是和行政机关、审判机关、检察机关互不隶属的平行机关，由权力机关直接产生，对权力机关负责，受权力机关监督，其组织地位和职权均由宪法直接规定；同时根据第十三届全国人大常委会第十四次会议通过的《全国人民代表大会常务委员会关于国家监察委员会制定监察法规的决定》，所授予的国家监察委员会制定监察法规的职权，与立法法中行政机关的行政立法权有极大的相似性，监察法规应当认为是监察立法权的主要表现形式之一。监察规范性文件的体系与其他部门法体系相同，监察规范性文件以监察法为基础性、纲领性法律，辅之以监察法规和其他监察规范性文件，同样当下位法和上位法规定不一致时，应当按照立法法的规定进行裁决。[1]

---

[1] 朱福惠、聂辛东：《论监察法体系及其宪制基础》，载《江苏行政学院学报》2020 年第 5 期，第 118—127 页。

　　值得注意的是，监察法规和其他的法规是不同的，当然也不同于监察体制改革之前的行政监察法规。国家监察委员会和党的纪检部门是合署办公的，这就意味着监察法规兼具党内法规和国家法律的双重性质，是一种党内监督与国家监察的融合性的新型的制度规范体系。这也意味着，监察法规的制定不仅要遵循宪法和上位法的规定，也要遵循党章党规和党的会议精神，这实际上使监察法规横跨了两种不同的规范体系。虽然党内监督和国家监察具有内在一致性，同时二者也形成了互通互补的格局，但是却不能将监察法规视为一般的法规或者规范性文件，其性质不可同日而语。因此，监察法规虽然属于法律规范体系内的规范，但是从其制定主体和制定依据来看，监察法规是具有较强的政治性的法律规范，这种强政治性的特征，使得监察法规和监察规范性文件在备案审查过程中具有不同于一般法规和规范性文件的标准和程序。

（二）监察规范性文件备案审查的一般程序

　　监察规范性文件大致可以分为两类，一类是省级以下监察机关单独发文，这类规范性文件可以参照行政规范性文件的审查程序进行；一类是省级以下监察机关和同级党的纪检部门联合发文，则这类规范性文件的审查程序即应当依照法律法规的规定，同时还应当按照《中国共产党党内法规和规范性文件备案审查规定》规定的审查程序进行审查。从审查方式上看，《中国共产党党内法规和规范性文件备案审查规定》第十二条规定，对内容复杂敏感、专业性强、涉及面广的党内法规和规范性文件，审查机关可以征求有关方面的意见建议或者进行会商调研。人大常委会、政府、军队备案审查工作机构发现党内法规和规范性文件可能存在违法违规问题的，可以向同级党委备案审查工作机构提出审查建议。同级党委备案审查工作机构应当研究处理，并以适当方式反馈结果。

从我国目前的体制看，监察规范性文件中党政联合发文的部分只能进行双轨制，[①] 即通过国家法律法规审查程序和党内法规审查程序的有效衔接来实现。有学者提出可以通过建立党政联席会议实现党政联合发文审查的有效衔接，即党内法规和规范性文件备案审查机构根据党内法规涉及的国家法律制定机关提出意见，依据具体情况会同国家法律的制定和解释部门，吸收党务、法律及其他综合部门的代表，就党内法规及规范性文件与国家法律、法规、规范性文件是否协调的问题进行充分讨论，从而吸纳相关意见作出决定的制度。[②]

为了增加联席会议制度的可行性，联席会议制度可以将监察规范性文件的审查机构、职责和制度以文件的形式固定下来，而且可以定期召集会议对监察规范性文件进行审查；审查机构固定是指联席会议可以作为日常办公机构固定下来，以固定的人员、编制为该机构提供组织保障；职责固定是以规章的形式明确该机构的工作职责和相应的职权；制度固定是建立定期开会即通报的制度；定期召集会议的内容包括检查规范性文件审查工作的安排和实质性内容的审查程序，以及对监察规范性文件审查的评估和清理。[③] 除联席会议一般性程序外，对监察规范性文件的审查还应当遵循一些特殊的规定。

---

① 参见秦前红、李雷：《人大如何在多元备案审查体系中保持主导性》，载《政法论丛》2018 年第 3 期。

② 侯嘉斌：《党内法规与国家法律衔接协调的实现机制研究》，载《社会主义研究》2018 年第 1 期。

③ 许少珊：《党政联合发文备案审查的实务困境及完善机制》，载《决策与信息》2021 年第 3 期，第 41—48 页。

（三）监察规范性文件备案审查程序的特殊性

根据法治原则和"有件必备、有备必审、有错必纠"的备案审查工作的总要求，监察规范性文件也应当属于权力机关监督的对象，应当纳入权力机关备案审查的范围。但是根据前文的分析，监察规范性文件横跨了两个不同的规范体系，我国现行的备案审查制度并没有对横跨两个规范体系的规范性文件如何备案审查进行规定。对于既有党内法规性质，又有国家法律性质的监察规范性而言，如何既保证其政治方向的正确性，又能保证其作为调整监察行为的规范性是备案审查程序和标准的难点。

从法治建设和立法制度的完备性上讲，建立党政联席会议备案审查制度，既能够保证其政治方向，又能够保证文件的规范性。首先，对内容复杂敏感、专业性强、涉及面广的党内法规和规范性文件，无论是《法规规章备案审查条例》，还是《法规、司法解释备案审查工作办法》都提出了可以征求相关方的意见建议或者进行会商调研的方法。对于监察规范性文件的备案审查，纪检委、监察机关、政府相关部门和其他相关的部门或者组织，可以就可能存在的问题向党委、权力机关提出建议意见，并以适当的方式建立联动机制进行处理。

其次，因为监察规范性文件的发文主体既包含党的纪检部门，还包含国家监察机关，已经突破了制定主体性质上的"一元化"，因此，从权力分配角度看，其备案审查也应当由两个以上的主体进行备案审查。

最后，基于现实的考量，可以建立党政联席会议制度，监察规范性文件分别根据党内法规和规范性文件的上位法，依据具体的情况，会同文件的制定机关，并吸收党内和法制部门的负责人，就监察规范性文件是否违宪违法合理的问题进行专门的研究讨论，并依照《法规、司法解释备案审查工作办法》中既定的程序最终形成审查报告。

第四节　监察规范性文件备案审查的处理

一、备案审查的制度功能

备案审查是具有中国特色的宪法监督制度。党的十九届四中全会要求，加强宪法实施和监督，落实宪法解释程序机制，推进合宪性审查工作，加强备案审查制度和能力建设，依法撤销和纠正违宪违法的规范性文件。实现"有件必备、有备必审、有错必纠"，积极落实"有错必纠"，发现并纠正违宪违法的规范性文件，是备案审查实现其制度功能的重要体现。从备案审查的制度功能分析，监察规范性文件纳入备案审查制度，对于补足备案审查制度中的最后一环具有重要意义，也是缓和权力格局的张力，提升反腐效能，消弭权力和体制冲突的一剂良药。从规范意义上讲，能够通过对监察规范性文件审查的处理实现审查的效果和对规范性文件质量的监督，从而实现中央对地方监察权力和监察工作的监督。

（一）处理的特征和流程

规范性文件的审查处理是规范性文件的纠错机制，以规范性文件存在不合法或者不适当的情形为基本前提，换言之，如果规范性文件经过备案审查程序之后，没有发现不合法或者不适当的情形，则不需要启动处理程序进行纠错。规范性文件的审查处理是备案审查的有机组成部分，也是备案审查的程序性结果。对认为不合法或者不适当的情形予以处理，是"有错必纠"的要求，也是备案审查制度逻辑上最具有实质性意义的环节，是保障备案审查发挥制度功能的底线。审查处理的主要目的是纠正规范性文件中不合法、不适当的问题。通过备案将待审的规范性文件收集并进行初步的审查；通过审查发现规范性文件中可能存在的问题；然后在处理的流程中予以纠正。根据《中华人民共和国立法法》《法规规章备案条例》《法规、司法解释备案审查工作办法》的相关规定，规范性文件中的审查处理程序是法律程序与工作程序的结合。比如《中华人民共和国立法法》第一百一十二条中规定的向制定机关提出意和限期内是否整改的程序，再如《法规、司法解释备案审查工作办法》第四十一条、第四十二条规定的沟通协商、发函督促和约谈程序，都是审查主体在履行法定程序过程中的工作方法的设计，通过一系列的工作方法和步骤实现法定程序规定的权限。规范性文件的审查处理既包含了审查机关的审查指导行为，也包含了制定机关的纠正配合行为，这些行为是在沟通协商、书面说明、督促约谈、修改撤销的工作方法和法定程序中逐步实现的。

（二）制度功能

首先，规范功能。规范性文件纳入备案审查制度，会按照初步研究、函告制定机关、征求意见、实地调研、审查报告、纠正处理等一系列法定程序对规范性文件进行备案审查，以确保对规范性文件监督的实效。整个备案审查的过程相当于一个"过滤"机制，对规范性文件进行层层把关筛查，既是对权力的监督，也是对规范性文件质量的把关。审查处理环节是备案审查制度产生实效的前提。规范性文件备案审查的纠错机制，是监督机关和制定机关良性互动共同发挥作用的方式，确保备案审查的效果。

其次，润滑功能。规范性文件的备案审查是审查机关和制定机关良性互动中共同发挥作用，既不是一个机关对另一个机关的敌对，也不是一个机关对另一个机关的对抗。监察规范性文件是弥补监察权力运行中制度空白的有效形式，对于消解监察机关作为新的国家机关产生的制度褶皱有积极的作用。从全国人大常委会将监察立法权授予国家监察委员会开始，就必然会对地方各级监察机关制定监察规范性文件起到"涟漪效应"。相应的配套制度会在地方各级监察机关制定的监察规范性文件中层出不穷，这既产生了制度上的润滑效果，也给监察法治的推行带来了制度上的隐忧。备案审查制度本身要想使得这种润滑的效果真正起到应有的作用，则备案审查后进入实质性的处理程序是必不可少的。

最后，党规国法之间的弥合功能。监察规范性文件最显著的特征就是"二元一体"，即既要依据国家法律行使国家监察权，又要依据党内法规保证党内监督的良好运行。监察规范性文件是跨两种不同规范体系的规范性文件，在备案审查的程序、标准上自然有其特殊性。审查处理程序就是对这一特殊性的落实。在对监察规范性文件处理过程中，既要保证其符合国家法律法规的规定，还要保证符合党内法规的要求；既要保证其合宪性与合法性，更要保证其政治方向上的正确。因此需要在备案审查的实质性环节中确保这种弥合功能的落地。

二、现行法律法规规定的处理方式及原则总结

（一）现行法律法规规定的处理方式

从备案的处理结果上看，立法法第一百零九条只规定了报送备案的时间限制，没有规定不备案或者备案不符合要求的处理结果。根据《法规规章备案条例》第六条、第七条规定，可知，对备案的法规规章主要包含三种处理结果：一是法规规章的制定主

体符合法律法规规定，报送备案的文件格式符合要求，材料齐全，符合备案的其他要求的，予以备案；二是制定主体不符合法律法规规定的，不予备案；三是制定主体符合规定，但是报送文件的格式和材料不符合要求的，暂缓备案。同时对于暂缓备案的情况，由国务院法制部门通知制定机关补充报送备案或者重新报送备案；补充或者重新报送备案符合规定的，予以备案登记。根据《法规、司法解释备案审查工作办法》第十五条的规定，对于不报、漏报或者报送不完整的行为，也只规定了督促报送的措施，并没有具体的规定。从立法法、《法规规章备案条例》《法规、司法解释备案审查工作办法》的规定看，法规规章和规范性文件并没有特别细致的备案审查标准，尤其是对于规范性文件的备案，并没有特别明确的备案标准，只是有格式上的要求。从实践看，在备案过程中，出现瑕疵的情况主要包括两种：一是规范性文件的构成要件存在瑕疵，即规范性文件的制定主体不符合规定或者制定规范性文件没有履行法定程序。制定主体瑕疵是指制定主体不具备制定规范性文件的权限或者是制定主体超越权限制定规范性文件；制定规范性文件不符合法定程序是程序有明显缺陷或者文件的形式有明显的瑕疵，比如应当以令的形式颁布实施的，没有以令的形式颁布实施，或者应当由负责人签字的缺少签字等行为都属于程序性瑕疵。从行政立法的实践看，只有重大且明显的瑕疵才会导致行政立法的无效，轻微瑕疵或者不影响实体正义的瑕疵，一般都是通过后期的修改行为补正先期立法行为的效力。一般来讲，主体是否适格是核心的实体性要素，因此规范性文件中如果主体不适格或者越权立法则不予备案。二是报送备案的材料不完整。这种情况一般都是采取补正的处理方式。补正的方式可以视为对程序的补充，也可以视为工作方法上的补充，也变相的说明这些材料不是构成要件上的重点内容，不是核心构成要素。对规范性文件来讲，报备材料不是构成规范性文件的必要条件，只是报备过程中的程序性条件或者格式性要件，对规范性文件是否生效没有决定性作用，因此法律法规只规定可以通过暂缓报备和督促的手段进行补正。

从审查的处理结果看，从立法法、《法规、司法解释备案审查工作办法》规定看，对规范性文件审查后的处理方式主要包括四种：一是准予备案，继续实施，即通过审查没有发现规范性文件有违宪违法或不适当的问题，也没有违反党纪和国家的大政方针，没有与国家政治方向和政策相抵触的情况，应当进行备案，同时继续实施；二是建议由制定机关自行纠正，即发现规范性文件存在问题，由审查机关建议制定机关自查进行纠正；三是责令暂停执行，审查机关发现问题并建议制定机关自行整改，制定机关拒不整改或没有按时整改的，审查机关可以责令暂停执行；四是改变或者撤销，审查机关对未按照审查意见进行修改或者废止的文件，可以撤销。除此之外，对规范性文件内容有部分不适当或者违法的，可以直接对违法或者不适当的部分进行更改，而对文件的废止则适用于文件的主要内容违法或者不适当的情形。值得注意的是《法规、司法解释备案审查工作办法》第四十条还规定了审查机关和制定机关进行沟通的处理办法，这点与立法法和《法规规章备案条例》相同，从第四十条的规定看，沟通环节发生在审查之后，这也意味着是因为审查机关发现规范性文件可能存在问题，但是对问题的全面性或者系统性需要进一步的了解，或者是"疑似"问题的情况下，需要与制定机关进行沟通，因此首先启动的不是建议修改或者撤销程序，而是沟通程序。从措施上看，审查机关可以根据具体情况选择沟通的措施，比如现场交流，或者电话、微信沟通，也可以采取书面形式的沟通，要求制定机关提供关于制定背景、条款说明等依据。

立法法第一百一十二条、《法规规章备案条例》第十四条、《法规、司法解释备案审查工作办法》第四十一条、第四十三条都规定了建议制定机关限期整改的程序。笔者认为，对规范性文件应当大规模采用限期整改的处理方式。从性质上讲，规范性文件不具有立法的性质，有的仅仅是执行法律法规规章的临时性规定，其影响只是限于某一类行为或者某一范围内的人；从规模上讲，规范性文件浩如烟海，备案审查的工作任务繁巨，如果每一个规范性文件都需要由上级机关或者有权力机关进行变更或者撤销，则上级机关和权力机关的工作负荷将成几何倍数的增加，且不具有可操作性，因此规范性文件由制定机关进行自查自纠然后到上级机关或者权力机关进行说明备案较为妥当。当然在这一过程中，也存在一个弊端，就是制定机关自己审查自己的案件，但是无论是实践中还是理论逻辑上，任何组织和个人都无法做到将监督者和被监督者完全隔离的审查。如果将法治作为一个整体来看，对规范性文件的监督不仅仅限于上级机关或者权力机关的监督，还包括社会监督、政党监督和公民监督等多种形式。对规范性文件的监督也未必一定要通过上级机关或者权力机关备案审查的工作方式进行监督，当规范性文件在实践中出现运用的问题，可以由相对人提起审查建议，上级机关、权力机关或者司法机关可以针对审查建议进行审查或者由制定机关自己根据审查建议进行审查，并将审查结果和整改方案备案和公布。

从《法规、司法解释备案审查工作办法》所规定的审查处理方式和结果看，工作方法对于规范性文件的处理是对立法法、《法规规章备案条例》的补充和完善。后者没有规定停止执行处理方式，前者就规定了停止执行的处理方式。规范性文件存在问题，在实践中肯定会对相对人和相关人的权益产生实质性影响，如果不及时将存在问题的规范性文件停止执行，其违法性后果就会一直持续。对规范性文件监督的目的就是保护相对人的权益不受非法侵害。当然停止执行的处理方式在实践中也可能会被滥用，但是《法规、司法解释备案审查工作办法》只规定在上级机关或者权力机关审查过程中发现问题才能够停止执行，并没有规定如果是社会监督或者公众监督过程中可以停止执行。停止执行也应当运用在社会监督或者公众监督过程中，但为防止其滥用，应当从程序和判断标准上进行约束。

修改、撤销和废止是党中央对备案审查制度的明确要求。修改、撤销和废止是对规范性文件的重大改变或者根本性改变，涉及国家机关之间的权力配置和划分的问题，需要明确的法律依据。同时还必须明确修改、撤销和废止的条件和程序。

从法律依据上讲，我国宪法第六十七条、第八十九条、第一百零四条、第一百零八条为备案审查制度依法撤销违宪违法或者不适当的规范性文件提供了宪法依据。立法法第一百零八条、《法规规章备案条例》第十四条和监督法第二十九条也为法规、规章和地方人大和政府决议、决定、命令的撤销提供了明确的法律依据。

从撤销条件上讲，法规的撤销应当包括四个条件：一是经过审查，认为行政法规、地方性法规、自治条例和单行条例存在同宪法法律相抵触的情形；《法规、司法解释备案审查工作办法》第三十八条规定了八种与宪法法律相抵触的情况。二是审查机关已经通过协商的方式将审查的意见和建议告知制定机关，且制定机关已经明确知道自己制定的规范性文件可能存在同宪法法律相抵触的情况。三是审查机关已经通过约谈、函询等方式，督促制定机关限期进行整改。四是制定机关没有采取任何措施进行整改，也就是既没有针对存在的问题进行修订，也没有及时废止存在问题的规范性文件。具备此四个条件，可以对法规即行撤销。

这四个条件对于规章同样适用，只是撤销的机关不同，国务院可以撤销部门规章，地方政府规章除可以由国务院撤销外，还可以由地方人大常委会撤销。

（二）处理的原则

从立法法、《法规规章备案条例》《法规、司法解释备案审查工作办法》的相关规定看，审查机关对规范性文件进行审查处理的一般都会先进行沟通、协商、建议、督促之后，在仍然没有实现纠正的目标时，才会采取直接进行改变、撤销或者废止的措施。这也说明规范性文件的备案审查制度中，对于审查的处理原则是以协商为主，以强制解决为辅，符合中国国情。

我国的规范性文件制定从中央到地方，无论行政机关、监察机关、权力机关、司法机关和其他公权力组织都有权制定不同类型、不同权限范围的规范性文件。根据党的十八届四中全会的要求，要做到规范性文件能审尽审、能备尽备，对于浩如烟海的规范性文件的审查工作量是繁巨的，单纯地依靠上级机关、权力机关或者司法机关的监督无法完成党中央的要求，也不具有可操作性。从规范性文件规范化的过程看，规范性文件规范化的过程其实是规范性文件科学化法治化的过程，科学化要求规范性文件的制定必须以事实为基础，以宪法法律、法规、规章和上位法为基本依据，不与相关的上位法相抵触，不与同位阶的规范性文件有冲突；法治化要求规范性文件在科学化的基础上逐步建构起规范性体系。作为规范性文件的制定机关在实现这一目标的过程中，需要不断提升自身制定规范性文件的水平，而不是单纯依靠上级或者权力机关对规范性文件的备案审查。从规范性文件制定的背景看，规范性文件是制定机关根据区域或者领域内的实际情况，以上位法为依据实施的抽象行政行为，每一个区域或者领域的具体情况是有差异的，单纯地依靠上级或者权力机关原则性的审查处理，其结果可能会适得其反。从我国行政序列的上下级关系看，我国管理的上下级关系较为复杂，即使在组织法有明确规定的情况下，也需要下级对上级的配合，否则即便上级部门有绝对的权威，下级部门如果无心配合也不能实现具体的监督目的。综上，规范性文件审查处理需要以协商沟通为原则，以强制改变或者撤销为例外。

三、责任追究制度的反思

从现行法律规定看，对规范性文件的制定行为，我国法律只规定了变更、撤销和废止的程序，对于制定文件的主体应当承担的责任没有明确规定，对于抽象行政行为的救济方式也是赋予司法机关对规范性文件进行附带性审查，附带审查后的处理方式也只能是撤销具体行政行为，对行政机关作出司法建议，并没有对制定机关和制定规范性文件的责任有相应的处理结果。责任制度的缺失是规范性文件备案审查应当关注的问题，也是完善备案审查制度需要关注的问题。

首先，对规范性文件的制定机关，立法法、《法规规章备案条例》《法规、司法解释备案审查工作办法》都规定了承担责任的方式。比如《法规规章备案条例》第二十条规定，对于不报送规章备案或者不按时报送规章备案的，由国务院法制部门通知制定机关，限期报送；逾期仍不报送的，给予通报，并责令限期改正。而且从现有的法律法规和规章的规定看，全国各级地方政府对规范性文件备案审查的标准、程序、时限和处理结果等都规定了责任追究的条文，但是所规定的责任也仅仅是通报和责令限期整改。从行政处罚和行政强制的角度看，所谓的责任追究也不过是强制整改，或者说是对制定机关所采取的强制措施，而不是处罚措施，换言之，现行规定对规范性文件制定机关的责任追究的威慑力是不够的，应当追究制定机关的责任，对相关责任人员进行处分。

其次，对规范性文件的制定责任人应当追究责任。有学者认为，行政规范性文件违法的责任属于行政政治责任和行政违宪责任，行政政治责任就是行政机关及其工作人员违反特定的政治义务而导致的政治上的后果；行政违宪责任是指行政机关的重大行政行为直接违反宪法所应承担的责任，比如国务院发布的行政法规以及具有普遍约束力的决定和命令等抽象行政行为，若直接与宪法规定发生冲突，全国人大及其常委会则可通过撤销、罢免等方式追究行政机关及其首长的责任。[①] 但是我国现行法律法规并没有规定规范性文件制定责任人和制定机关领导的责任，只有《法规、司法解释备案审查工作办法》第四十二条规定，制定机关收到审查研究意见后逾期未报送书面处理意见的，专门委员会、法制工作委员会可以向制定机关发函督促或者约谈制定机关负责人，要求制定机关限期报送处理意见。

最后，政治责任的法治化是备案审查制度完善的终点。监察规范性文件是监察机关制定的规范性文件。从制定主体上看，监察机关是与纪委合署办公的机关，其基础是职责高度关联，对象大体一致，通过资源的整合和力量的整合，实现功能上的互补和职责上的优化，最终实现治理上的效能化。从制度规范上看，《中国共产党工作机关条例（试行）》第五条第二款规定，根据工作需要，党的工作机关可以与职责相近的国家机关等合并设立或者合署办公。合并或者合署办公仍由党委主管。从责任主体上

---

① 王成栋：《政府责任论》，中国政法大学出版社 1999 年版，第 22 页。

看，党政合署办公的责任主体是同一主体，具有党政双重身份。因此，在监察规范性文件存在违宪违法或者不适当的问题的时候，追究法律责任。在监察规范性文件出现政治问题，或者可能引发政治问题时，应当追究政治责任。同时应当实现政治责任的法治化，深入全面推进依法治国。

第三章 监察规范性文件备案审查的机制构建

第一节 监察规范性文件二元备案审查机制

基于我国现行备案审查的运行模式，"一府一委两院"有权对自身系统中下级机关的规范性文件进行审查，这种审查主要由上级部门对下级部门在本系统内进行，所以也称"自律型合宪审查"。与此相对应，人大常委会有权对同级"一府一委两院"的规范性文件进行备案审查，故也称"他律型合宪性审查"。监察机关同时接受上级监察机关的领导和同级人大的监督，与之相应，监察机关的规范性文件应当同时接受同级人大及上级监察机关的监督，自觉接受备案审查。监察规范性文件备案审查据此形成"人大主导""监察机关依托"体系，呈现出"二元审查机制"特点。从整体上明确以国家权力机关主导的他律型审查和以上级监察机关为补充的自律型审查之间的关系及形态，有利于厘清监察规范性文件备案审查的运作逻辑。

一、人大主导监察规范性文件备案审查的正当性

人民代表大会制度是我国宪法确立的政权组织形式，"是坚持党的领导、人民当家作主、依法治国有机统一的根本制

度安排"，① "是支撑中国国家治理体系和治理能力的根本政治制度"。② 坚持人大在规范性文件备案审查体系中的主导地位，符合习近平有关备案审查制度的法治思想，更是我国特色社会主义法治道路发展的必然要求。发挥人大及其常委会在立法中的主导作用，是党的十八届四中全会提出的新要求。中国共产党第十八届四中全会决定指出，全面依法治国要"健全有立法权的人大主导立法工作的体制机制，发挥人大及其常委会在立法工作中的主导作用"。2015 年修正立法法，正式确立了"人大主导立法"。当然，人大主导立法并非强制性制度变迁，而是在顶层支持和立法确认背后暗含着必然性规律，具备深厚的正当性基础。

（一）坚持党对立法工作领导的政治基础

坚持党的领导是中国特色社会主义道路发展的必然选择，具有坚定的历史基础、现实基础和理论基础。从历史唯物主义的角度看，"中国共产党的坚强领导是我国实现社会主义现代化的根本保证，是维护国家统一、社会和谐稳定的根本保证，是把亿万人民团结起来、共同建设美好未来的根本保证。这是全国各族人民在长期革命、建设、改革实践中形成的重要共识"。③ 正如习近平总书记指出："党的领导地位不是自封的，是历史和人民的选择，也是由我国国体性质决定的。正是有了党的坚强领导，有了党的正确引领，中国人民从根本上改变了自己的命运，中国发展取得了举世瞩目的伟大成就，中华民族迎来了伟大复兴的

---

① 习近平:《论坚持全面依法治国》，中央文献出版社 2020 年版，第 71 页。
② 习近平:《论坚持全面依法治国》，中央文献出版社 2020 年版，第 73 页。
③ 中华人民共和国国务院新闻办公室:《中国的政党制度》，载《人民日报》2007 年 11 月 16 日，第 15 版。

光明前景。"① 从理论的角度来看，坚持党的领导可以用两个产生于当代中国政治发展实践中的理论模型来阐释："党群关系同心圆"理论模型，强调党和群众是命运共同体、利益共同体、行动共同体关系，准确概括了当代中国政治发展基本特征；"党—国家—社会"理论模型，内涵在于坚持党对国家和社会的领导，反映了党在"三圈重叠"状态转变为"三圈分离"状态中与国家和社会的关系变化及独特作用。②

在立法领域，同样必须坚持和加强党的全面领导。在立法方面，党和人大之间的关系定位表现为"党领导下的人大主导立法"。③ 质言之，党的领导主要是对大政方针和发展方向的领导，要尊重人大依法依程序开展立法活动，从而保证人大主导立法；人大主导立法则通过为党制定科学正确的立法政策提供民意依据、为党的政策转化为法律排除利益干扰、为党行使立法领导权提供制度规范，对党领导立法起到了重要的制度支撑作用。④ 任何社会都必须要有秩序，而秩序的形成和维持均依赖治理规则，没有治理规则即没有秩序。⑤ 坚持人大的立法主导地位，则可以适应单一制国家结构形式对法治统一提出的刚性要求，⑥ 通过法制整合和维护法制统一，为加强党的统一领导奠定必备基础。

---

① 中共中央宣传部：《习近平总书记系列重要讲话读本》，学习出版社、人民出版社 2016 年版，第 102 页。

② 参见祝灵君：《坚持和加强党的全面领导：历史逻辑、理论逻辑与实践逻辑》，载《中共中央党校学报》2017 年第 6 期。

③ 陈俊：《论人大主导立法所涉若干重要关系及其立法权行使》，载《政治与法律》2017 年第 6 期，第 3 页。

④ 参见邹阳阳：《党领导立法：道路之由、理论之元与制度之要》，载《湖湘论坛》2022 年第 1 期。

⑤ 参见胡锦光：《论推进合宪性审查工作的体系化》，载《法律科学》2018 年第 2 期。

⑥ 参见秦前红：《走出书斋看法》，上海三联书店出版社 2015 年版，第 96 页。

（二）尊重人大权力机关地位的制度基础

人民代表大会制度作为我国的根本政治制度，是人民当家作主的重要途径和最高实现形式。人民代表大会及其常委会作为人大制度的组织形式，具有行使法定职权、反映人民诉求和维护宪法实施等重要功能。权力机关的性质决定了人大具有至高地位，为人大主导立法及规范性文件备案审查提供了制度方面的正当性基础。一方面，从权力分工来看，人大权力的至上性决定了其主导地位的正当性。自国家监察体制改革后，我国权力配置由立法、司法、行政三者主导转变为新型的立法、司法、行政和监察四权并立，与之相应，国家机关结构配置由传统的"一府两院"转变为"一府一委两院"。然而，权力配置和国家机构形态的变化，并未影响到我国核心的政治体制。人大作为权力机关依旧处于最高地位，监察委员会由其产生，对其负责。人大与监察机关的关系并未突破权力机关与其他国家机关之间的关系模式，即产生与被产生、决定与执行、监督与被监督的关系。据此，在立法权行使过程中，人大处于主导地位，具体到监察规范性文件的制发，同样需遵循此逻辑。

另一方面，从职责分配方面来看，人大监督职责的权威性决定了其主导地位的正当性。根据宪法和法律规定，人大及其常委会行使对行政、司法、监察等国家机关的监督权，从法理上说具有最高的法律效力和权威性。[①] 监察法第八条、第九条规定，监察委员会由人大产生，要对人大负责并接受其监督。因此，我国人大在监督"一府一委两院"、维护国家法制统一方面处于核心地位。人大监督监察机关的方式主要包括听取和审议工作报告、

---

① 参见程湘清：《论完善人大监督制度》，载《中国人大》2004 年第 8 期。

执法检查、询问和质询、合宪性审查和备案审查等。人大监督职责的权威性和核心性，决定了人大应主导监察规范性文件备案审查。

（三）贯彻以人民为中心理念的客观基础

相较于资本主义民主政治，社会主义民主政治的优越性在于社会主义民主是最广泛、最真实、最管用的民主。人民民主是社会主义的生命，坚持人民主体地位，保障和实现人民当家作主，是由人民民主专政的国家性质决定，也是人民主权原则的体现，更是实现中华民族伟大复兴的基本要求。人民代表大会制度则是人民当家作主的根本制度安排和重要法律途径，正如习近平所指出的"通过人民代表大会制度牢牢把国家和民族前途命运掌握在人民手中"。[①] 人民代表大会制度的设计和运行、人大及其常委会依法行使职权，即以保证和发展人民当家作主、彰显"国家一切权力属于人民"宪法理念为价值追求。[②] 监察规范性文件备案审查必须坚持以人民为中心理念，通过确立和坚持人大的主导地位，尊重人民真实意志，保障人民合法权益。一方面，人大主导监察规范性文件备案审查，可以摆脱片面追求监察效率，防止侧重效率而忽视程序保护；另一方面，人大相较监察机关的封闭性特征，具备开放性优势，更易公众有效参与，从而接近民声、吸纳民意。

值得注意的是，提倡人大在监察规范性文件备案审查中的主导地位与作用，并非否认监察机关在内部备案审查工作中的作用与能力。事实上，建立在不同机构设置原理基础上的备案审查机

---

① 习近平：《论坚持全面依法治国》，中央文献出版社 2020 年版，第 70 页。

② 参见汪铁民：《以人民为中心是人大工作的根本出发点》，载《中国人大》2019 年第 8 期。

制，必然会在效力、效果、便捷、成本等方面具有差异性。一味强调人大主导，不仅属于认识上的偏差，更会在实践中影响其他主体，尤其是监察机关参与备案审查功能的发挥，反倒不利于备案审查制度效力的充分发挥。更有甚者，会致使人大与其他主体特别是监察机关之间的关系变得微妙，不符合我国机构设置所遵循的配合目标。上级监察机关对下级监察机关制定的规范性文件进行备案审查，存在独特优势，由此决定了他律型备案审查机制和自律型备案审查机制之间相辅相成、相互合作的关系。

上下级监察机关属于领导关系，且"领导的程度其实要远强于行政机关和检察机关内部"。[①] 由上级监察机关审查下级制定的规范性文件，属于其领导职权的具体行使，具有重要的履职监督和工作指导作用。然而，这种自律型备案审查机制同样具有天然的局限性。立法部门化、部门利益法制化，以及部门和地方保护主义对立法民主性和科学性的削减，都会为立法成为监察机关牟利、谋私的工具提供空间和土壤。正如习近平在《关于〈中共中央关于全面推进依法治国若干重大问题的决定〉的说明》中强调："我们在立法领域还面临着一些突出问题，立法工作中部门化倾向、争权诿责现象较为突出。"有学者即清晰指出该问题，"上级监察机关对下级监察规范性文件的备案审查，具有职权强化、判断专业、纠错高效的优势，但属于监察系统的自我同体审查，不能因此而弱化或者替代同级国家权力机关的备案审查监督"。[②] 由人大主导监察规范性文件备案审查，可以处理好立法的综合性和立法引领改革问题，解决部门问题、防止地方保护主

---

① 秦前红：《我国监察机关的宪法定位——以国家机关相互间的关系为中心》，载《中外法学》2018 年第 3 期。

② 段鸿斌：《地方监察规范性文件备案审查论析》，载《人大研究》2022 年第 1 期。

义、提高立法效率、节约立法资源，从而有效矫正自律型备案审查机制的内在缺陷。[①]

因此，以他律型备案审查和自律型备案审查为主体的监察规范性文件二元备案审查机制之存在，具有深厚的历史、实践、政治和理论等方面的支撑，属于监察规范性文件备案审查制度的重要组成部分。在二元体系下，人大和监察机关之间为具有地位差异性的合作、辅助关系，总体呈现出党领导下，人大主导和监察机关依托的特征。

二、他律型备案审查机制的构建

人大主导监察规范性文件备案审查是依法监察原则的制度体现，有助于保证监察活动在法治轨道上有序运行，体现着国家监察体制改革背后的为人民服务和以人民为中心理念的遵循与落实。现阶段监察机关立法活动与其他机关立法活动相比，尚处于起步阶段，但是可以预见的是监察规范性文件的数量必然会处于持续增长趋势。为了保证监察规范性文件质量，加强监察监督，应注重机制构建，确保人大在备案审查工作中真正发挥主导作用。

(一)"柔性监督"与"刚性监督"并重理念

我国法律赋予了人大对规范性文件的撤销权。宪法第六十七条第（七）项、第（八）项规定，全国人大常委会有权撤销同宪法、法律相抵触的行政法规、地方性法规等。此外，立法法第一百零八条、监督法第三十条、《备案审查工作办法》第四十四

---

① 参见刘松山：《人大主导立法的几个重要问题》，载《政治与法律》2018 年第 2 期。

条，均对人大撤销权作出规定。根据《备案审查工作办法》第四十四条规定，制定机关未按照书面审查研究意见对法规及时予以修改、废止的，专门委员会、法制工作委员会可以依法向委员长会议提出予以撤销的议案、建议，由委员长会议决定提请常委会会议审议。由此可知，我国已经确立了规范性文件的人大撤销制度，并遵循先"沟通协商"再"审议撤销"的"先礼后兵"式监督路径，表现出明显的"柔性"监督色彩。

有学者将人大的这种"柔性监督"现象，提炼为"支持性监督"理念，并从文化基因和制度基础两个方面揭示了深刻动因。① 在文化基因方面，"文化因素是分析一个社会、一个民族和一个政治共同体不可忽略的基础和条件"。"人们政治行为受到政治文化环境的制约，政治文化构成政治体系和政治行为的深层结构……不同的政治文化会使相同的政治对象和政治行为产生面目全非的结果"。② 在"以和为贵"这一中国文化优秀传统核心思想的影响下，人大倾向于采取一种非对抗的、凝聚共识的方式，与被监督机关进行内部的充分沟通、协商，纠正系争规范性文件的违宪违法问题，而非直接行使撤销权、走上正式的对抗程序。在1954年宪法实施之初，时任中共中央政治局委员、中央政法委书记彭真，就在中央政法委员会扩大会议上明确提出"主动纠正"的观点。受这种"和"理念影响，彭真在与浙江省人大常委会组成人员谈话时再次指出："对于有些问题，全国人大常委会一般采取提醒的办法，改了就好。"③

---

① 参见蒋清华：《支持型监督：中国人大监督的特色及调适——以全国人大常委会备案审查为例》，载《中国法律评论》2019年第4期。

② 王沪宁：《比较政治分析》，上海人民出版社1987年版，第156、161页。

③ 彭真：《论新时期的社会主义民主与法制建设》，中央文献出版社1989年版，第174—175页、第268页。

在制度基础方面，在相互制约又相互协调的国家权力结构模式，以及党总揽全局、协调各方的领导核心作用双重因素影响下，人大监督具备很强的政治性。一方面，与西方的权力制衡模式相比，我国的公权力结构显现出分工、制约下的合作关系，具有浓厚的协调特效，要求人大实施柔性监督。另一方面，党的领导地位主要依靠总揽全局和协调各方的手段落实，具体要求各个国家机关要在坚持党的领导下，围绕党和国家的大政方针工作，服务大局。林来梵教授亦指出，在中国共产党的统一领导以及中国传统的和合观念的影响下，国家机构内部普遍存在一种非对抗性合作关系。[①] 对于人大而言，则是以"正确监督"为工作原则，善于处理好监督与支持的关系，最大限度形成治国理政的强大合力。[②]

诚然，"支持性监督既是文化特征，也是体制特征；既是功能特征，又是结构特征"，[③] 符合我国的文化传统思想和政治体制安排。但是，过分强调"柔性监督"必然会削弱人大监督效果，导致立法粗制滥造。正如信春鹰在文章中指出："备案审查纠错的主要手段是由常委会工作机构通过沟通协商，由制定机关自行纠正，这虽然是纠正违宪违法行为的方式之一，但也存在刚性不足、缺乏约束力的问题。"[④] 2017 年备案审查工作报告再次提出："审查标准、程序和督促纠正机制等不够明确规范，有关制度刚性不足，约束力不强，有备必审、有错必纠需要

---

　　① 参见林来梵：《合宪性审查的宪法政策论思考》，载《法律科学》2018 年第 2 期。

　　② 2016 年全国人大常委会工作报告首次使用"正确监督"概念。

　　③ 蒋清华：《支持型监督：中国人大监督的特色及调适——以全国人大常委会备案审查为例》，载《中国法律评论》2019 年第 4 期。

　　④ 信春鹰：《加强备案审查制度和能力建设 完善宪法法律监督机制》，载法治政府网，http://fzzfyjy.cupl.edu.cn/info/1038/7957.htm，2022 年 7 月 31 日访问。

进一步落实。"① 与行政规范性文件备案审查相比，监察规范性文件因纪监合署办公体制及监察权的政治性倾向，会表现出更强的柔性监督路径依赖。因此，只有转为"柔性监督"为主，"柔性监督"与"刚性监督"并重理念，才能真正发挥人大在规范性文件备案审查中的主导作用，从而更好维护法制统一和保障公民权利。敢用、能用、善用规范性文件撤销权，则是强化人大刚性监督效果的有效路径。

（二）规范性文件的识别主导

监察规范性文件的准确识别是启动备案审查程序的前提，然而受党政融合治理趋势、纪检合署办公模式影响，以及监察机关自我保护动机的驱使，实践中监察规范性文件往往面临一些问题，导致规范性文件无从知悉、难以判别，从而逃逸备案审查机制的约束。例如，实践中存在不少监察规范性文件，通常由党的机关作为一方制定主体，在这种情况下该类联合印发文件一般会被视作党内规范性文件，而不受人大监督。为了保证监察规范性文件备案审查制度的顺利运行，应在党中央关于"全覆盖"指示下，由人大对性质存疑的文件进行最终识别，尽可能将所有文件纳入备案审查范围。在技术方面，监察规范性文件的具体判断路径，可以遵循"两要素"原则。一是普遍适用性要素，即针对不特定人和不特定事作出的决定或者规定，具有普遍约束力。二是外部性要素，即涉及的是公民、法人或者其他组织的权利义务关系。值得注意的是，外部性并不等同于公开性，是否公开不能构

---

① 沈春耀：《全国人民代表大会常务委员会法制工作委员会关于十二届全国人大以来暨 2017 年备案审查工作情况的报告——2017 年 12 月 24 日在第十二届全国人民代表大会常务委员会第三十一次会议上》，载《中华人民共和国全国人民代表大会常务委员会公报》2018 年第 1 期。

成监察规范性文件的要件。所谓内外部文件的区分，核心标准仍在于是否产生外部效力，公开仅仅是一个形式性、可操作性的识别方法。

　　考虑到人大资源配置有限和监察规范性文件数量繁多之间的矛盾，可以推动"备案"与"审查"相分离，坚持"有件必备"和"选择审查"。在资源有限的前提下，人大同样会面临心有余而力不足的困境。全国人大常委会法工委法规备案审查室成立之初，就有人提出："每年向全国人大常委会报送备案的行政法规和地方性法规多达数百件，如果要对每件法规逐字逐句地进行全面审查，从全国人大常委会现有的人力和资源来看，是根本不可能做到的，而且也是不经济的。"[①] 实践运行中也确实存在此问题。以 2015 年为例，全国 31 个省、自治区、直辖市人大常委会都设立了专门的备案审查机构并配备了专职人员，但是在 317 个地级市、自治州，只有 160 个设立了专门的备案审查机构，140 个配备了专职人员。在县区一级，设有专门机构和配备专职人员的所占比例不到 10%。[②] 很多省专职备案审查人员只有 2—5 人，其中存在人员长期缺岗或同时承担其他工作任务的情况。[③] 有些区县人大常委会法工委工作人员只有 1—2 人，大部分还不具备法律专业背景。[④]

　　具体而言，"有件必备"因为仅仅是单纯的程序性报备，较

---

　　① 宋锐：《关于全国人大常委会法规备案审查工作的几个问题》，载《中国人大》2004 年第 3 期。

　　② 参见信春鹰：《加强备案审查制度和能力建设 完善宪法法律监督机制》，http://www.aisixiang.com/data/107469.html，2018 年 8 月 30 日访问。

　　③ 参见王锴、刘犇昊：《现状与问题：地方备案审查制度研究——以 31 个省级地方为例》，载《江苏行政学院学报》2018 年第 3 期。

　　④ 参见龚峰：《新形势下规范性文件备案审查工作研究》，载《山东人大工作》2017 年第 9 期。

为简单，再加上信息化智能化技术的发展，文件报备通过"线上流转"几乎可以实现人力解放。因此，坚持有件必备具备可操作性。"选择审查"则是审查能力和合法控制衡量之后的最优结果。将所有监察规范性文件不作区分，一律提交人大审查，既会因为精力分散出现数量挤占质量空间的问题，导致文件审查质量打折；同时会因文件未涉及重要利益，而发生人大资源浪费，影响监察效率结果。在此种情况下，由人大选择性审查监察规范性文件，则可以有效解决上述两种问题。选择性审查本身就蕴含着人大主导的色彩。人大在选择审查监察规范性文件时，应坚持重要性标准，即可能涉及社会重大问题、关涉人民切身利益、影响个体人身自由和财产权益、增加个体义务等，人大应进行审查。备案审查实践中，已有此探索。例如，安徽省人大常委会就规定了需要重点审查的规范性文件：涉及改革发展稳定大局和人民群众切身利益、社会普遍关注的重大问题；涉及限制或剥夺公民、法人和其他组织合法权利，或者增加公民、法人和其他组织义务的；涉及行政许可、行政强制、行政处罚的；其他任务需要进行审查的。[①]

（三）备案审查程序的启动主导

监察规范性文件备案审查程序的启动包括主动审查和被动审查，前者主要依赖于人大和监察机关主动性和自觉性，通常具有一套严密的程序装置；后者则由其他机关和公民、法人、其他组织提出审查要求或建议，并不具备强制启动性。人大在监察规范性文件备案审查中的主导地位，主要体现在主动审查方面。监察机关作为制定机关，自行审查监察规范性文件，进行自查自纠自

---

① 参见《安徽省各级人民代表大会常务委员会实行规范性文件备案审查的规定》（2017）第 11 条。

我清理，严重依赖于监察权的"自律"假设。依法监察原则的实现程度、自律审查机制的健全程度以及考评机制的科学程度等，都属于影响监察机关主动审查效果的因素。有鉴于此，企图借助自律备案审查实现规范性文件合法性和适当性的完整控制，难以避免地方保护主义和利益驱动主义导致的审查休眠问题，无异于镜花水月。凸显人大在监察规范性文件备案审查启动程序中的主导作用，则形成外部监督和制约，有效弥补自律审查的内在缺陷。在主动审查方面，应该充分发挥人大在备案审查中的地位优势和监督优势，积极联席党委和监察机关启动监察规范性文件的审查。

三、二元备案审查机制的衔接

监察规范性文件在接受双重主体审查时，难免存在"如何分工、以谁为主、意见如何协调等问题"。① 在双重备案审查机制下，应充分考虑人大、监察机关各自的备案审查优势，坚持党领导下的人大主导这一基本思路，从融贯备案审查标准、协调纠错处理方式两个方面，实现二元备案审查机制有机衔接。

（一）坚持党的领导地位

中国特色社会主义最本质的特征是中国共产党的领导，中国特色社会主义制度的最大优势是中国共产党的领导。宪法第三条第四款明确要求，中央地方关系的处理必须遵循在中央统一领导下，充分发挥地方的主动性、积极性的原则。坚持和加强党的全面领导地位在立法上表现为，坚持党对立法工作的统一领导，维

---

① 参见梁鹰：《备案审查工作的现状、挑战与展望——以贯彻执行〈法规、司法解释备案审查工作办法〉为中心》，载《地方立法研究》2020年第6期。

护法制统一。在监察规范性文件备案审查活动中，坚持党的领导地位，对于保障人大主导地位和作用的实现以及二元备案审查机制的有序运行，具有协调矛盾、确立方向和提供保障等重要作用。"当立法过程中出现一些人大难以协调的矛盾和困难时，由人大报请同级党委来决策和决定更有助于解决问题；当人大立法涉及政府部门资源配置问题，人大难以协调政府部门之间利益关系时，报请党委来协调更能整合、平衡各种利益关系；当人大立法面临指导思想和方针路线选择，需要把关大局时，党的领导能为人大主导立法指引方向"。①

首先，坚持党的领导地位有助于协调矛盾。不同主体面对同一问题，不可避免会因利益驱动、立场选择、观念价值等方面存在差异而产生分歧。监察规范性文件备案审查同样如此，监察机关和人大作为备案审查主体坚持不同的审查基准，即是典例。党总揽全局、协调各方的领导核心作用，是中国特色社会主义政治制度优越性的一个突出特点。② 正是政党政治的运作和维系，才使得立法、行政、司法职能得以整合成为一个具有内在统一性和相互联系性的国家权力体系。③ 2006 年、2007 年和 2013 年的全国人大常委会工作报告即指出，各国家机关虽然职责分工不同，但都是在党的领导下协调一致地开展工作。

其次，坚持党的领导地位有助于确立方向。中国共产党是中国特色社会主义事业的领导核心，发挥着总揽全局、协调各方的核心作用。只有坚持党对立法工作的领导，才能真正实现党的领

---

① 陈俊：《我国立法体制发展中的立法权限之探索》，载《政治与法律》2017 年第 6 期，第 4 页。

② 参见中共中央文献研究室编：《习近平关于社会主义政治建设论述摘编》，中央文献出版社 2017 年版，第 31 页。

③ 参见封丽霞：《政党、国家与法治——改革开放 30 年中国法治发展透视》，人民出版社 2008 年版，第 2 页。

导、人民当家作主、依法治国三者的有机统一。人大及其常委会和监察机关应当树立大局意识和全局意识，将党委中心工作和地方改革发展实际需要作为重要的考量因素，推进备案审查工作，保障党的路线方针政策、党中央决策部署以及地方党委工作部署在本地区的贯彻实施。

最后，坚持党的领导地位有助于提供保障。任何制度从萌芽到成长壮大以致最终定型，必然需要大量的人力物力等资源基础，而中国共产党作为执政党，在调配优化整合各方资源方面具有最为明显的优势，为监察规范性文件二元备案审查机制的建立和完善提供人力和物力支持，搭建理论交流平台，以及打通不同制度之间的壁垒。

值得注意的是，历史和实践表明，坚持党对立法工作的领导地位是我国立法发展的一条基本经验，也是实现党对国家政权领导的基本形式，但是应准确把握党领导立法的内涵和方式，警惕以党委替代人大的党政不分情形出现。具体来看，应特别注意以下三个方面：一是"党领导立法"应处理好与"人大主导立法"的关系；二是"党领导立法"应以科学立法作为目标任务；三是"党领导立法"的内容与方式必须不断实现制度化、规范化。①

（二）审查标准融贯协调

审查标准是备案审查制度中最为关键和核心的内容。在二元备案审查体系下，不同主体对监察规范性文件审查的重点和目的必然存在差异。理论上来说，这种审查标准上的差异，会导致审查结论差异，因此必须通过审查标准的协调和融贯，保持备案审

---

① 参见封丽霞：《中国共产党领导立法的历史进程与基本经验——十八大以来党领导立法的制度创新》，载《中国法律评论》2021年第3期。

查的一致性、有序性和有效性。审查标准贯通，并非要求不同机关严格依照一样的基准，而是核心要素和主要内容的一致协调。因为人大主导监察规范性文件备案审查，因此核心要素和主要内容的确立应以人大审查基准为主，同时尊重和选择性吸收监察机关自律审查的特色要素。

一般而言，人大审查规范性文件的标准有三项，分别是合宪性、合法性和正当性。国家监察体制改革后，该三项审查标准在面对新型监察权及其立法活动时，明显存在不适应之处。众所周知，与其他国家机关相比，监察机关的党政融合趋势更为凸显。不论是纪监合署办公体制，还是坚持党的领导法定原则的确立，均为监察规范性文件赋予了政治性内核，要求人大监督及备案审查时，必须将政治性基准纳入考量范畴。

结合《中国共产党党内法规和规范性文件备案审查规定》第十四条规定、《法规、司法解释备案审查工作办法》第三节规定和地方人大制定的规范性文件备案审查条例，可知监察规范性文件的备案审查标准至少包括政治性、合法性和适当性（或称合理性）三项标准。政治性标准在备案审查相关规定中，一般被表述为"政策性"。例如，《法规、司法解释备案审查工作办法》第三十七条规定："对法规、司法解释进行审查研究，发现法规、司法解释存在与党中央的重大决策部署不相符或者与国家的重大改革方向不一致问题的，应当提出意见。"《北京市各级人民代表大会常务委员会规范性文件备案审查条例》第二十一条规定："对规范性文件进行审查研究，发现规范性文件存在与党中央的重大决策部署不相符或者与国家重大改革方向不一致问题的，应当提出意见。"

地方监察备案审查实践探索中，也确实遵循着该审查路径。例如，2020 年北京市纪委监委坚持"有件必备、有备必审、有错必纠"原则,从"政治性、合法合规性、合理性、规范性"四项标准方面,集中力量对各区纪委监委、派驻(出)机构、市管企业和市属高校纪检监察机构报送的 189 件规范性文件,开展了实质性和全面性备案审查。[①] 在理论研究中,亦有学者提出此种主张。[②]

综上,从法律规定、实践探索和理论支撑三个维度可以得出结论,人大在审查监察规范性文件时,除了应遵循传统的三项标准,还应确立政治性标准,进行实质性审查。上级监察机关在审查下级监察机关制定的规范性文件时,则应以"政治性、合法合规性、适当性和规范性"作为审查基准。

(三)纠错处理方式协调

人大对监察规范性文件的审查处理遵循着"沟通前置—自行修改—强制纠错"分层递进式路径。三个阶段程序组成,次第形成监督链条。人大常委会的审查纠错具有全程性、谦抑性。[③] 全程性是指,纠错处理贯穿于监察规范性文件备案审查全过程,如发现错误、审查研究、提出审查意见、函告提醒等;谦抑性是指,人大纠错方式应避免正面对抗和强制冲突,优先采取沟通、函询、约谈、通报、提醒、撤销等纠错方式。[④] 作为强制性和对抗性特征最为明显的撤销权方式,应严格适用,只有制定机关未

[①] 参见《北京:全面开展纪检监察规范性文件实质性备案审查》,载京报网,https://baijiahao.baidu.com/s?id=1698871349495545444&wfr=spider&for=pc,2022 年 9 月 1 日访问。

[②] 参见段鸿斌:《地方监察规范性文件备案审查论析》,载《人大研究》2022 年第 1 期;张炜达、郝辉辉:《监察规范性文件备案审查制度构建研究》,载《人大研究》2022 年第 3 期。

[③] 参见段鸿斌:《地方监察规范性文件备案审查论析》,载《人大研究》2022 年第 1 期。

[④] 参见梁鹰:《加强备案审查建设法治中国》,载《备案审查研究》2021 年第 1 辑。

按照人大的书面审查意见予以相应处理，才能启动监察规范性文件的直接撤销权。

上级监察机关对下级监察规范性文件审查处理，要坚持"有件必备、有备必审、有错必纠"和"恰当纠错"相统一的原则。例如，《天津市纪委监委规范性文件制定办法》明确要求上级监察机关坚持有错必纠和纠错恰当；《驻马店市纪检监察机关规范性文件管理办法》则明确监察机关审查处理规范性文件的方式，包括建议自行纠正和撤销两种。由此可知，在自律型备案审查机制中，纠错处理方式具备更强的强制性和直接性，其根源在于上下级监察机关之间属于领导关系，具备服从性，明显区别于建立在人大与监察机关之间监督关系基础之上的建议性特征。

显而易见，在二元备案审查机制下存在多种纠错处理方式，可能造成被审查文件的效力不确定、审查结论不一致。在法制统一原则要求下，人大和监察机关应该慎重对待该问题，通过沟通协商的方式，消弭意见分歧于审查过程之间，避免出现结果上的大相径庭。当然，在协商难以形成合意时，需尊重人大的主导地位，以人大的纠错处理方式为准。同理可知，原则上，当人大和监察机关对同一监察规范性文件具有不同的审查结论时，应承认和尊重人大的最终判断权。特殊情形下，基于对机关专业性的尊重和权力分工的配合，对于自律型审查体系中特有的审查基准，如规范性基准，应以监察机关的结论为准。

第二节　监察规范性文件备案审查衔接联动机制

在全面坚持党的领导下，党政关系已经从绝对的二元分立，逐渐转向新型的党政融合关系。我国宪法第一条清晰阐明"中国共产党领导是中国特色社会主义最本质的特征"，这表明在我国政治结构之中，党的领导是基本原则，并深度融入国家机理。党的领导主要包括党的执政、党的政治领导和思想领导、党的组织嵌入以及党政机构融合。其中，党政机构融合是党政融合的最主要载体，更是实现党的领导的主要方式，在我国国家治理过程中发挥着重要作用。在国家监察领域，监察体制改革后的党政融合特性比较突出，主要表现为以党政合署办公为主的党政机构融合。事实上，党政机构融合是一种更为彻底的组织嵌入，[①] 通过使作为领导者的党的机构，在组织上全部或部分地吸纳作为被领导者的监察机构。纪监合署办公自然具有机构整合、决策统一、资源集中、手段有力等优势，从而更好起到高效反腐、强化监督等目标，但是同样会带来问题。党政融合强调在坚持党的领导原则下，整合各自职能实现协作共治，而在诸多合作手段中联合发文较为受欢迎。纪监联合发文大量存在。为了克服和减少党规和监察规范中的冲突和矛盾，有必要在坚持人大监督和依法监察的前提下，建立和完善备案审查衔接联动机制，实现对这些纪监联合印发的监察规范性文件的合法性与合宪性控制，确保监察活动在法治轨道上平稳运行，畅通党规国法良性互动的桥梁。

一、衔接联动的必要性

（一）基于规范纪监大量联合发文的现实需要

在党政融合的背景下，纪委和监委为了更好地推进国家反腐败进程，约束公职人员规范行使公权力，协同工作的方式越来

---

① 参见林鸿潮：《党政机构融合与行政法的回应》，载《当代法学》2019年第4期。

受到青睐，联合印发监察规范性文件成为常态。自 2018 年 3 月以来，纪监联合印发文件数量激增，根据发文字号不同，可区分为三类。本书以中央层级发文为例，进行说明。

第一类，中央纪委国家监委以"国监（办）发"名义发布的监察规范性文件。例如，2018 年 4 月，中央纪委与国家监委联合印发《公职人员政务处分暂行规定》（国监发〔2018〕2 号）；2018 年 4 月，中央纪委办公厅、国家监委办公厅与最高人民检察院办公厅联合印发《国家监察委员会与最高人民检察院办理职务犯罪案件工作衔接办法》（国监办发〔2018〕1 号）。此外，还包括《国家监察委员会管辖规定（试行）》《纪检监察机关监督检查审查调查措施使用规定》《中央纪委国家监委立案相关工作程序规定（试行）》等。

第二类，中央纪委和国家监委共同署名，以"纪监发"名义发布的监察规范性文件。例如，2019 年 8 月，中央纪委国家监委驻生态环境部纪检监察组联合印发《驻生态环境部纪检监察组日常监督联系人制度（试行）》（驻环纪监发〔2019〕6 号）；2020 年 2 月，中央纪委国家监委驻生态环境部纪检监察组联合印发《驻生态环境部纪检监察组 2020 年工作要点》（驻环纪监发〔2020〕1 号）。

第三类，不具有发文号的中央纪委和国家监委联合印发文件，这类监察规范性文件在法律数据库中，一般被视作党内法规。例如，2018 年 8 月，中央纪委与国家监委联合印发《国家监察委员会特约监察员工作办法》；2021 年 1 月，中共中央纪委机关、中共中央组织部与国家监察委员会联合印发《关于严肃换届纪律加强换届风气监督的通知》；2021 年 1 月，中央纪委与国家监委印发《中央纪委国家监委开展特别重大生产安全责任事故追责问责审查调查工作规定（试行）》。面对实践中广泛存在的纪监联合发文，只有及时借助备案审查手段，纳入监督范围，才能保证依法监察和依纪执规，确保监察立法权的规范行使和监察活动的有序开展。

（二）基于适应纪监合署办公模式的制度需要

纪检监察合署办公是国家监察体制改革后产生的一种特殊模式，在构建以党内监督和国家监察为主体的国家监督格局中具有重要的纽带作用。纪监合署办公在本质上属于党政合署办公，新变化在于"合署的权力类型和机构类型发生了变化，权力关系不是政党与政府之间的关系，而是执政党与政权之间的关系"。[①] "我国 80% 的公务员和超过 95% 的领导干部是共产党员，这就决定了党内监督和国家监察具有高度的内在一致性，也决定了实行党内监督和国家监察相统一的必然性"。[②] 因此，纪监合署办公体制具有深厚的理论、实践和制度基础，是符合我国国情的制度设计。在纪检监察合署办公的模式下，纪检监察联合发文制定规范不可避免。如果纪监联合发文存在不规范、甚至与上位法相抵触情形，将导致合署办公难以发挥其政治和效率优势，甚至对整个国家监察体制改革与国家监督机制产生负面影响。然而，国家监察体制改革在政治上本就具有特殊性，再加之纪监合署办公模式影响，使纪监联合发文的性质更加扑朔迷离，面临能否纳入现行立法监督的理论与实务双重困惑。为了更好适应纪监合署办公体制，有必要立足党内法规和监察规范的独特属性，探索出一条独特的规范之道，将纪监联合发文纳入法治

---

① 庄德水：《监察委员会有效运行的结构化逻辑分析》，载《理论与改革》2019 年第 1 期。

② 李建国：《关于〈中华人民共和国监察法（草案）〉的说明》，载《中华人民共和国全国人民代表大会常务委员会公报》2018 年第 2 号。

轨道，从而更好服务和推进国家监察体制改革大局。

（三） 基于推进党规国法体系协调的法治需要

党内法规与国家法律具有辩证统一性和体系协调性。① 党内法规与国家法律的衔接协调，是党内法治作用国家法治的具体途径和通道。② 自党的十八届四中全会通过《中共中央关于全面推进依法治国若干重大问题的决定》，将党内法规正式纳入中国特色社会主义法治体系，并要求"注重党内法规同国家法律的衔接和协调"后，党内法规与国家法律作为法治体系的两个组成部分，在国家治理体系中发挥着同等重要的作用。促进党内法规与国家法律的衔接与协调，推进涵括"完备的法律规范体系、高效的法治实施体系、严密的法治监督体系、有力的法治保障体系，以及完善的党内法规体系"的中国特色社会主义法治体系的顺畅运行，成为全面推进依法治国背景下必须关注的一个重大理论与现实问题。③ 党的十九大进一步要求加快形成党内法规制度体系，以"加强和改善对国家政权机关的领导"。④ 至此，"依规治党"和"依法治国"成为主流话语，并为党治国理政指明了基本指向和基本方略。⑤ 正如习近平总书记所指出："要实现党和国家的长治久安，必须坚持依法治国与制度治党、依规治党统筹

① 参见韩强：《在党的建设中把党内制度和国家法规统一起来》，载《湖北行政学院学报》2008 年第 1 期。

② 参见许耀桐：《党内法治对国家法治的作用析论》，载《理论与改革》2019 年第 1 期。

③ 《中共中央关于全面推进依法治国若干重大问题的决定》，载《人民日报》2014 年 10 月 29 日。

④ 习近平：《决胜全面建成小康社会 夺取新时代中国特色社会主义伟大胜利——在中国共产党第十九次全国代表大会上的报告》，载《人民日报》2017 年 10 月 28 日。

⑤ 参见许耀桐：《党规国法既非对立，也不可混淆——谈"依规治党"和"依法治国"关系》，载《解放日报》2016 年 10 月 26 日。

推进、一体建设。"① 纪监联合发文作为党内法规与国家法律有机协调关系的具体化，同样需要坚持人民意志与利益的维护性、根本目标与价值取向的一致性、内在关系的统一性，以及规范内容的协调性，如此才能让双规并行的社会主义法治体系更加完善、发挥优势。因此，应通过建立和完善备案审查协调联动机制，搭建党内法规工作机构与监察立法机构之间的沟通桥梁，减少党内法规和监察规范之间的矛盾冲突，从而保障党规与国法的衔接和协调，更好推进我国特色社会主义法治体系建设。

二、衔接联动的可行性

（一）规范基础

我国备案审查衔接联动机制并非全新制度，早在 2012 年中共中央便发文要求建立衔接联动机制。此后，全国人大和党中央制定出台了诸多有关备案审查衔接联动的规范性文件，为纪监联合发文联动备案审查奠定了比较明确的规范基础和制度保障。

一方面，党中央机构印发的衔接联动备案审查文件。2012 年 7 月，中共中央办公厅印发《中国共产党党内法规和规范性文件备案审查规定》，在第十四条规定"建立党内法规和规范性文件备案审查与国家法规、规章和规范性文件备案审查衔接联动机制"。作为中国共产党的首部正式党内"立法法"，规定的出台不仅是推进党内法规制度建设的重大举措，更是保障党规与国法协调衔接的重要举措。2015 年，中共中央办公厅印发《关于建立法规、规章和规范性文件备案审查衔接联动机制的意见》，强调一切

---

① 《习近平就加强党内法规制度建设作出重要指示强调 坚持依法治国与制度治党、依规治党统筹推进、一体建设》，载《人民日报》2016 年 12 月 26 日。

违反宪法法律的法规规章和规范性文件都必须予以纠正，推动建立健全法规规章和规范性文件备案审查衔接联动机制，并且明确了"有件必备、有备必审、有错必纠"的工作原则。① 2016年，中共中央印发《关于加强党领导立法工作的意见》，进一步要求推动建立健全党内法规备案审查衔接联动机制。随后，以《中国共产党党内法规制定条例》和《中国共产党党内法规和规范性文件备案审查规定》为蓝本，地方党委相继出台了"备案沟通协调机制"规范性文件。② 2019年修订《中国共产党党内法规和规范性文件备案审查规定》，通过第四条"衔接联动主体"以及第十二条"处理反馈机制"，对党规国法备案审查衔接联动制度作了进一步完善。③ 2021年，中共中央印发《法治中国建设规划（2020—2025年）》，在"立法监督"部分，再次强调建立健全备案审查衔接联动机制。由此可见，党规国法衔接联动机制的健全程度已经构成评价法治中国建设水平的衡量基准之一。

---

① 《关于建立法规、规章和规范性文件备案审查衔接联动机制的意见》要求建立分工负责、双重备案联动、移交处理和提议审查、征求意见、会商协调、信息共享等备案审查衔接联动机制。

② 例如，河北省《中国共产党河北省委员会党内法规和规范性文件备案细则》第十六条规定：要建立全省党内法规与地方性法规备案工作的沟通协调机制；江西省出台了《关于建立规章和规范性文件备案审查衔接联动机制的实施意见》；江苏省《贯彻〈中国共产党党内法规和规范性文件备案审查规定〉的实施办法》第十五条规定"建立备案文件联动审查机制"。

③ 《中国共产党党内法规和规范性文件备案审查规定》第四条第二款规定："各级党委办公厅（室）负责牵头办理本级党委备案审查工作，统筹协调、督促指导本地区备案审查工作。有关部门和单位应当在职责范围内积极协助开展备案审查工作，共同发挥审查把关作用。"第三款规定："各级党委应当与同级人大常委会、政府等有关方面建立健全备案审查衔接联动机制。"第十二条规定："对内容复杂敏感、专业性强、涉及面广的党内法规和规范性文件，审查机关可以征求有关方面意见建议或者进行会商调研。人大常委会、政府、军队备案审查工作机构发现党内法规和规范性文件可能存在违法违规问题的，可以向同级党委备案审查工作机构提出审查建议。同级党委备案审查工作机构应当研究处理，并以适当方式反馈结果。"

另一方面，全国人大常委会印发的衔接联动备案审查文件。2015 年全国人大常委会将"探索建立备案审查衔接联动机制，完善备案审查工作中的沟通协商、纠错工作机制"列为当年监督工作计划。在历经多年探索、积累经验后，2019 年全国人大常委会印发《法规、司法解释备案审查工作办法》，在第七条明确规定常委会工作机构要通过备案审查衔接联动机制，加强与其他机构的联系和协作，同时对审查机构和工作报告作出规定。2023 年修正的立法法，正式要求"备案审查机关应当建立健全备案审查衔接联动机制"。

（二）体系基础

随着党的十八届四中全会决定将党内法规纳入社会主义法治体系，法治概念在我国发生变化，内涵开始从法律延伸至党内法规。法治体系作为上位概念，统摄作为下位概念的法律体系和党内法规体系。法治概念的更新，可以在理论上找到一定支撑。

首先，从法理学视角来看，法的概念包括狭义和广义两种。按传统实证主义法学理论，法律仅指通过国家权威制定并由国家强制力保障实施的国家法律。在法社会学理论则认为"法"既指称包括国家法、国际法、民间法在内的属概念，亦指称国家法的种概念，同时包括国家法律与社会行为规范。①

其次，党内法规与国家法律之间的体系协调性，根植于我国特色社会主义制度。根据宪法，党的领导是我国社会主义最本质特征和最大制度优势。"党取得执政地位后，国家法律和党内法

---

① 参见胡平仁：《法社会学的法观念》，载《社会科学战线》2007 年第 3 期。

规共同成为党治国理政、管党治党的重器"。① 因此，出于治国理政目的，中国特色社会主义法治体系必然包括党内法规体系和国家法律体系。

最后，在国家治理现代化环境下，党内法规体系和作为国家法律体系组成部分的监察法律体系是治理的重要利器，要求二者必须共存相容。"从一定意义上而言，两个规范体系在不断完善的过程中共存相容也是个博弈的过程，然而这种博弈过程的结果不应该是'零和'（zero-sum）或者'负和'（negative-sum），必须追求和谐共生、共同促进法治建设的'正和'（positive-sum），否则就势必损及法律权威和执政党的威信"。② 这就要求党内法规体系与国家法律体系必须坚持体系共存性和协调性，在宏观层面注意保持目的、价值、指引的一致性；在微观层面注意避免具体规则制定权的冲突，在坚守各自规范领域的基础上，实现相辅相成。由此可知，在双轨并行的现实法治体系下，党内法规和国家法律具备内在的体系共存性，为开展联合印发类监察规范性文件备案审查提供了夯实的基础。

（三）法理基础

有关纪监联合发文的性质，主要会面临四种争议。一是党内法规说，即纪监联合发文作为党内法规与国家法律有序协调的外在载体，属于党内法规中一种特殊的"混合性法规"。③ 二是国家法律说，即纪监联合发文，尤其是中央纪委、国家监委的联合

---

① 王岐山：《坚持党的领导 依规管党治党 为全面推进依法治国提供根本保证》，载《人民日报》2014年11月3日，第3版。

② 秦前红、苏绍龙：《党内法规与国家法律衔接和协调的基准与路径——兼论备案审查衔接联动机制》，载《法律科学（西北政法大学学报）》2016年第5期。

③ 参见欧爱民、李丹：《混合性党规的正当性证成与适用范围——党政联合制定法规的一种理论回应》，载《中南大学学报（社会科学版）》2020年第1期。

发文，集中体现了党内法规的实质法律属性，故而具备"国家法律的形式与实质"。① 三是双重性质说，即在充分考虑到纪监联合发文中主体实效作用的基础上，主张纪委和监委是"平行""联合"发文关系，而非"从属""次要"关系，因此不能简单将其划分为党内文件，而认为纪监联合发文具备党规国法双重属性。② 四是特殊的规范性文件说，即纪监联合发文并不符合党内法规在制定主体、内容形式、文件名称等方面的形式要件，其制定过程一般也不符合立法程序，但其实质效力往往会高于纯粹的法律法规，应认定为一类特殊的规范性文件。③

笔者赞同"双重性质说"，原因有三：首先，从"立法权"行使方面来看，纪监联合发文本质上属于不同"立法权"行使后的结果，同时涉及"党"与"监"两类主体，具有"党规"和"国法"的双重属性。其次，从实质效力影响方面来看，纪监联合发文的效力范围涵盖党内和党外，同时调整党内关系和党外关系，推动了党规与国法从绝对化二元对立向交融共治转变。最后，从党规国法协作方面来看，纪监联合发文是党政融合背景下党规与国法协作模式的具体制度表现，其实质就是党的十八届四中全会所提出"党通过国家政权机关实施对国家和社会的领导"的一种具体表达。④ 纪监联合发文的性质，不会因纪检监察合署

---

① 参见郭世杰：《论党内法规向国家法律转化的具体路径》，载《中共福建省委党校学报》2019 年第 1 期。

② 参见《党政联合制发的规范性文件是否需备案审查？》，载《民主与法制时报》2013 年 5 月 13 日，第 A07 版；张力：《党政联合发文的信息公开困境与规则重塑——基于司法裁判的分析》，载《中国法学》2020 年第 1 期；封丽霞：《党政联合发文的制度逻辑及其规范化问题》，载《法学研究》2021 年第 1 期。

③ 参见秦前红、苏绍龙：《党内法规与国家法律衔接和协调的基准与路径——兼论备案审查衔接联动机制》，载《法律科学（西北政法大学学报）》2016 年第 5 期。

④ 参见封丽霞：《党政联合发文的制度逻辑及其规范化问题》，载《法学研究》2021 年第 1 期。

办公模式而脱逸中国特色社会主义法治立体的范畴，完全演化为政治性特性，相反，在本质上属于党规国法的协调关系。纪监联合发文与现阶段在实践中广泛存在的、引发理论与实务热议的党政联合发文在本体上具备一致性，区别仅在于前者的政治特性更为突出，联合印发更为频繁。

（四）现实基础

学界对规范性文件备案审查的机构安排形成了四种典型观点。第一，"人大审查机制"，主张由作为国家权力机关和最高合宪性审查机关的人大，承担联合发文类规范性文件的备案审查职责。[①] 但是，人大审查具有局限性：二者之间的监督与领导关系，会导致人大审查联合发文面临逻辑混乱、权力位阶不清问题。[②] 第二，"司法审查机制"，坚持由作为宪法守护者以及法律解释者的中立机构——法院，承担备案审查职责。[③] 法院通过司法审查监督规范性文件在我国具有制度基础，行政诉讼中的规范性文件附带审查制度表明司法监督立法权具有良好成效。但是，在党领导一切的前提下，司法审查运用到纪监联合发文中，同样会存在法院独立性不足、审查能力受限以及难以纳入受案范围等桎梏。[④] 第三，"独立审查机制"，主张成立一个独立于党内机构和国家机关之外的专门性备案审查机构，统一履行国家

---

① 参见全国人大常委会法制工作委员会法规备案审查室：《规范性文件备案审查制度理论与实务》，中国民主法制出版社 2011 年版，第 97 页。

② 参见马立新：《党内法规与国家法规规章备案审查衔接联动机制探讨》，载《学习与探索》2014 年第 12 期。

③ 参见韩大元、林来梵、郑贤君：《宪法学专题研究》，中国人民大学出版社 2004 年版，第 594 页。

④ 司法审查根源于西方理论，在一些西方国家中，政党同时具有公法人和私法人的特性，必须接受私法自治和政党法制原则。参见韩大元、林来梵、郑贤君：《宪法学专题研究》，中国人民大学出版社 2004 年版，第 594 页。

法律和党内法规的备案审查职责。此种观点固然具有统合党规国法、兼顾纪检监察特性、消弭机构内在运作差异等优势，但并不符合我国现阶段国情和制度土壤，属于完美理论预设而难以落地实践。第四，"衔接联动机制"，主张由党内机构、人大和国家机关共同参与规范性文件备案审查。该种观点在现阶段属于主流观点，同时具备国情与理论双重基础，可以使党规国法两个规范体系"内在统一"于中国特色社会主义法治体系的状态。[①]

三、衔接联动机制的构建

为了控制或监督授权立法行为，各国围绕权限、程序、机制控制和权力制约四项核心要素，形成了以限制授权界限、规范立法程序、建立备案审查机制和司法审查等为典型的经验做法。[②] 监察法律规范作为我国立法体系中新出现的授权立法形式，必然会对公民个人以及社会各项活动产生影响，必须纳入监督范畴，实施合宪性控制。备案审查衔接联动机制不仅是针对纪监联合发文最佳的合宪性、合规性控制机制，从更深层的意义上还可以理解为"国家法律和党内法规衔接协调的保障机制，以及依法治国与制度治党、依规治党统筹推进、一体建设的防错纠错机制"。[③] 纪监联合发文作为备案审查的主要对象，其机制构建应在中国特色社会主义法治体系建设的整体格局下，兼顾党规国法特性，借助联动衔接机制发挥独特治理优势。

[①] 参见秦前红、苏绍龙：《党内法规与国家法律衔接和协调的基准与路径——兼论备案审查衔接联动机制》，载《法律科学（西北政法大学学报）》2016 年第 5 期。

[②] 参见戚渊：《论立法权》，中国法制出版社 2002 年版，第 180—190 页。

[③] 秦前红：《依规治党视野下党领导立法工作的逻辑与路径》，载《中共中央党校学报》2017 年第 4 期。

(一) 职责分工衔接

备案审查衔接联动机制是以纯粹的党内审查或党外审查为主体的单轨制审查模式之外的第三条监督控制路径，不仅符合我国特色党政关系，同时适应纪监合署办公体制，是对纪监联合发文实施合宪合法合规性控制的最佳道路。备案审查衔接联动机制的建立，必须首先划分清楚职责分工，明确党委、人大和监委三者在备案审查工作中的地位和具体职责。有的学者主张采取"党内审查加联席会议制度模式"。① 有的学者认为应当设立中央法治监督委员会统筹审查的审查衔接联动机制。② 有的学者提出二元双维审查机制，通过建构"'二元双维'党内法规备案审查制度，即由'内审单元'（党内备案审查）与'外审单元'（联动备案审查）并行之二元机制、'主动审查'与'被动审查'齐举之双维模式"。③ 还有学者主张借助中共中央全面依法治国委员会这一机构创新实现联动审查，即由中共中央全面依法治国委员会或者地方全面依法治省（市）委员会牵头，组织党、人大、政府、司法等方面的代表和专业人士成立审查委员会。④ 这些理论观点事实上可以归纳为"并轨统一审查""双规各自审查""双轨+优序审查"和"双轨联动审查"四种模式。作为双轨联动审查的备案审查衔接联动机制最符合我国当前的制度资源和基本国情。

监察规范性文件的审查方式包括依职权审查和依申请审查两

---

① 参见马立新：《党内法规与国家法规规章备案审查衔接联动机制探讨》，载《学习与探索》2014 年第 12 期。

② 参见秦前红、苏绍龙：《党内法规与国家法律衔接和协调的基准与路径——兼论备案审查衔接联动机制》，载《法律科学（西北政法大学学报）》2016 年第 5 期。

③ 参见胡肖华、聂辛东：《论党内法规二元双维备案审查机制的建构》，载《湘潭大学学报（哲学社会科学版）》2017 年第 1 期。

④ 参见叶海波：《从"纪检立规"到"监察立法"：深化国家监察体制改革法治路径的优化》，载《政治与法律》2020 年第 8 期。

种，其中前者侧重于形式审查，主要围绕"是否符合法定范围和程序、备案文件是否齐全、是否符合格式标准和要求等要素"展开审查；[①] 后者侧重实质审查，聚焦监察规范性文件的具体内容和规定，坚持审查标准作出针对性审查。因为对纪监联合发文的实质审查，既要坚持不抵触上位法原则，又要贯通纪法、协调党规国法，单独的合法性审查原则难以实现监督控制，人大常委会不易把握纪监联合发文背后反映的党规国法关系，因此人大难以单独胜任此项工作。由人大与党委建立衔接联动机制，共同参与纪监联合发文备案审查工作，则可以很好解决此难题。备案审查衔接联动机制能"及时调处党规国法两个体系内部的冲突，以及党规与国法调整范围'越界'和规范冲突的问题"。[②] 正因如此，《法规、司法解释备案审查工作办法》和《中国共产党党内法规和规范性文件备案审查规定》不约而同对备案审查衔接联动机制作出明确规定。

具体而言，首先，牵头主体方面，考虑到党规国法在法治体系中处于并列同等的地位，应由全国人大常委会办公厅和省委（市委/县委）办公厅同时作为牵头联络主体，发挥各自的领导力和权威性，从而保证备案审查衔接联动机制的效力，防止流于形式。其次，审查职责方面，人大及其常委会作为"宪法监督机关"的定位，对法制统一宪法原则的坚持，以及党的十八大以来备案审查工作不断受到重视的发展趋势，均要求始终保持和坚持人大及其常委会在监察规范备案审查工作中的主

---

① 梁鹰：《2020年备案审查工作情况报告述评》，载《中国法律评论》2021年第2期。

② 秦前红、苏绍龙：《党内法规与国家法律衔接和协调的基准与路径——兼论备案审查衔接联动机制》，载《法律科学（西北政法大学学报）》2016年第5期。

导地位。[①] 质言之，人大常委会审查机构承担主要审查责任，党内审查机构承担协助工作。最后，工作方式方面，建立沟通协商反馈机制。对于存在问题的纪监联合发文，审查机构应向制定机关提出书面审查意见，由其自行修改或者废止，并将处理结果向审查机构反馈。值得注意的是，审查机构应该借助相应的识别机制，确定存在问题的部分，是属于党内规范性文件，抑或监察规范性文件，防止识别错误。

（二）工作机制衔接

在具体运作过程中，联席会议制度的引入和建立，可以有效发挥备案审查衔接联动机制对纪监联合发文的控制、规范和监督作用。联席会议制度具备可"软"可"硬"特质，"软"体现在身段柔软，相较于重新成立一个专门性机构统合两套机制，联席会议制度不会对原有的组织机构和人员配置上做根本性变动，亦不会对现行备案审查制度产生大的影响，兼具用足用好现有制度资源和保证制度稳定双重优势；"硬"是指联席会议制度可以真正发挥出备案审查作用。[②] 一方面，联席会议制度以尊重党组织和国家机构处理各自事务的权能为前提，反对越权代理其他机构进行备案审查，因此不会破坏既有政治和法治秩序。另一方面，联席会议制度以不同备案审查机构间的沟通互动为运行机理，通过依循特定程序，征询和尊重制定机构意见，与相关机构共同研究、共同协商、共同决议处理，有助于增强审查决定的科学性、专业性和可落实性，进一步畅通了党规国法有效衔接协调

---

① 参见秦前红、李雷：《人大如何在多元备案审查体系中保持主导性》，载《政法论丛》2018 年第 3 期。

② 参见马立新：《党内法规与国家法规规章备案审查衔接联动机制探讨》，载《学习与探索》2014 年第 12 期。

的途径。①

首先，会议组成。联席会议的组成应坚持专门性、专业性和代表性原则。一是专门性原则，即要求备案审查机构和规范性文件制定机关作为主要成员。在中央，组建由中央办公厅、全国人大常委会法工委、国家监察委等机构共同参与的联席会议，负责在党内法规、监察规范进入备案审查程序后的衔接协调工作。在地方，由地方党组织、人大常委会法制工作委员会、地方监委等共同组成的联席会议，负责各地纪监联合发文的备案审查衔接联动工作。在实践中，部分地方联席会议通常由市委办公室牵头，市人大常委会参与。② 这种做法或许更容易开展纪监联合发文的备案审查工作，但是不符合人大常委会的宪法地位和我国立法权监督理论，因此应继续坚持人大常委会在备案审查工作中的主导地位。此外，联席会议的参与方还应包括法律专家、相关领域专业技术人员等，使其更具专业性和代表性，更充分地吸纳相关人员和相关部门的意见和建议。二是专业性原则，即要求会议吸纳专家学者参与备案审查，以提高工作质效，提升规范性文件的制定水平和法治化水平。三是代表性原则，即要求会议成员除专家学者外，还须包括相关领域专业技术人员、行业代表、律师、公检法工作人员等，以扩大公众参与度和立法的民主性，从而更好践行以人为本宗旨和全过程人民民主理念。

其次，会议召开。我国特色社会主义制度的特征之一表现为党政一体、融合推进，但党政融合并非党政不分，二者分属不同

---

① 参见唐一力、王锴:《党内法规与国家法律备案审查衔接机制构建初探》，载《党内法规理论研究》2021 年第 5 期。

② 参见韶关市《关于近年来规范性文件备案审查工作情况的报告》，载韶关人大网，http://www.sgrd.gov.cn/lfzw/basc/201908/t20190801_830036.html，2022 年 7 月 1 日访问。

的体系，在制度属性、机构运行、活动方式等方面具有明显差异，反映在规范体系中则表现为党规国法在坚守各自规范疆域的前提下，保持协调推进、协作共治。在这种背景下，要建立有能力且有约束力的，完全独立于党政系统之外的，专司两类规范性文件备案审查的制度，几乎等同于理论空想。因此，联席会议在既不具备现实基础，又无立法保障的情况下，只能作为非独立性和非法定化常设机构，应急式承担起联动备案审查职责。为了保证联席会议备案审查工作实效，必须采取曲线救国策略，借助建立完备的会议制度，防止备案审查衔接联动机制流于形式。具体而言，可以建立定期会议制度和临时会议制度。定期会议制度，旨在处理长期性、规划性事务，一般每年召开一次，主要负责工作计划制定和安排、工作进展汇报和听取、工作经验总结和交流、工作成果汇总和发布、沟通反馈平台搭建和完善等。临时会议制度，旨在处理具体的规范性文件备案审查工作，主要负责开展常态化规范性文件备案审查工作、处理和反馈依申请审查、具体规范性文件的备案审查公开和通报等。临时会议一般每季度召开一次。

最后，会议意见效力。为了使联席会议成为有"牙齿"的机制，而非形同虚设，陷入休眠，应赋予联席会议意见效力。联席讨论的内容、讨论的结果要以会议纪要形式予以固定，并由联席成员会签，确认纪要的效力。联席会议意见采取少数服从多数原则，制定机关需要充分尊重和吸纳联席会议意见，作出相应的处理，并将处理结果反馈联席会议。

（三）审查步骤衔接

纪监联合发文因为具有多重发文主体，在外观上比较容易识别。然而，在形式上符合联合发文要件，并不意味着该规范性文件在实质上具备联合发文的特性。在特殊情况下，会存在纪委和监委共同署名印发规范性文件，但在具体内容上只涉及监察事项或党内事项。因此，纪监联合发文的精准识别是开启备案审查的阀门，否则会发生脱逸审查监督或者误启动衔接联动机制的问题。遵循科学合理的审查步骤则可以有效解决该问题。具体来看，应该遵循先形式判断、后实质判断的路径，围绕制定主体和内容性质展开层层递进的二阶层判断法。

第一阶层，判断监察规范性文件的制定主体是否包括党组织，这属于形式标准。纪监联合发文即是由党的机关和监察机关联合制发的文件，但是具体该如何判断规范性文件的制定主体？根据《党政机关公文处理工作条例》，公文一般由份号、密级、保密期限、发文机关标志、发文字号、签发人、标题等十八个部分组成。一般情况下，纪监联合发文在形式上区别于单独发文之处主要包括四点：发文机关标志、签发人、发文机关署名和印章。相较单独发文，联合发文在这四个方面均会同时存在两个及以上的机关。然而，在实践中并非所有联合发文的格式都完全契合法律规定，有些时候发文机关标志只会显示主办机关名称，有的发文则没有显示签发人。为此，判断联合发文主体的最科学方法是依据机关署名和印章。

第二阶层，判断监察规范性文件的内容是否同时涉及党规与国法，这属于实质标准。在具体判断某一联合印发类监察规范性文件是否应纳入衔接联动机制时，不能单纯依靠名称和制定主体作出判断，还应关注内容本身。对于仅涉国家监察事项的，应认定为监察规范，由人大及其常委会进行合宪性审查及备案审查；对于仅涉党内纪检事项的，宜认定为党内法规，直接纳入党内备案审查轨道；对于同时关涉两种事项的，启动衔接联动备案审查机制，由党委和人大进行联动审查。

（四）审查标准衔接

党内法规体系与国家法律体系作为并列的法治体系，有着各自的备案审查制度规定，分别遵循不同的审查标准。根据《中国共产党党内法规和规范性文件备案审查规定》第十一条规定，党内法规及规范性文件的备案审查基准包括四种，分别是第一项规定的政治性审查标准，第二项规定的合法合规性审查标准，第三项规定的合理性审查标准，以及第四项规定的规范性审查标准。监察规范作为国家监察体制改革后新出现的一类规范，经历了由地方立法先试——国家立法确认的备案审查制度化发展路径。早在 2018 年，地方立法便开始了先行探索，对监察规范的备案审查作出规定。例如，根据《上海市人民代表大会常务委员会规范性文件备案审查条例》，监察规范的审查标准包括合宪性、合法合规性、合政策性以及适当性。[①] 根据《北京市各级人民代表大会常务委员会规范性文件备案审查条例》，监察规范的审查标准包括合法合规性、合政策性以及适当性。[②] 地方立法中规定的审查标准，实质上与《法规、司法解释备案审查工作办法》规定相一致。由此可以得知，现行监察规范性文件的审查标准包括四种，分别是合政策性标准、合宪性标准、合法合规性标准以及适当性标准。

事实上，再进一步分析二者的审查标准可以发现，党内法规与国家法律的审查标准具有较大的一致性和协同性。一方面，广义上的合法合规性标准自然包括合宪性要求；另一方面，合政策性标准，可以理解为政治性标准。据此，在审查党内法规规范性

---

① 参见《上海市人民代表大会常务委员会规范性文件备案审查条例》第二十四条、第二十五条、第二十六条、第二十七条。
② 参见《北京市各级人民代表大会常务委员会规范性文件备案审查条例》第二十一条、第二十二条、第二十三条。

文件与监察规范性文件时，均需坚持政治性标准、合法合规性标准与合理性（适当性）标准。针对纪监联合发文进行衔接联动审查时，应在国家法律与党内法规相互协调衔接的基础上，坚持"有件必备、有备必审、有错必纠"的备案审查原则，将政治性、合法合规性、合理性作为重点内容，构建政治性审查、合法合规性审查与合理性审查的基准体系。

在三项审查标准中，合法合规性标准是核心，合理性标准是难点，政治性标准则是重点。以合法合规性审查为例，该标准包括实体合法合规性和程序合法合规性两个方面，前者侧重于内容审查，审查纪监联合发文内容"是否同宪法和法律相一致，是否同党章、上位党内法规和规范性文件相抵触，是否与同位党内法规和政府规范性文件对同一事项的规定相冲突"等问题；后者"侧重于形式审查"，① 审查纪监联合发文在形式上"是否符合制定权限和程序，是否落实精简文件、改进文风要求等"。② 此外，要处理好政治性标准在实践中的操作性问题。根据《法规、司法解释备案审查工作办法》第三十七条规定，监察规范性文件不应"存在与党中央的重大决策部署不相符或者与国家的重大改革方向不一致问题"。现阶段，"党中央的重大决策部署"与"国家的重大改革方向"并无明确内涵，实践中较难把握。尽管《中国共产党党内法规和规范性文件备案审查规定》第十一条对政治性审查标准作出法定阐释，即"是否认真贯彻落实习近平新时代中国特色社会主义思想，是否同党的基本理论、基本路线、基本方略相一致，是否与党中央重大决策部署相符合，是否严守党的

---

① 段磊：《论党内法规与规范性文件备案的审查基准》，载《学习与探索》2017年第12期。

② 参见徐信贵：《党政联合发文的备案审查问题》，载《理论与改革》2020年第3期。

政治纪律和政治规矩等"，但依旧比较抽象。为此，在开展纪监联合发文的政治性审查时，应引起纪监部门的高度重视，双方应坚持协商的工作方式，共同推进备案审查工作。

值得注意的是，联动审查并非不分情况、一律共同审查，而是要在审查中根据自身工作经验、审查能力等，对审查标准作出相应分工，坚持分工中协商原则。就合法性合规性审查而言，人大系统的备案审查工作机构主要负责审查纪监联合发文是否同宪法和法律不一致，主要解决党内法规体系与国家法律体系的衔接协调问题；党内备案审查工作机构主要负责审查纪监联合发文是否同党章和党的理论、路线、方针、政策相抵触，是否同上位党内法规和规范性文件相抵触，是否与其他同位党内法规和规范性文件对同一事项的规定相冲突，规定的内容是否明显不当，是否符合制定权限和程序，主要解决党内法规体系内部的协调统一问题。[①]

第三节　监察规范性文件备案审查公民建议机制

公民建议审查是被我国立法法所确立的一项制度，是指公民认为规范性文件与宪法、法律或法规等相抵触的，可以向备案审查机关提出审查建议，由备案审查机关研究后决定是否正式启动审查程序。公民建议的法律依据是立法法，该法第一百一十条第二款对立法"审查建议"作了较为明确的规定，"公民认为行政法规、地方性法规、自治条例和单行条例同宪法或者法律相抵触的，可以向全国人民代表大会常务委员会书面提出进行审查的建议，由常务委员会工作机构进行审查；必要时，送有关的专门委

[①]　参见侯嘉斌：《党内法规与国家法律衔接协调的实现机制研究》，载《社会主义研究》2018年第1期。

员会进行审查、提出意见。"立法法第一百一十条分别通过两款规定，确立了法定化的被动审查方式，二者的区别在于启动的效力不同。同样作为被动审查方式，第一百一十条特意作了表述上的区分，第一款为"审查要求"，第二款为"审查建议"，前者表现为强制启动性，后者则为柔性启动性。也就是说，公民建议审查并不必然启动审查程序，但却具备强烈的启动动机，是备案审查的主要源泉。针对监察规范性文件这一类新型法律规范，立法法尚未及时修改予以回应，但是已有了先行探索。《法规、司法解释备案审查工作办法》明确将监察法规纳入了建议审查的范围，此外，地方人大纷纷修订了备案审查条例，率先明确监察规范性文件属于建议审查对象。由此可知，监察规范性文件必将属于公民建议审查的范围，现阶段仅是由于立法滞后性和周期性而未及时被立法法所确立。

一、公民建议机制的制度属性

借助类型化的思维，而非抽象的概念，更有助于认清本质。所处环境、体系不同，决定了同一事物会有不同的功能作用并据此呈现出不同面貌。为此，在探究事物属性时，应避免单一化的"非此即彼"的线性思维，采取多元的、开放的视野，进行层次化的思考。就公民建议而言，现有研究多聚焦于审查对象，将其区分为抽象审查和具体审查，鲜有从功能的角度进行类型化提炼。① 对于公民建议权属性的研究，因受性质唯一论思维的影

---

① 俞海涛秉持类型化思维，认为学界对建议主体资格的争论混淆了人民主权逻辑和公民权利逻辑，提出应兼顾这两类基于不同逻辑的立法审查建议，确立符合我国宪法安排的"双轨制"，完善和发展相应的抽象审查和复合审查。可以看出，"双轨制"观点的提出，确实对于发展公民建议理论具有重要作用，对本文写作启发很大。但是该研究依旧存在一定的不足之处，在双轨之外，公民建议还具有重要的民主功能。

响，同样存在较大争议。事实上，立足功能主义路径和类型化思维模式，公民建议具备多重制度功能。

（一）作为政治监督权的公民建议

一般认为，宪法第四十一条是立法法第一百一十条第二款的宪法依据。宪法第四十一条规定，"公民对于任何国家机关和国家工作人员，有提出批评和建议的权利；对于任何国家机关和国家工作人员的违法失职行为，有向有关国家机关提出申诉、控告或者检举的权利""对于公民的申诉、控告或者检举，有关国家机关必须查清事实，负责处理""由于国家机关和国家工作人员侵犯公民权利而受到损失的人，有依照法律规定取得赔偿的权利。"该条事实上包括三类具体规定：一是公民在两种情形下的权利；二是国家机关的处理要求；三是公民事后获得赔偿的权利。由此可知，公民在不同情形下享有不同的宪法性权利，第一种是适用范围极其广泛的"批评、建议权"；第二种是针对违法失职行为的"申诉、控告或者检举权"；第三种是权利受损后的救济权。由于理论研究一般较少严格区分"批评""建议""检举"和"申诉""控告"之间的区别，[①] 这三种具体的宪法性权利，可以进一步归纳为两种。

首先，"申诉"和"控告"是基于自己权利受损而享有的，属于权利救济的范畴。依据蔡定剑教授的研究，"申诉权是指公民因国家机关的违法失职行为而受到侵害，或公民的合法权益因行政机关或司法机关作出错误的、违法的决定或判决而受到

---

① 例如有学者认为："社会团体和公民个人有权对法律、法规、规章提出意见，向有审查权的人大常委会、人民政府反映，也可称为控告"，而并未区分"建议"和"控告"。参见陈延庆：《论我国立法监督的权限和程序》，载《中国法学》1995 年第 3 期。

侵害，而向有关机关申诉理由，要求重新处理的权利；控告权是指公民对任何国家机关和国家工作人员的违法失职行为对自己造成损害时，有向有关国家机关进行揭发和指控的权利"。① 其次，"批评""建议"和"检举"是不受限制、广泛享有的权利，属于政治监督的范畴，其与"申诉""控告"的区别在于有无直接利害关系。以控告和检举为例，控告人是国家机关或工作人员的违法失职行为的受害者，控告一般出于保护自己的权利的目的，具有自利动机；检举人与检举事件通常没有关系，检举一般出于公共利益的目的，具有基于社会责任的他利动机。②

由此可知，依据权利行使目的、动机和条件，可以发现这两类权利分别对应着权利救济权和政治监督权。③ 林来梵教授即持有此观点，认为宪法第四十一条是一个"拼盘式条款"：其中批评、建议和检举权是政治性的"监督权"，国家赔偿请求权是非政治性的"获得权利救济的权利"，申诉权和控告权则既有非政治性权利的一面，也有政治性权利的一面。④ 反观公民建议权，只要公民认为规范性文件同宪法或者法律相抵触的，即可提出建议。通过"认为""建议"这种法定表述，可以发现公民提起立法审查建议的条件较为宽泛，具有较强的主观性，而无权利受到损害的客观性要求，由此可以判定其属于无直接利害关系公民基于监督目的行使的权利。质言之，依据法释义学路径和体系解释方法，政治监督权是公民建议的基本权利表征。就监察规范

① 蔡定剑：《宪法精解》，法律出版社 2006 年版，第 268 页。

② 参见蔡定剑：《宪法精解》，法律出版社 2006 年版，第 268 页。

③ 参见俞海涛：《立法审查建议"双轨制"的确立与完善》，载《政治与法律》2022 年第 3 期。

④ 参见林来梵：《从宪法规范到规范宪法》，商务印书馆 2017 年版，第 154—159 页。

性文件而言，出于监委政治特性的彰显、纪监联合发文带来的审查不明困境以及"少作为少犯错"的功利性观点，主动审查的启动通常会面临诸多桎梏，导致对监察规范性文件的审查存在"轻拿轻放""大事化小"等问题。公民提出审查建议，相当于为备案审查机关亮起了"监督"红灯，使其不敢采取敷衍的态度，进而保证审查效果。

（二）作为权利救济权的公民建议

呈上所述，宪法第四十一条蕴含着两种类型的公民建议权，分别是直接利害关系人提起的寻求权利救济的审查建议，无直接利害关系人提起的实现权力监督的审查建议。公民建议作为启动规范性文件审查的主要方式和人大审查规范性文件的主要线索来源，在实践运行中因认为规范性文件的不合法规定损害了自己的合法权利而提起的数量，占到了所有建议中的"半壁江山"。可见，期望通过立法审查的方式实现权利救济，构成了公民建议的重要动机。

公民建议机制，承载着公民维护人权和基本权利的期望。季卫东教授早就指出，从中国已存之涉及合宪性监督的法律现象、诉讼活动和舆论要求中可以看到，公民个人启动合宪性审查程序的两种基本模式已隐约成型：一种是公序式合宪性审查的请愿或呼吁，主要是根据现行制度向立法机构诉求，以保障宪法秩序的实效性和法制的统一性为目的，典型如孙志刚案的三博士上书；另一种是私权式合宪性审查的提诉，主要是以保障人权、公民的基本权利以及私人之间权利相互调整方面的具体的公道和公平为目的，典型如平等权诉讼、围绕受教育权一系列案件。① 更有学

---

① 参见季卫东：《再论合宪性审查——权力关系网的拓扑与制度变迁的博弈》，载《开放时代》2003 年第 5 期。

者直接指出:"立法法的出台,明确规定了公民在认为自己宪法权利受到规范性文件侵害时,可以自己名义向最高国家权力机关提出违宪审查请求,为公民的宪法权利设置了宪法救济制度,符合宪法精神和公民宪法权利保护的利益,体现了我国法治的巨大进步。"①

作为权利救济权的公民建议权,在制度原理上呈现出"宪法诉愿"色彩。权利救济型公民建议,与西方的司法审查、宪法救济制度相近,即认为违宪审查机制本质上并非一种民主表达机制,而应该被塑造为一种权益保障机制。② 从德国联邦宪法法院1972 年作出的一份判词,可以明确认识公民建议权的制度属性,该判词指出了宪法诉愿制度的两种属性:其一,它是公民捍卫其基本权利的一种特别的司法救济途径;其二,联邦宪法法院还借此担负着保障客观宪法秩序的使命。③ 法国在 2008 年修改宪法时,同样在第六十一条确认了公民建议的权利救济定位:"当法院在审理案件时,一方当事人认为案件涉及的法律条款侵犯了宪法所保障的公民权利和自由,宪法委员会可以受理由最高行政法院或者最高法院在规定的期限内移送的案件。"④

(三) 作为民主参与权的公民建议

在教义学路径之外,还存在着功能主义路径。如果说政治监

---

① 杨薇:《试论公民违宪审查建议权》,载《广州社会主义学院学报》2015 年第2 期。

② 参见张翔:《宪法案件的筛选机制——我国启动宪法解释的技术障碍的排除》,载许崇德、韩大元主编:《中国宪法年刊(2012)》,法律出版社 2013 年版,第111 页。

③ 参见刘义:《德国宪法诉愿的双阶受理程序及其法理——兼论对我国立法法第90 条第 2 款的启示》,载《浙江学刊》2012 年第 4 期。

④ 参见吴天昊:《从事先审查到事后审查:法国违宪审查的改革与实践》,载《比较法研究》2013 年第 2 期。

督权和权利救济权是立足宪法第四十一条规定的释义解读之义，那么民主参与权则是在功能主义分析视野下公民建议的又一种权属形式。人民代表大会制度是保证人民当家作主的根本政治制度，也是实现全过程民主立法的重要渠道。赋予公民向人大提出审查建议的权利，是人民真正参与立法和实现人民主权原则的基本方式。从民主体制发展的意义上讲，公民建议权的存在，使得审查机制正式向个人开放，为公民参与立法提供了可能性，为解决宪法民主化"最后一公里"的问题打开了一扇窗，与人民主体地位和社会主义民主有着本质关联。[①] 因此，有学者指出："公民违宪审查建议权的行使，不仅从形式上是对人民主权原则的直接体现，同时也是实质上对人民主权原则的维护。"[②] 从我国政治体制和民主体制的角度来看，公民建议具备民主参与、民主表达和民主互动的功能，自然属于广义的民主参与权范畴。

事实上，即便从法教学视角阐释，依然可以发现公民建议的民主特性。我国宪法第二条明确规定了人民主权原则，要求其他法律应通过赋予和细化公民基本权利，真正实现和保障人民当家作主的宪法原则。立法法作为宪法的具体化，本质上是一种民主立法机制，即立法后的审查建议与立法过程中的公众参与具有相同的性质，立法需要实现全过程人民民主。[③] 正如立法法释义所指出：社会团体、企事业组织和公民是法律最广泛的运用者，赋予其审查建议权，一方面，是考虑到保证其参与对国家的管理，保证其行使批评建议权；另一方面，是为了拓宽全国人大常

---

① 王建学：《公民审查建议、宪法实施与社会主义民主——研读习近平法治思想的一份理论答卷》，载《政法论丛》2021年第3期。

② 王禎军：《论我国公民违宪审查建议权的意义及其完善》，载《河北法学》2009年第11期。

③ 参见陈慧娟：《落实全过程人民民主 健全法律体系保障——"全过程人民民主与人权保障"研讨会召开》，载《光明日报》2021年12月12日，第2版。

委会的监督渠道，保证全国人大常委会监督工作的正常运转。① "保证其参与对国家的管理"，即是人民主权的最直接实现形式。综上，有直接利害关系之公民提出的审查请求以寻求权利救济的，与宪法诉愿制度的功能相当，表现出权利救济的制度属性；无直接利害关系之公民提出的审查意见，在本质上是一种民主表达机制和政治监督机制。

公民建议权是统合政治监督权、权利救济权与民主参与权于一体的复合型权利，决定了其相应具有三种功能。其一，在政治监督权面向下，公民基于对公益维护和合格公民的责任行使目的，向人大提出规范性文件的审查建议，以维护上位法的地位，而呈现出法制统一功能。其二，在权利救济权面向下，公民基于寻求自身权利救济的目的，向人大提出审查规范性文件的建议，以排除违法、违宪的规范性文件对自己权利的具体侵害和对其他人的普遍侵害，体现为权利救济功能。其三，在民主参与权面向下，公民出于人民当家作主的主人翁意识积极参与立法，提出立法审查建议，凸显出明显的民主推进功能。公民建议的这三项功能，分别处于直接、间接和终极的地位。公民建议机制的构建应遵循相应的分层递进式路径，以权利属性的不同为根基，以最大限度发挥各自功能作用为目标，以各自可能面临的障碍和问题为基点，实现机制的科学合理建构。

二、法制统一型公民建议机制的构建

立法法制定的根本目的在于维护国家法制的统一。② 作为政

---

① 参见张春生编：《中华人民共和国立法法释义》，法律出版社 2000 年版，第258 页。

② 参见乔晓阳：《制定立法法，促进依法治国——在"立法法"起草工作研讨会上的讲话》，载《行政法学研究》1997 年第 3 期。

治监督权的公民建议权之行使，在主体、程序和对象等方面几乎不受限制，具有提供充足审查线索、预防备案审查制度休眠的重要功能，但却会面临数量上的困境。公民建议的数量过多，必然会与人大有限的审查能力和资源之间形成矛盾，既使人大因"案多人少"承担过重压力，又会因精力分散导致真正有问题的建议被淹没而不能被及时发现、甚至隐入尘烟，并对公众建议的积极性造成打击。为此，监察规范性文件的数量难题，是法制统一型公民建议机制应予以重点解决的核心问题。具体而言，可以从管辖、筛选和分流三个方面作出机制设计。

（一）管辖机制

顾名思义，监察规范性文件备案审查制度的审查对象为监察规范性文件，意味着并非所有的公民建议都属于审查范围。从立法原意解释论出发可知，人大审查的直接目的是为了维护法制统一，"法制性"事实上包含了对公民建议对象的两个层次要求：一是建议审查的对象必须属于现行法律体系之内的监察规范性文件，而非监察机关作出的人事处理决定、印发的工作规程、会议纪要等内部文件；二是提请审查对象所涉内容必须为法律性问题，而非政治性问题。"法制性"的这两项内在要求，可以进一步归纳为效力性要求和实质性要求，前者要求建议对象必须是对外发生效力的规范性文件，后者则要求提出的具体审查要求，不属于政治性范畴。质言之，公民建议的对象只有兼具效力性和实质性的监察规范性文件，才属于人大管辖范围，可以进入备案审查程序。管辖原则的确立，对于监察规范性文件备案审查制度具有重要意义。如果"任何社会主体都有资格启动合宪性审查程序，事实上则必然演变成为任何社会主体都不可以启动的结局"。① 因为公民建议机制的轻易启动，会使得大量信访以及其他历史问题纷纷涌向人大常委会，仅仅是案件性这一技术性因素，就足以让全国人大常委会不敢启动。②

（二）分流机制

分流的目的在于从源头上减少进入人大备案审查程序的公民建议数量，在公民建议机制中发挥着过滤和提纯的作用。一般而言，针对监察规范性文件备案审查制度的"案多人少"问题，可以相应通过增加人手和减少案件两个方面解决。但是，在资源有限性和精兵简政的前提下，仅仅依靠增加人手，显然不具备现实可能性。就减少案件而言，亦存在"止于未发、解于萌芽"和"化于外部、消于内部"的两种"远近有序""内外结合"路径。

第一种，"远近有序"路径，是指要将"诉源治理"理念引入公民建议机制中，通过严格把控备案审查前面阶段，尽量减少监察规范性文件合法合规性问题的数量，从源头上实现公民建议的分流。多样化的公民参与立法形式，应作为源头分流的主要落脚点。备案审查从本质上而言属于一种事后的监督方式，是否充分保障公民事前监督权的行使，必然可以减少和预防事后监督机制的启动。2015 年修正的立法法（以下简称 2015 年立法法）进一步完善了立法过程中草案的听取意见和征求意见制度，蕴含着浓厚的民主立法色彩。2015 年立法法第三十六条规定要通过召开座谈会、论证会、听证会的方式，定向听取和征求意见；第三十七条规定要通过向全社会公布法律草案及其附随情况的方式，不定向征求

---

① 胡锦光：《论推进合宪性审查工作的体系化》，载《法律科学（西北政法大学学报）》2018 年第 1 期。

② 参见张翔：《宪法案件的筛选机制——我国启动宪法解释的技术障碍的排除》，载许崇德、韩大元主编：《中国宪法年刊（2012）》，法律出版社 2013 年版，第98 页。

意见。该两条在立法法体系中应定位为辅助配套机制，与第九十九条规定的公民建议机制相配合，可以有效起到防患于未然的作用。

第二种，"内外结合"路径，是指应充分发挥其他监察规范性文件备案审查机制的作用，从而分担人大审查任务。监察规范性文件备案审查制度具有多元性特征，在主体上更是呈现出二元性。人大主导备案审查的同时，更要注意发挥好监察机关在备案审查中的依托作用，如此才能实现相得益彰。二元备案审查机制的存在，一方面可以启发我们将公民建议机制引入自律型备案审查，通过建议途径多元实现分流；另一方面应充分发挥好自律型备案审查机制的作用，通过制定高质量的监察规范性文件赢得公众信任，实现以质取胜，不给公众创造启动建议的机会。

（三）筛选机制

人大代表是传达反映民意和实现人民主权的基本方式，公民建议机制的科学构建，离不开人大代表制度支持。人大代表作为人民的代言人，与一般公民相比，具备更强的备案审查程序启动能力。实践中已有地方探索了第三条被动审查路径，即人大代表的要求审查权。例如，《甘肃省各级人民代表大会常务委员会规范性文件备案审查规定》（2015 年）第九条规定："各级人民代表大会的代表认为规范性文件有本规定第八条所列情形之一的，可以向有审查权的人民代表大会常务委员会书面提出审查要求。"赋予人大代表审查要求权，符合人大代表制度的本质特性要求，是人民主权原则的生动体现。公民认为监察规范性文件存在合法合规性问题，可以先向人大代表提出建议，经人大代表研究得出必要性结论后，可以直接通过人大代表的审查要求强行启动备案审查程序。人大代表要求审查权和公民建议审查权的确立，不仅是真正发挥人大代表"代表"作用的体现，更有助于密切人大代表和公民之间的联系，通过审查对象的有的放矢，保证审查程序启动的必要性，从而实现高质量的备案审查。

三、权利救济型公民建议机制的构建

一国的宪法一般由国家机构的权力和公民的基本权利两部分组成，保障人权则是宪法的核心，故宪法又被称为"人权保障法"。法治的基本内涵是"有权利必须有救济，没有救济的权利不是权利"，反映在法制实践中则是公民权利受私权侵犯，可以请求国家机关或提起诉讼的方式寻求救济；公民权利受公权力如行政机关侵犯，可以通过行政诉讼寻求救济。在这两种侵权情形中，基于依法、守法的基本要求，当所依据的法律规范本身存在违宪问题时，也应赋予公民寻求救济的权利。虽然我国尚未建立违宪审查制度，但公民建议审查制度蕴含着宪法救济精神，扮演着"准宪法诉愿"的角色。权利救济作为公民建议的间接目的和功能，却在实践中面临救济难困境，即只能保证客观法秩序的统一，无法保障由于法律冲突导致的公民具体权利的侵害。① 潘洪斌案，即是典型。② 事实上，该问题同样存在于监察规范性文件备案审查中。监察机关依据监察规范性文件作出监察处置决

---

① 参见梁洪霞：《备案审查的人权保障功能及其实现路径——潘洪斌案的再思考》，载《人权》2020 年第 2 期。

② 2015 年 10 月，潘洪斌的电动自行车被杭州交警依据《杭州市道路交通安全管理条例》扣留。潘洪斌不服交警处罚提起行政诉讼，同时认为该条例违法增设"扣留非机动车并托运回原籍"的行政强制手段。在两审均败诉后，潘洪斌向全国人大常委会提出对该条例的审查建议。全国人大常委会法工委研究后认为，该条例的规定确实违反了上位法，随即与其制定机关进行沟通，后者表示将修改该条例。全国人大常委会法工委向潘洪斌予以了书面反馈。潘洪斌收到复函后，向杭州市人民检察院提起监督申请，但杭州市人民检察院认为规范性文件的修改对法院裁判没有溯及力，作出了不予监督的决定书。因为备案审查的效力问题，即便该规范性文件已被纠正，但潘洪斌的权利却未能得到保护。参见新华社：《一辆电动自行车牵动全国人大常委会》，载新华网，http://www.xinhuanet.com/2017-02/26/c_ 1120531540.htm，2022 年 6 月 15 日访问。

定，如该依据因存在违法违规问题而被纠正，那监察对象能否据此主张权利救济？因此，权利救济型公民建议机制的重点在于解决救济难问题。

（一）扩充建议主体

公民建议机制虽然蕴含着宪法诉愿要素，但在本质上区别于宪法诉讼。权利救济仅仅是公民建议机制的功能定位之一，如完全基于权利救济目的，提出限定公民建议的主体资格，既会影响监督和民主功能的完善实现，更是有悖于公民建议机制的设计初衷。现阶段有不少学者支持主体资格限定论，[①] 如有学者认为公民启动立法审查程序要受到"案件性原则"约束，应将主体资格限制为受到立法侵权的案件当事人。[②] 也有学者认为需在坚持"案件性原则"的前提下扩大主体范围，"建议人必须是因规范性法律文件的适用而权利受到实际损害，以及认为规范性法律文件的适用已经给他人造成实际损害的人"。[③] 还有学者从公民建议的权力外部监督性质出发，认为对于公民建议权的门槛设置可转向对提请事项的标准设定上，即"公民有针对侵犯基本权利的规范性文件的审查建议权，无论提请的公民是否与审查对象有利益相关性"。[④]

---

① 比如提出"利益相关性""基本权利相关性""申请人的基本权利主体地位"等标准，只有审查建议符合这些标准，才可以进入全国人大常委会的审查过程。参见张翔：《宪法案件的筛选机制——我国启动宪法解释的技术障碍的排除》，载《中国宪法年刊（2013 年卷）》，法律出版社 2014 年版。

② 参见胡锦光：《论公民启动违宪审查程序的原则》，载《法商研究》2003 年第 5 期。

③ 参见王禛军：《论我国公民违宪审查建议权的意义及其完善》，载《河北法学》2009 年第 11 期。

④ 参见王秀哲：《全覆盖备案审查中公民建议的全覆盖》，载《政法论丛》2020 年第 5 期。

学界之所以主张限缩公民建议范围，原因之一在于解决数量问题，具备合理性。然而，权利保障并非公民建议机制的直接目的，与权利保障功能相比，政治监督功能和民主参与功能具备位阶优势，理应将确保这两项功能的实现作为公民建议机制的核心和主线，否则就是舍本求末。有鉴于此，在公民建议主体资格问题上，应坚持广泛性而非限制性。"建议审查机制的设立源于民主考虑，其内在逻辑是民主而不是权利救济"，"设立建议审查机制的原始意图包括了提高民主监督的'数量'，因此不能通过设置门槛将任何审查建议拒之门外"。[①]

（二）区分审查方式

公民建议机制的功能定位不同，会相应存在不同的审查方式。日本著名宪法学家芦部信喜即区分了两种类型的立法审查："附随性审查制度，乃立足于传统司法观念的制度，以保障个人的权利为首要目的（又称为私权保障型）。与此相反，抽象性审查制度的目的，则是排除违宪的法秩序以确保以宪法为顶点的法体系的整合性（又称为宪法保障型）。这两者是本质上不同的两种类型，彼此所发挥的功能也曾大为不同。"[②] 我国的学者同样指出，与主动审查聚焦抽象审查实现法制统合价值目标不同，被动启动的具体审查价值目标偏重于人权保障。[③] 在我国备案审查体系中，抽象审查侧重于法制统一维护目标，具体审查则更为关注个体的权利保障。与之相应，法制统一型公民建议以抽象审查为

---

① 王建学：《公民审查建议、宪法实施与社会主义民主——研读习近平法治思想的一份理论答卷》，载《政法论丛》2021 年第 3 期。

② ［日］芦部信喜著，［日］高桥和之补订：《宪法（第六版）》，林来梵、凌维慈、龙绚丽译，清华大学出版社 2018 年版，第 300 页。

③ 参见郑磊：《备案审查程序三大板块初探》，载《中国法律评论》2020 年第 1 期。

主，权利保障型公民建议以具体审查为主，兼顾抽象审查，民主推进型以维护公益为目标，同样以抽象审查为主。

（三）明晰溯及力

备案审查溯及力问题是确保审查实效、强化监督功能和推进权利保障的核心内容。监察规范性文件的纠错溯及力是备案审查系统工程的最后环节，也是公民基本权利的最后一道保护防线。有关溯及力问题，理论界争议较大。反对者认为备案审查决定不具有溯及力，例如有学者从三个方面论证了备案审查决定不具有溯及力的原因：一是维持社会秩序的安定性；二是保护信赖利益；三是国家赔偿范围不包括立法行为。[①] 支持者则从权利保障的角度，提出应赋予备案审查决定溯及力。例如，有学者认为，对于制定生效之时便与宪法法律相抵触的规范性文件，有权机关不应该以撤销后可能对多种法益造成影响为理由而放任不管，必须果断予以依法撤销并将其无效后果溯及制定之初。[②] 也有学者进一步提出，当事人依据具体法律适用提起的备案审查应当对其本人具备溯及力，法律应明文规定该种情形可启动再审程序以救济当事人的合法权利。[③] 仔细分析双方观点，可以发现争议的根源在于备案审查制度的客观法秩序目的和主观公权利目的之争。争论源于目的唯一论，事实上备案审查制度同样具有多重制度属性，是客观法秩序维护和主观权利保障相统一的结果。在多元层次视野下，确立备案审查决定溯及力，不会对备案审查制

---

① 参见胡锦光：《健全我国合宪性审查机制的若干问题》，载《人民论坛》2019 年第 11 期。

② 参见孙波：《论规范性文件备案审查结果的溯及力》，载《政治与法律》2021 年第 1 期。

③ 参见梁洪霞：《备案审查的人权保障功能及其实现路径——潘洪斌案的再思考》，载《人权》2020 年第 3 期。

度造成影响，还能更好保障公民权利。在维护法制统一目的主导下，备案审查决定应以不溯及既往为原则，以具有溯及力为例外，即只有监察规范性文件涉及公民权益受损时，应当凸显备案审查制度的权利救济功能，明确所作出的违宪违法否定性决定具有溯及既往的效力，自始无效。

（四）确立国家赔偿

备案审查制度承载着捍卫公民基本权利并使其从应然走向实然的重要功能，公民建议则是人权保障和权利救济功能实现的重要机制。然而，公民建议作为一种外部监督机制，其效力往往仅停留在监察规范性文件的纠正上，无法对自身权利进行直接的、具体的救济。如果说在备案审查结果效力尚且模糊的情况下，对公民建议的权利救济功能有所忽视，尚且情有可原，那么在承认备案审查结论在特殊情形下具有溯及力时，就应将公民维权诉求与具体的救济制度相衔接，探索建立立法赔偿制度。具体而言，由于监察机关根据存在问题的监察规范性文件作出决定，影响到公民的人身权或财产权的，在该监察依据因公民建议修改或废止后，公民可以以人大反馈的处理结果为依据，请求监察机关撤销监察决定，并赔偿损失。监察赔偿属于国家赔偿，赔偿义务机关应为监察规范性文件制定机关，而非监察决定作出机关。立法赔偿制度的确立，有助于当事人获得完整、切实的救济，同时具有激励公民积极参与立法监督、提升公民对人大监督的信任度之作用。

四、民主推进型公民建议机制的构建

公民建议是我国民主政治的实现机制，体现了全过程人民民主理念。坚持党的领导、人民当家作主和依法治国有机统一，是我国社会主义法治建设的一条基本经验，是推进社会主义现代化、发展社会主义民主政治、走中国特色社会主义政治发展道路的必然要求。其中，人民当家作主是社会主义民主政治的本质特征，更是全过程人民民主的核心要义。党的二十大报告将"发展全过程人民民主"确立为新时代新征程中国共产党的使命任务，要求"要健全人民当家作主制度体系，扩大人民有序政治参与，保证人民依法实行民主选举、民主协商、民主决策、民主管理、民主监督，发挥人民群众积极性、主动性、创造性，巩固和发展生动活泼、安定团结的政治局面"。保证人民真正参与备案审查、保障其建议审查权的实效性，是发展全过程人民民主、保障人民当家作主的必然要求。公民建议机制借助独特的法律程序构造，承载着公民参与国家法规范塑造过程的民主热情，并通过围绕审查议题的参与、异议、抗辩、说服、论证和回应等，将作为建议者的个体公民、作为审查者的全国人大常委会和作为最终主权者的人民融合在一种建制化的程序当中。[①] 公意难题是民主推进型公民建议机制面临的主要困境，可以从沟通、反馈和公开三个维度进行思考。

（一）商谈机制

公民建议机制作为参与式民主的生动注脚，是人民民主与民主立法相衔接的现实表达，更是群众路线在立法领域的体现。正如习近平总书记所强调："人民既是历史的创造者，也是历史的见证者，既是历史的'剧中人'，也是历史的'剧作者'。"[②] 保

---

① 参见王建学：《公民审查建议、宪法实施与社会主义民主——研读习近平法治思想的一份理论答卷》，载《政法论丛》2021年第3期。

② 习近平：《坚持以人民为中心的创作导向》（2014年10月15日），载《习近平谈治国理政》（第2卷），外文出版社有限责任公司2017年版，第314页。

证人民参与立法过程具有意义：其一，放弃参与权与表达权，既是对历史的不负责任，也不利于科学、合理政策的形成；其二，如果缺乏民主监督，政策公平性将被不断质疑；其三，在参与式民主过程中，公民通过参与亦可增进自律性与利他主义。① 公民建议权的实现，不仅要在形式上赋予和承认公民可以通过建议审查参与立法，更要在实质上使公民真正参与备案审查程序，展开商谈。

按照哈贝马斯的商谈理论，法律的合法性最终正是依赖于一种交往的安排。"作为合理商谈的参与者，法律同伴必须有可能考察——有争议的规范是否得到、或有无可能得到所有可能相关者的同意。因此，人民主权与人权之间的那种所寻求的内在关系就在于，权利体系所显示的，恰恰是政治自主的立法过程所必需的交往形式本身得以在法律上建制化的条件"。② 在公共领域中，公民就公权力运行或公共事件进行商谈与辩论，通过正确的输入渠道，反馈到正式建制化的国家机构商谈中，方能真正保障人权及维护人民主权。③ 立法同样需依赖交往权力和交往理性，借助公民与立法机关之间的互动商谈，提升立法的民主性。一般而言，抗议、说服及辩论等商谈方式，对于宪法的持续民主正当性至关重要，"因为它们为人民提供了在自己的时代或未来时代救赎宪法的可能"。④ 因此，商谈基本内涵即要求提出建议

① 参见［英］德里克·希特：《公民身份——世界史、政治学与教育学中的公民理想》，郭台辉、余慧元译，吉林出版集团有限责任公司 2010 年版，第 284—285 页。

② ［德］尤尔根·哈贝马斯：《在事实与规范之间——关于法律和民主法治国的商谈理论》，童世骏译，生活·读书·新知三联书店 2003 年版，第 128—129 页。

③ 参见王旭：《宪法实施原理：解释与商谈》，法律出版社 2016 年版，第 259 页。

④ ［美］杰克·M. 巴尔金：《活的原旨主义》，刘连泰译，厦门大学出版社 2015 年版，第 101 页。

的一方和批判地检验建议的一方之间对信息和理由的有序交换，以达成共识。① 立法法、《法规、司法解释备案审查工作办法》规定的座谈会、听证会、论证会等，即是实现互动商谈的有效途径，应予以充分重视和利用，激活其应有功能。

（二）反馈机制

自 2000 年立法法确立公民建议权以来，公众上书虽层出不穷，效果却不容乐观，多数审查建议得不到回应，基本止步于人大研究阶段，而不能进入实质审查程序。这种石沉大海现象，严重影响了公众的积极性，大大削弱了其参与立法应有的动力。② 现行备案审查制度运行存在双重悖论：动力足的审查建议并不必然启动正式审查，必然启动正式审查的审查要求动力不足。③ 这种主体错位问题，反过来会进一步打击公民提出审查建议的积极性，更为糟糕者会导致公民建议机制成为一潭死水，沦为仅具有民主象征意义的装饰品。反馈机制的建立，则可以解决公民建议的动力性问题，同时可以对人大形成倒逼压力，促使其认真对待公民建议。

事实上，全国人大常委会已经意识到了反馈机制的重要性，并于 2014 年 9 月印发《全国人大常委会法制工作委员会对提出审查建议的公民、组织进行反馈的工作办法》，对反馈机制作出专门规定。2015 年修正立法法，新增第一百零一条作为第九十九条的配套条款，标志着反馈机制正式入法。但是，此次修法并没有规定具体流程，只是授权"按照规定要求"。对

① ［德］尤尔根·哈贝马斯：《在事实与规范之间——关于法律和民主法治国的商谈理论》，童世骏译，生活·读书·新知三联书店 2003 年版，第 378 页。
② 参见林来梵：《合宪性审查的宪法政策论思考》，载《法律科学》2018 年第 2 期。
③ 参见林彦：《法规审查制度运行的双重悖论》，载《中外法学》2018 年第 4 期。

此，全国人大常委会法工委解释："反馈的时间、条件、反馈的内容、形式等都需要根据今后的工作需要予以明确和规范，建立健全反馈工作机制。需要注意的是，对提出审查建议的公民、组织既要积极反馈，体现对公众参与权的尊重，又要慎重稳妥，把握社会公众参与立法和监督活动的尺度。"正因实践中积累了丰富经验，2019 年通过的《法规、司法解释备案审查工作办法》对反馈与公开作出了细致地专门规定。反馈机制的确立，有助于权威当局不断得知自己所寻求的目标是否正在实现，或者至少了解到这些目标在多大程度上尚未得以实现，从而使建议人对结果形成心理预期，提升对公民建议机制、备案审查机制，乃至人大制度的信任。

（三）公开机制

公民参与程度是衡量一个国家民主法治发展水平的重要尺度。如何扩大公民参与、确保公民实质参与是法治国家的一项重要任务。对于公民而言，公开既是知情权的前提，更是监督权适时行使、参与权有效实现的基础。公开机制的完善，对于形塑民主推进型公民建议机制具有不可替代的作用。搭建公开平台、明确公开主体、划定公开范围、确立公开规则、规范公开程序等是公开机制必不可少的环节。就公民建议机制而言，应坚持谁研究、谁公开的原则确立公开主体，以人大官网为正式的公开渠道，同时借助官方微博、官方微信公众号等渠道对公开事项进行简要呈现。同时，应确立主动公开原则，以年报公开和月度公开相结合的方式，满足公民知情权。值得注意的是，除了公开具体公民建议的处理决定，还应对理由作出详细阐述并予以公开，以接受建议人和全社会的检验。这既有利于通过充分说理强化人大审查结论的可接受性和权威性，更是法治国原则最低限度的要求。

第四节　监察规范性文件备案审查沟通协商机制

"权力——正如我们所看到的——并不在其自身中存在，它只能在一种关系中起作用。由于这种关系，两个行动者同意联合起来——或者他们实际上是联合在一起的——以完成一项特定的任务"。[①] 注重权力运行过程中的沟通与协商，是我国人大监督的特色，由此形成了区别于西方代议制国家对抗式与制衡式监督模式的协调式与共识型监督模式。备案审查作为中国特色的宪法法律监督制度，在制度发展过程中，同样深受共识型监督路径的影响，并据此形成了以"沟通""协商"为主的纠错机制。分析现行监察规范性文件备案审查法律文本和实践运行，不难发现督促自纠与作出处理相结合构成了备案审查的突出特征。沟通协商机制，是指主要通过审查机关、制定机关以及相关利益主体的反复"磨合"，寻求对规范性文件合法合理性的共识型判断，进而予以纠正，而不是直接通过改变或撤销的方式将被审查的规范性文件予以否决。[②] 沟通协商机制源于我国制度实践，契合我国特色政治体制结构安排，对于坚持党的领导地位、推进依法监察、保障人大监督实效以及维护法制统一具有重要作用。监察规范性文件备案审查制度的构建，必须将沟通协商机制作为重要组成部分。

---

　　① ［法］米歇尔·克罗齐耶、埃哈尔·费埃德伯格：《行动者与系统：集体行动的政治学》，张月等译，上海人民出版社 2007 年版，第 61 页。
　　② 参见李松锋：《"沟通"与"协商"是符合国情的备案审查方式》，载《法学》2019 年第 3 期。

一、沟通协商的实证考察

（一）法律文本分析

沟通协商作为我国备案审查制度中的一种审查策略，并不具有明确的法律依据，而是通过"沟通""反馈""征求意见""函告"等表述，隐含于法律制度之中。立法法第一百一十二条对审查程序中的"研究""说明情况"和"反馈"作出规定，即"全国人民代表大会专门委员会、常务委员会工作机构在审查中认为行政法规、地方性法规、自治条例和单行条例同宪法或者法律相抵触，或者存在合宪性、合法性问题的，可以向制定机关提出书面审查意见；也可以由宪法和法律委员会与有关的专门委员会、常务委员会工作机构召开联合审查会议，要求制定机关到会说明情况，再向制定机关提出书面审查意见。制定机关应当在两个月内研究提出是否修改或者废止的意见，并向全国人民代表大会宪法和法律委员会、有关的专门委员会或者常务委员会工作机构反馈"。《法规、司法解释备案审查工作办法》涉及的沟通反馈规定主要有五种情形。

一是有关"函告""作出说明""反馈"的规定。第二十七条规定："根据审查要求、审查建议进行审查研究，发现法规、司法解释的规定可能存在本办法第三章第三节规定情形的，应当函告制定机关，要求制定机关在一个月内作出说明并反馈意见。对法规、司法解释开展依职权审查、移送审查、专项审查，发现法规、司法解释的规定可能存在本办法第三章第三节规定情形的，可以函告制定机关在一个月内作出说明并反馈意见。"

二是有关征求意见的规定。第二十八条规定："对法规、司法解释进行审查研究，对涉及国务院职权范围内的事项，可以征求国务院有关方面的意见。"第二十九条规定："对法规、司法解释进行审查研究，可以根据情况征求有关专门委员会、常委会工作机构的意见。"

三是有关听取意见的规定。第三十条规定："对法规、司法解释进行审查研究，可以通过座谈会、听证会、论证会、委托第三方研究等方式，听取国家机关、社会团体、企业事业组织、人大代表、专家学者以及利益相关方的意见。"

四是有关内部沟通协调的规定。第三十五条规定："法制工作委员会加强与专门委员会在备案审查工作中的沟通协调，适时向专门委员会了解开展备案审查工作的情况。"

五是有关审查处理沟通的规定。第四十条规定："专门委员会、法制工作委员会在审查研究中发现法规、司法解释可能存在本办法第三章第三节规定情形的，可以与制定机关沟通，或者采取书面形式对制定机关进行询问。"第四十一条规定："经审查研究，认为法规、司法解释存在本办法第三章第三节规定情形，需要予以纠正的，在提出书面审查研究意见前，可以与制定机关沟通，要求制定机关及时修改或者废止。经沟通，制定机关同意对法规、司法解释予以修改或者废止，并书面提出明确处理计划和时限的，可以不再向其提出书面审查研究意见，审查中止。经沟通没有结果的，应当依照立法法第一百条规定，向制定机关提出书面审查研究意见，要求制定机关在两个月内提出书面处理意见。对经省、自治区、直辖市人大常委会批准的法规提出的书面审查研究意见，同时抄送批准机关。"

此外，地方立法同样非常注重沟通反馈，在对规范性文件的审查判断和处理程序中添加了沟通协商要求。例如，《海南省各级人民代表大会常务委员会规范性文件备案审查条例》（以下简称《海南省备案审查条例》）第二十二条对听取外部意见的规定，第二十七条对征求人大内部机构处理意见的规定，第二十八条对与制定机关沟通处理的规定。值得注意的是，地方立法还对启动程序中的沟通反馈作出规定。《海南省备案审查条例》第二十一条第二款规定："在对审查要求、审查建议进行审查时，根据需要可以与提出机关、组织或者公民沟通，询问有关情况，要求补充有关材料。"进一步分析上述法律文本，可知这些沟通反馈情形可以统一归纳为三大类：审查启动过程中的沟通协商，审查判断过程中的沟通协商，以及审查处理过程中的沟通协商。

（二）实践运行分析

与法律规定呈现的沟通反馈类型相适应，监察规范性文件备案审查实践运行中的沟通协商同样存在三种面貌，即启动程序中的沟通反馈、判断程序中的沟通反馈和处理程序中的沟通反馈，表现出明显的全过程性特征。

首先，启动程序中的协商沟通。监察规范性文件备案审查程序包括主动审查和被动审查。对于主动审查而言，人大和上级监察机关具有完整的启动权，可以自行决定是否启动审查。被动审查又包括其他机关要求审查和其他组织及个人建议审查。前者为强制型启动，一般由"一府一委两院"和军委向人大提出审查规范性文件的要求。在全国人大作为审查主体的情况下，省级人大常委会也可以向全国人大常委会书面提出审查要求。后者为建议型启动，由其他组织和公民个人向人大提出审查建议，常务委员会工作机构进行研究后，只有认为有必要，才会送有关的专门委员会进行审查。建议型审查，是被动审查的主要来源，但受到严格的条件限制，需同时满足"研究"和"必要"要素。至于"必要性"要素的判断，则离不开沟通协商的运用。从前述《海南省备案审查条例》第二十一条第二款规定，即可见一斑。有鉴于此，建议型审查程序的启动要素至少包括三项：研究性、必要性和沟通协商性。

对于建议型审查程序的启动，为何需要沟通协商呢？全国人大常委会法工委法规备案审查室对此作过详细解释："常委会工作机构对公民、组织提出的审查建议进行研究，实际上起到了类似于'预审查'的作用。当常委会工作机构在研究时，认为有关的规范性文件存在同宪法或者法律相抵触的情形时，可以与规范性文件的制定机关进行沟通，从工作层面指出存在的问题、提出相关的建议，制定机关据此及时修改或者废止相关规范性文件，即自行纠正存在的问题的，也就无须开展下一步的工作。如果常委会工作机构指出问题、提出建议以后，制定机关不予自行纠正问题的，即'必要时'，再送有关的专门委员会进行审查、提出意见。"①

其次，判断程序中的协商沟通。人大在审查监察规范性文件时，一般不会直接得出审查结论和作出纠正处理，而是会先与文件制定机关进行沟通，有时还会听取其他机关和个人的意见。全国人大常委会法工委法规备案审查室即明确指出，"当常委会工作机构在研究时，认为有关的规范性文件存在同宪法或者法律相抵触的情形时，可以与规范性文件的制定机关进行沟通"。因此，在实践中，沟通协商在审查判断程序中扮演着前置程序的角色，类似于公益诉讼制度中的诉前程序，要先给予对方一个自行纠错的机会。制定机关不予自行纠正问题时，即自动构成"必要性"要件，进入正式的人大常委会直接处理程序。根据沟通协商

---

① 全国人大常委会法工委法规备案审查室：《规范性文件备案审查制度理论与实务》，中国民主法制出版社 2011 年版，第 65 页。

对象不同，可以分为三种类型。

一是人大内部机构之间的沟通协商。人大常委会工作机构在研究监察规范性文件时，首先会尊重审查机关内部机构的意见，进行共同审查研究。出于"充分发挥备案审查工作机构统筹功能和各专委会或者常委会工作机构专业优势"的目的，接到审查建议后，在常委会专门工作机构开展审查的同时，法制办公室也进行审查，然后将两方面的意见再一起沟通。对认识不一致的，通过再讨论、再协商，最终形成一致意见。①

二是人大与文件制定主体之间的沟通协商。人大审查机关内部形成一致意见后，便会与制定机关进行沟通。人大与制定机关之间的沟通协商，是备案审查程序中非常重要的环节。由于制定机关作为规范性文件的"生产商"，不仅掌握着丰富的第一手资料和信息，而且熟稔文件制定背景、目的和实施中的具体情况，由其对监察规范性文件的制定目的及法律依据作出说明，针对涉争议内容作出澄清和解释，更利于正确认识和判断该规范性文件的合法性与正当性。

三是人大与党委之间的沟通协商。坚持党的领导，是人大在开展备案审查时必须遵循的原则，具体要求人大要自觉接受同级党委的领导，坚持重大问题请示汇报制度。对于监察规范性文件备案审查而言，坚持党的领导则要求常委会备案审查工作机构要主动加强与党委相关机构、人大有关专门委员会等部门的沟通交流和协调配合，共同推进备案审查工作。②

四是人大与其他主体之间的沟通协商。这种情况下更为侧重

---

① 柳纪纲：《北京市人大常委会开展规范性文件备案审查工作的一些实践与探索》，载《中国人大》2017年第20期。

② 参见《全省人大规范性文件备案审查工作会议发言摘登》，载《山东人大工作》2017年第11期。

沟通性，体现出了人大代表制度"以人民为中心"的原则，是人大主导备案审查机制开放性、民意性和包容性特效的生动注脚。人大履职必须遵循全过程人民民主理念，通过扩大公众参与、听取公众意见、加强公众联系等方式，保证立法过程的民主性和科学性。监察规范性文件备案审查作为立法工作中的重要一环，亦需要体现民主性和参与性。人大在审查文件时，应通过多样的形式广泛征求意见，例如召开座谈会、听证会、征求意见会、专家咨询会、联合审查会等。

最后，处理程序中的协商沟通。完整的备案审查程序由审查启动、审查判断和纠正处理三个阶段组成。人大在启动监察规范性文件备案审查程序时，会围绕审查基准、遵循特定程序开展审查，以确保审查结论的正确。结论的形成往往伴随着处理决定的作出，但是在人大备案审查程序中，还存在前置性程序，即通过沟通协商赋予制定机关自行纠正的机会。制定机关自行纠正是人大纠正处理的前提。时任全国人大常委会副委员长王兆国在第十次全国地方立法研讨会上即明确指出："对于在备案审查工作中发现的问题，要及时与有关方面沟通协商，妥善解决。我想，应通过协商，取得一致意见，由有关部门和地方主动修正，一般可不采取由全国人大常委会宣布撤销的做法。"①

二、沟通协商的法理依据

（一）启动程序中的"沟通"与"协商"

"一国采用何种类型的宪法监督体制，并不是统治阶级随心

---

① 王兆国：《加强地方立法工作，提高地方立法质量》，载人民网，http://www.people.com.cn/GB/14576/14957/2806630.html，2022年7月24日访问。

所欲的任意主张，通常情况下取决于该国的历史传统、政治体制与法律结构，而主要取决于该国所实行的政治体制。"① 正是基于不同的政治体制，我国与西方国家的备案审查制度存在明显差异。西方国家奉行严格的三权分立理论，决定了备案审查机制同样遵循着权力分立逻辑，依靠权力制衡实现权力约束，由此形成对抗型/否决型违宪审查制度。我国实行党领导下的权力分工、制约与配合政治体制，并不存在绝对的权力分立，而是按照不同职能配置在不同国家机关，在党的统一集中领导下发挥职能。根据宪法第一条规定，中国共产党领导是中国特色社会主义最本质的特征。宪法第三条进一步明确，中央和地方的国家机构职权的划分，遵循在中央的统一领导下，充分发挥地方的主动性、积极性的原则。国家权力的实际运行如邓小平所言："属于政策、方针的重大问题，国务院也好，全国人大也好，其他方面也好，都要由党员负责干部提到党中央常委会讨论，讨论决定之后再去多方商量，贯彻执行。"②

权力分工而非分立的政治体制设计，决定了我国国家机构之间为合作而非对抗的关系。一方面，人大作为监督机关，依法履行对其他国家机关的监督职责，但是监督关系的存在，并不意味着绝然排斥合作。在监察规范性文件备案审查制度中，审查机关与制定机关之间固然表现为监督与被监督关系，但是在本质上依然为权力分工理论下的职责分工与权力监督，而非权力分立关系，在党的领导下互相配合而非对抗，自然成为备案审查工作的基本路径。另一方面，人大对监察机关的监督，并非单向度的、绝对性的。人大监督的内涵包括两个层次的要求，即监督与支

---

① 胡锦光：《中国宪法问题研究》，新华出版社 1998 年版，第 205 页。
② 《邓小平文选》（第 3 卷），人民出版社 1993 年版，第 319 页。

持。目的决定手段。人大和"一府一委两院"虽然分工不同，职责不同，但目标一致，即都要在党的领导下，坚持以人民为中心的理念，围绕党和国家的重大决策部署，相互配合开展工作，共同推进国家治理体系和治理能力现代化。因此，只有做到监督与支持相平衡，才能称之为人大对监察机关的正确监督。人大审查监察规范性文件时，不能一味强调监督，片面追求结果，更应尊重、支持和理解监察机关。

"备案审查的终极目标，不是要针对谁、纠正谁、否定谁，而是通过审查、纠正，让规范性文件与国家宪法、法律保持一致，保持中央政令畅通"。[①] 监察规范性文件备案审查的目的在于发现问题和纠正问题，从而保证法制统一。人大固然具有直接行使撤销权的权力，但是相比制定机关自行纠正，自然在影响、成本和效果等方面不占据更强优势。"实际上撤销会造成很大的影响，人大也从来没有撤销过。因此事先协商很重要"。[②] 因此，从解决问题的角度来看，通过沟通协商形成共识，由制定机关自行纠正文件，是更优、更有效的选择和方法。

时任全国人大常委会副秘书长的乔晓阳在谈到人大监督时，即清晰阐述过该问题："我国的政体是人民代表大会制度，不是'三权鼎立'……人大与'一府两院'的关系，既有监督又有支持，既要依法监督，又不代行行政权、审判权、检察权。人大与'一府两院'都是党领导下的国家机关，虽然职责分工不同，但工作的出发点和目标是一致的，都是为了维护国家和人民的根本利益。这是我国政治制度的特点和

---

① 《一封信为何能"撬动"一部法规的修改——聚焦全国人大常委会首晒备案审查"成绩单"》，载《光明日报》2017年12月28日，第15版。
② 李鹏：《立法与监督：李鹏人大日记》（下），新华出版社、中国民主法制出版社2006年版，第560页。

优势。"① 时任陕西省人大常委会副主任的张迈曾也表达过相似的观点："把握好监督与支持的关系。人大和'一府两院'分工不同，职责不同，但目标一致，都是在党的领导下，围绕党和国家的工作大局，依法履行职责，协调一致地开展工作，更好地为人民服务。这是监督的最终目的。"②

（二）商谈理论

哈贝马斯以形式法范式与福利法范式为基础，提出了以沟通行动理论和商谈理论为主要内容的程序主义法范式的构想，对政治学、经济学、法学等诸多学科研究产生了深远影响。沟通行动理论与商谈理论是递进式关系，前者旨在以一种指向性的行动通过沟通达成理解从而形成共识，后者则聚焦于对沟通进行检验和反思，是沟通失效后的进一步沟通。③ 商谈理论是在交往行动理论中引入法律合法性概念进一步推导出来的。根据哈贝马斯的观点，进入现代多元社会之后，人类的交往超出了他们身处的生活世界的范围，也无法依靠统一的传统世界观来协调彼此的行动。在这种情况下，若要协调彼此的行动、消除彼此间的冲突，既不想诉诸暴力途径，又不想停留在暂时的妥协，那么，通过交往或协商形成共同规则就成为最佳的解决方案。也就是说，依赖于有效的规范语言、建立在交往理性基础上的商谈是现代主体间的重要交往方式。如果商谈成为一个可以形成合理意志的场所的话，那么法律的合法性最终就依赖于一种交往的安排：作为合理

---

① 乔晓阳：《监督法和全国人大常委会的监督工作》，载中国人大网，http://www.npc.gov.cn/npc/xinwen/2008-05/30/content_1466386.htm，2022 年 7 月 24 日访问。

② 张迈曾：《在全省人大规范性文件备案审查工作会议上的讲话》，载陕西人大网，http://www.sxrd.gov.cn/0/1/3/16/7008.htm，2022 年 7 月 24 日访问。

③ 参见［德］尤尔根·哈贝马斯：《在事实与规范之间：关于法律和民主法治国的商谈理论》，童世骏译，生活·读书·新知三联书店 2003 年版。

商谈的参与者，法律同伴必须有可能考察——有争议规范是否得到、或有无可能得到所有可能相关者的同意。

法律的合法性问题产生于事实性与有效性之间的张力。法律是依靠其强制力量来使人们服从的，这是"法律的事实性"，即法律必须得到遵守。但是，法律仅仅凭借其强制力迫使人们服从是不行的，它必须同时得到人们的认可和尊重，即这种服从必须是自愿的。法律获得认可性和接受性的有效途径，即平等地商谈。"政治参与权利所涉及的，是用法律形式对公开的意见形成和意志形成过程加以建制化。这种过程应该以交往形式而发生，而这种交往形式，如我们现在看到的，从两个角度使商谈原则发挥效力。首先，这个原则具有认知意义，即对提议和主题、理由和信息进行筛选，这种筛选使所达成之结果被假定是具有合理的可接受性的；民主程序应该为法律的合法性提供依据。但是，在政治公共领域和议会团体中的意见形成和意志形成过程的商谈性质也具有实践意义，也就是确立一种阿伦特所理解的'无暴力'的、将交往自由的生产能力释放出来的相互理解关系……商谈的法律制定和交往的权力构成之间的这种相互渗透，归根结底是因为这样一个事实：在交往行动中，理由也形成动机"。①

由此可知，意识形态的差异性和行为选择的目的追求不同，导致了群体生活中不可避免存在冲突碰撞，借助强制性手段可以获得结果，但却在合法性、可接受性等方面存在不足。哈贝马斯的商谈理论则提出了另一条相对温和的路径，建议通过语言等媒介交换意见，获知完整信息，从而引起行为者、参与者的同理心和认同感，尽可能寻找各方利益的平衡点，囊括各方主体的

---

① 参见［德］尤尔根·哈贝马斯：《在事实与规范之间：关于法律和民主法治国的商谈理论》，童世骏译，生活·读书·新知三联书店2003年版，第185页。

合理诉求。商谈理论同样可以适用于立法领域，呈现出协商民主色彩。这就要求，其一，立法和政治决策最好通过建立在交往理性基础上的广泛协商来作出，而非基于利益交换、金钱折服或权力强制；其二，在协商过程中，参与方应尽可能平等和广泛以促进立法决策合法化。[①] 商谈理论在立法领域的适用，自然构成监察规范性文件备案审查"沟通协商"特征的深层理论动因。

三、沟通协商机制的构建

通过"沟通"与"协商"实现"共识型"决策，是近年来西方公共行政和民主理论提出的一种理想型决策模式，并被用来描述中国近年来一些重大公共政策的形成过程。[②] 其所具有的包容性、参与性、协作性、共识构建性，凸显了一系列优越性。具体到监察规范性文件的备案审查来说，"共识型"纠错模式能否发挥其应有的优势，很大程度上取决两个方面：一是是否能够确保尽可能多的利益相关者参与"沟通""协商"；二是参与者在"沟通""协商"过程中是否具有平等表达诉求的机会和能力。就监察规范性文件备案审查而言，应该协调"沟通""协商"中存在的问题。

（一）明确适度协商原则

在监察规范性文件备案审查制度中引入沟通协商机制，是理论之元、制度之由与现实之要三者统一的结果，对于提升备案审查实效、实现人大监督作用以及发挥我国政治体制效能，具有重要意义，但这并不意味着应将沟通协商作为备案审查的基本原

---

① 参见戴激涛：《协商民主的法哲学基础及其反思——基于哈贝马斯商谈理论的一种考察》，载《中共天津市委党校学报》2009 年第 2 期。

② 参见樊鹏：《论中国的"共识型"体制》，载《开放时代》2013 年第 3 期。

则。事实上，沟通协商更多体现为一种策略和方法，仅仅是备案审查制度的一个有机组成部分，而非核心机制，不具备贯穿性和指导性。监察规范性文件备案审查过程中，应该坚持沟通协商，但要注意限度，做到有限和谨慎，防止沟通演变为请示、协商演变为妥协、共识演变为合谋。自党的十一届三中全会以来，全国各级人大及其常委会在党的领导下积极推进监督工作，不仅在组织建设与制度建设方面取得了重大进展，而且在监督程序、监督效果等方面取得实质性发展。人大的职能不断强化，权威性不断提升，摆脱了"橡皮图章"的消极评价，逐渐向"钢印"转变。①

尽管沟通协商有其存在的必要性，但是一味强调或过分依赖，必然会有损人大的监督职能，最终退化为"走过场"花瓶摆设。而且，现实中依旧存在不少质疑人大监督实效的声音。有鉴于此，应该坚持适度协商的原则，处理好人大独立审查和沟通协商审查的关系，具体而言包括以下三个方面要求：

首先，人大要树立正确的沟通协商理念。"支持型监督理念的背后是中国传统'和'文化的影响，它倾向于主张全国人大慎用少用撤销、质询这类硬性的监督方式"。②作为支持型监督理念的实现机制，沟通协商运作机理在于有效沟通形成共识，有效纠正监察规范性文件中存在的问题，更好确保其合法性和正当性，而非将沟通协商作为不同权力机关之间职权行使尊重的前置程序。人大坚持沟通协商理念，尊重制定机关和其他主体意见，是建立在自己的最终判断权和独立处理权基础之上的有限协

① 加茂具树：《人民代表大会：角色与功能的变迁》，载《复旦政治学评论》2008年第1期。
② 蒋清华：《支持型监督：中国人大监督的特色及调适——以全国人大常委会备案审查为例》，载《中国法律评论》2019年第4期。

商。我们既要防止沟通协商机制可能诱发的"柔性有余、监督不足"问题，更不能以撤销权等硬性审查举措的使用次数，作为评价人大监督效果的指标。

其次，人大要正确把握沟通协商的限度。在开展监察规范性文件备案审查时，究竟可以在何种情况下、针对何种内容进行沟通协商，我国现行法律并未予以明确，理论研究中也并未涉及。全国人大常委会法工委法规备案审查室曾对此问题作出过说明，认为协商的内容只限于"如何处理规范性文件中存在的不合法或不适当问题"，而不是"规范性文件是否存在不合法或者不适当的问题"。① 但是在审查实践中，规范性文件是否存在不合法或者不适当的问题，也属于协商的内容。为了发挥人大在监察规范性文件备案审查中的主导作用，应该划定沟通协商的限度，明确对于是否存在合宪性和合法性的判断，应由人大独立判断，发挥其立法上的专业性、民主性作用；对于如何处理和纠正，则可以由人大与其他主体共同协商判断，尊重制定主体的能动性和裁量权，充分凝聚智慧。综上，沟通协商有其限度，对于监察规范性文件是否适当以及如何纠正处理这两种问题，应该承认存在沟通协商的空间。

最后，人大要善于使用刚性监督措施。在和为贵传统理念影响下，"国家机关之间讲究沟通、不尚冲突，这固然是不错的，但在维护宪法法律权威这样的大是大非问题面前，'和谐'只能是手段而不能是目标，可以是'常态'但不能成'固态'。"② 人大在审查监察规范性文件时，固然要坚持"先礼后

---

① 全国人大常委会法工委法规备案审查室：《规范性文件备案审查制度理论与实务》，中国民主法制出版社 2011 年版，第 69 页。

② 蒋清华：《支持型监督：中国人大监督的特色及调适——以全国人大常委会备案审查为例》，载《中国法律评论》2019 年第 4 期。

兵"的策略，避免直接使用撤销权，但更要防止"只礼无兵"，造成"自我"的弱化。人大监督必须是"长牙齿"的制度，要求人大必须用足用好撤销、质询等刚性举措，如此才能真正发挥实效。正如肖扬曾言："对一次违宪行为及时追究的重大意义要胜过 1000 次对宪法条文的宣讲价值。"[①] 栗战书委员长亦要求："人大监督如果不严格、没有力度，那就是缺位和失职。要切实担负起法定监督职责，坚决纠正人大监督工作中的'粗、宽、松、软'等情况，敢于动真碰硬……要真正形成监督的压力，让压力转化为有关方面改进工作的动力。"[②]

（二）坚持人大主导地位

现行监察规范性文件备案审查体系具有二元审查、多级监督的特征。以人大和监察机关为主体相应形成了他律型备案审查机制和自律型备案审查机制，此外，在纪监联合发文情形下，党委组织同样拥有备案审查的权力。不同主体审查同一监察规范性文件，不可避免会产生标准理解、审查判断和纠正方式等方面的不一致，乃至冲突。虽然沟通协商机制的存在，可以为不同主体形成共识提供平台，但是在出现各执一词、剧烈冲突时，因为不具备强制力和约束力，难免会被束之高阁，由人大主导备案审查，则可以有效解决该问题。坚持人大在规范性文件备案审查体系中的主导地位，符合习近平有关备案审查制度的法治思想，更是我国特色社会主义法治道路发展的必然要求。坚持人大主导地位，具备夯实的正当性基础，主要包括坚持党对立法工作领导的

---

① 肖扬：《依宪治国是破解中国难题的有效法宝》，载《法制日报》2014 年 12 月 4 日。

② 栗战书：《在第十三届全国人大常委会第四次会议上的讲话》（2018 年 7 月 10 日），载《中国人大》2018 年第 14 期。

政治基础、尊重人大权力机关地位的制度基础以及贯彻以人民为中心理念的客观基础。"在'备案审查全覆盖'的要求下，我们应当建立人大主导的行政规范性文件审查体系，这是由人大职权的优越性、人大性质的人民性、人大启动审查的便捷性和人大审查效力的权威性等因素决定的"，对于因主体多元而导致的审查结果相互冲突和各自为政现象具有明显的矫正作用。[①]

（三）公开沟通协商过程

随着公民素质的普遍提升，人们对法律的要求不断在变化，典型即正义观内涵的时代变迁。在现代社会，正义不仅要实现，而且要以人们可得见的方式实现，如此正义才能可接受、可信服。任何权力，即便是严格依法行使，只要呈现出封闭性特性，就会因公开性、参与性不足而面临普遍质疑，被公众不自觉联想为暗箱操作。诚然，公权力面临信任危机，是由诸多错综复杂的原因导致，但是坚持公开、透明的程序要求，还是可以在很大程度上增强可接受度和可理解性。沟通协商性作为监察规范性文件备案审查制度的特征之一，其主要依赖于权力机关之间内部协商的运作过程，遮蔽了审查、纠错和处理过程，进一步加剧了本就具有半封闭性的监察机关之神秘性。在这种情况下，备案审查权没有以公众看得见的方式行使，必然会招致公正性质疑。为了揭开备案审查制度的"神秘面纱"，应适度公开沟通协商过程。一方面，可以继续通过专家论证会、调研会、听取公众意见、听证等制度创新，搭建和扩充公众参与的平台，依靠"亲历性"解决"封闭性"问题。另一方面，主动公开沟通协商内容，人大应适度公开监察规范性文件备案审查的

[①]　宋智敏：《论以人大为主导的行政规范性文件审查体系的建立》，载《法学论坛》2020 年第 6 期。

争议内容、研究情况以及论证过程，依靠"公开性"解决"内部性"问题。

（四）搭建信息共享平台

信息社会中应当实现信息资源的共享，避免信息不对称的情形发生。中共中央印发的《法治中国建设规划（2020—2025年）》提出要"加快建立全国统一的备案审查信息平台"。基于此，监察规范性文件备案审查亦应着手建立统一的备案审查信息平台。具体来说，监察规范性文件备案审查信息平台是用于存储备案的监察规范性文件的专门性信息平台。监察委员会可以通过电子传输方式对监察规范性文件进行报备，查询监察规范性文件备案审查的程序要求、审查进度、具体建议等相关内容，及时进行监察规范性文件的纠正完善。各级人大常委会可将监察规范性文件备案审查的审查建议在线提交备案审查信息平台，实现监察规范性文件备案审查的高效化、便捷化、信息化。建立统一的监察规范性文件备案审查信息平台的优势表现为：第一，有助于加强监察规范性文件备案审查的信息披露水平，增强监察规范性文件备案审查的透明度；第二，有助于保持监察规范性文件备案审查的审查结果互通，避免各地的备案审查结果出现较大差异；第三，有助于提升监察规范性文件备案审查的法律效力，避免监察规范性文件备案审查流于形式。[1]

---

[1] 参见张炜达、郝辉辉：《监察规范性文件备案审查制度构建研究》，载《人大研究》2022年第3期。

附录 监察规范性文件
备案审查相关规定

一、法律

中华人民共和国宪法
（节录）

第一章 总 纲

第一条 中华人民共和国是工人阶级领导的、以工农联盟为基础的人民民主专政的社会主义国家。

社会主义制度是中华人民共和国的根本制度。中国共产党领导是中国特色社会主义最本质的特征。禁止任何组织或者个人破坏社会主义制度。

第二条 中华人民共和国的一切权力属于人民。

人民行使国家权力的机关是全国人民代表大会和地方各级人民代表大会。

人民依照法律规定，通过各种途径和形式，管理国家事务，管理经济和文化事业，管理社会事务。

第三条 中华人民共和国的国家机构实行民主集中制的原则。

全国人民代表大会和地方各级人民代表大会都由民主选举产生，对人民负责，受人民监督。

国家行政机关、监察机关、审判机关、检察机关都由人民代表大会产生，对它负责，受它监督。

中央和地方的国家机构职权的划分，遵循在中央的统一领导下，充分发挥地方的主动性、积极性的原则。

第五条　中华人民共和国实行依法治国，建设社会主义法治国家。

国家维护社会主义法制的统一和尊严。

一切法律、行政法规和地方性法规都不得同宪法相抵触。

一切国家机关和武装力量、各政党和各社会团体、各企业事业组织都必须遵守宪法和法律。一切违反宪法和法律的行为，必须予以追究。

任何组织或者个人都不得有超越宪法和法律的特权。

第三章　国家机构

第一节　全国人民代表大会

第六十二条　全国人民代表大会行使下列职权：

（一）修改宪法；

（二）监督宪法的实施；

（三）制定和修改刑事、民事、国家机构的和其他的基本法律；

（四）选举中华人民共和国主席、副主席；

（五）根据中华人民共和国主席的提名，决定国务院总理的人选；根据国务院总理的提名，决定国务院副总理、国务委员、各部部长、各委员会主任、审计长、秘书长的人选；

（六）选举中央军事委员会主席；根据中央军事委员会主席的提名，决定中央军事委员会其他组成人员的人选；

（七）选举国家监察委员会主任；

（八）选举最高人民法院院长；

（九）选举最高人民检察院检察长；

（十）审查和批准国民经济和社会发展计划和计划执行情况的报告；

（十一）审查和批准国家的预算和预算执行情况的报告；

（十二）改变或者撤销全国人民代表大会常务委员会不适当的决定；

（十三）批准省、自治区和直辖市的建置；

（十四）决定特别行政区的设立及其制度；

（十五）决定战争和和平的问题；

（十六）应当由最高国家权力机关行使的其他职权。

第六十七条　全国人民代表大会常务委员会行使下列职权：

（一）解释宪法，监督宪法的实施；

（二）制定和修改除应当由全国人民代表大会制定的法律以外的其他法律；

（三）在全国人民代表大会闭会期间，对全国人民代表大会制定的法律进行部分补充和修改，但是不得同该法律的基本原则相抵触；

（四）解释法律；

（五）在全国人民代表大会闭会期间，审查和批准国民经济和社会发展计划、国家预算在执行过程中所必须作的部分调整方案；

（六）监督国务院、中央军事委员会、国家监察委员会、最高人民法院和最高人民检察院的工作；

（七）撤销国务院制定的同宪法、法律相抵触的行政法规、决定和命令；

（八）撤销省、自治区、直辖市国家权力机关制定的同宪法、法律和行政法规相抵触的地方性法规和决议；

（九）在全国人民代表大会闭会期间，根据国务院总理的提名，决定部长、委员会主任、审计长、秘书长的人选；

（十）在全国人民代表大会闭会期间，根据中央军事委员会主席的提名，决定中央军事委员会其他组成人员的人选；

（十一）根据国家监察委员会主任的提请，任免国家监察委员会副主任、委员；

（十二）根据最高人民法院院长的提请，任免最高人民法院副院长、审判员、审判委员会委员和军事法院院长；

（十三）根据最高人民检察院检察长的提请，任免最高人民检察院副检察长、检察员、检察委员会委员和军事检察院检察长，并且批准省、自治区、直辖市的人民检察院检察长的任免；

（十四）决定驻外全权代表的任免；

（十五）决定同外国缔结的条约和重要协定的批准和废除；

（十六）规定军人和外交人员的衔级制度和其他专门衔级制度；

（十七）规定和决定授予国家的勋章和荣誉称号；

（十八）决定特赦；

（十九）在全国人民代表大会闭会期间，如果遇到国家遭受武装侵犯或者必须履行国际间共同防止侵略的条约的情况，决定战争状态的宣布；

（二十）决定全国总动员或者局部动员；

（二十一）决定全国或者个别省、自治区、直辖市进入紧急状态；

（二十二）全国人民代表大会授予的其他职权。

第七节　监察委员会

第一百二十三条　中华人民共和国各级监察委员会是国家的监察机关。

第一百二十四条　中华人民共和国设立国家监察委员会和地方各级监察委员会。

监察委员会由下列人员组成：

主任，

副主任若干人，

委员若干人。

监察委员会主任每届任期同本级人民代表大会每届任期相同。国家监察委员会主任连续任职不得超过两届。

监察委员会的组织和职权由法律规定。

第一百二十五条　中华人民共和国国家监察委员会是最高监察机关。

国家监察委员会领导地方各级监察委员会的工作，上级监察委员会领导下级监察委员会的工作。

第一百二十六条　国家监察委员会对全国人民代表大会和全国人民代表大会常务委员会负责。地方各级监察委员会对产生它的国家权力机关和上一级监察委员会负责。

第一百二十七条　监察委员会依照法律规定独立行使监察权，不受行政机关、社会团体和个人的干涉。

监察机关办理职务违法和职务犯罪案件，应当与审判机关、检察机关、执法部门互相配合，互相制约。

中华人民共和国立法法

第一章 总 则

第一条 为了规范立法活动，健全国家立法制度，提高立法质量，完善中国特色社会主义法律体系，发挥立法的引领和推动作用，保障和发展社会主义民主，全面推进依法治国，建设社会主义法治国家，根据宪法，制定本法。

第二条 法律、行政法规、地方性法规、自治条例和单行条例的制定、修改和废止，适用本法。

国务院部门规章和地方政府规章的制定、修改和废止，依照本法的有关规定执行。

第三条 立法应当坚持中国共产党的领导，坚持以马克思列宁主义、毛泽东思想、邓小平理论、"三个代表"重要思想、科学发展观、习近平新时代中国特色社会主义思想为指导，推进中国特色社会主义法治体系建设，保障在法治轨道上全面建设社会主义现代化国家。

第四条 立法应当坚持以经济建设为中心，坚持改革开放，贯彻新发展理念，保障以中国式现代化全面推进中华民族伟大复兴。

第五条 立法应当符合宪法的规定、原则和精神，依照法定的权限和程序，从国家整体利益出发，维护社会主义法制的统一、尊严、权威。

第六条 立法应当坚持和发展全过程人民民主，尊重和保障人权，保障和促进社会公平正义。

立法应当体现人民的意志，发扬社会主义民主，坚持立法公开，保障人民通过多种途径参与立法活动。

第七条　立法应当从实际出发，适应经济社会发展和全面深化改革的要求，科学合理地规定公民、法人和其他组织的权利与义务、国家机关的权力与责任。

法律规范应当明确、具体，具有针对性和可执行性。

第八条　立法应当倡导和弘扬社会主义核心价值观，坚持依法治国和以德治国相结合，铸牢中华民族共同体意识，推动社会主义精神文明建设。

第九条　立法应当适应改革需要，坚持在法治下推进改革和在改革中完善法治相统一，引导、推动、规范、保障相关改革，发挥法治在国家治理体系和治理能力现代化中的重要作用。

第二章　法　律

第一节　立法权限

第十条　全国人民代表大会和全国人民代表大会常务委员会根据宪法规定行使国家立法权。

全国人民代表大会制定和修改刑事、民事、国家机构的和其他的基本法律。

全国人民代表大会常务委员会制定和修改除应当由全国人民代表大会制定的法律以外的其他法律；在全国人民代表大会闭会期间，对全国人民代表大会制定的法律进行部分补充和修改，但是不得同该法律的基本原则相抵触。

全国人民代表大会可以授权全国人民代表大会常务委员会制定相关法律。

第十一条　下列事项只能制定法律：

（一）国家主权的事项；

（二）各级人民代表大会、人民政府、监察委员会、人民法院和人民检察院的产生、组织和职权；

（三）民族区域自治制度、特别行政区制度、基层群众自治制度；

（四）犯罪和刑罚；

（五）对公民政治权利的剥夺、限制人身自由的强制措施和处罚；

（六）税种的设立、税率的确定和税收征收管理等税收基本制度；

（七）对非国有财产的征收、征用；

（八）民事基本制度；

（九）基本经济制度以及财政、海关、金融和外贸的基本制度；

（十）诉讼制度和仲裁基本制度；

（十一）必须由全国人民代表大会及其常务委员会制定法律的其他事项。

第十二条　本法第十一条规定的事项尚未制定法律的，全国人民代表大会及其常务委员会有权作出决定，授权国务院可以根据实际需要，对其中的部分事项先制定行政法规，但是有关犯罪和刑罚、对公民政治权利的剥夺和限制人身自由的强制措施和处罚、司法制度等事项除外。

第十三条　授权决定应当明确授权的目的、事项、范围、期限以及被授权机关实施授权决定应当遵循的原则等。

授权的期限不得超过五年，但是授权决定另有规定的除外。

被授权机关应当在授权期限届满的六个月以前，向授权机关报告授权决定实施的情况，并提出是否需要制定有关法律的意见；需要继续授权的，可以提出相关意见，由全国人民代表大会及其常务委员会决定。

第十四条　授权立法事项，经过实践检验，制定法律的条件成熟时，由全国人民代表大会及其常务委员会及时制定法律。法律制定后，相应立法事项的授权终止。

第十五条　被授权机关应当严格按照授权决定行使被授予的权力。

被授权机关不得将被授予的权力转授给其他机关。

第十六条　全国人民代表大会及其常务委员会可以根据改革发展的需要，决定就特定事项授权在规定期限和范围内暂时调整或者暂时停止适用法律的部分规定。

暂时调整或者暂时停止适用法律的部分规定的事项，实践证明可行的，由全国人民代表大会及其常务委员会及时修改有关法律；修改法律的条件尚不成熟的，可以延长授权的期限，或者恢复施行有关法律规定。

第二节　全国人民代表大会立法程序

第十七条　全国人民代表大会主席团可以向全国人民代表大会提出法律案，由全国人民代表大会会议审议。

全国人民代表大会常务委员会、国务院、中央军事委员会、国家监察委员会、最高人民法院、最高人民检察院、全国人民代表大会各专门委员会，可以向全国人民代表大会提出法律案，由主席团决定列入会议议程。

第十八条　一个代表团或者三十名以上的代表联名，可以向全国人民代表大会提出法律案，由主席团决定是否列入会议议程，或者先交有关的专门委员会审议、提出是否列入会议议程的意见，再决定是否列入会议议程。

专门委员会审议的时候，可以邀请提案人列席会议，发表意见。

第十九条 向全国人民代表大会提出的法律案，在全国人民代表大会闭会期间，可以先向常务委员会提出，经常务委员会会议依照本法第二章第三节规定的有关程序审议后，决定提请全国人民代表大会审议，由常务委员会向大会全体会议作说明，或者由提案人向大会全体会议作说明。

常务委员会依照前款规定审议法律案，应当通过多种形式征求全国人民代表大会代表的意见，并将有关情况予以反馈；专门委员会和常务委员会工作机构进行立法调研，可以邀请有关的全国人民代表大会代表参加。

第二十条 常务委员会决定提请全国人民代表大会会议审议的法律案，应当在会议举行的一个月前将法律草案发给代表，并可以适时组织代表研读讨论，征求代表的意见。

第二十一条 列入全国人民代表大会会议议程的法律案，大会全体会议听取提案人的说明后，由各代表团进行审议。

各代表团审议法律案时，提案人应当派人听取意见，回答询问。

各代表团审议法律案时，根据代表团的要求，有关机关、组织应当派人介绍情况。

第二十二条 列入全国人民代表大会会议议程的法律案，由有关的专门委员会进行审议，向主席团提出审议意见，并印发会议。

第二十三条 列入全国人民代表大会会议议程的法律案，由宪法和法律委员会根据各代表团和有关的专门委员会的审议意见，对法律案进行统一审议，向主席团提出审议结果报告和法律草案修改稿，对涉及的合宪性问题以及重要的不同意见应当在审议结果报告中予以说明，经主席团会议审议通过后，印发会议。

第二十四条 列入全国人民代表大会会议议程的法律案，必要时，主席团常务主席可以召开各代表团团长会议，就法律案中的重大问题听取各代表团的审议意见，进行讨论，并将讨论的情况和意见向主席团报告。

主席团常务主席也可以就法律案中的重大的专门性问题，召集代表团推选的有关代表进行讨论，并将讨论的情况和意见向主席团报告。

第二十五条 列入全国人民代表大会会议议程的法律案，在交付表决前，提案人要求撤回的，应当说明理由，经主席团同意，并向大会报告，对该法律案的审议即行终止。

第二十六条 法律案在审议中有重大问题需要进一步研究的，经主席团提出，由大会全体会议决定，可以授权常务委员会根据代表的意见进一步审议，作出决定，并将决定情况向全国人民代表大会下次会议报告；也可以授权常务委员会根据代表的意见进一步审议，提出修改方案，提请全国人民代表大会下次会议审议决定。

第二十七条 法律草案修改稿经各代表团审议，由宪法和法律委员会根据各代表团的审议意见进行修改，提出法律草案表决稿，由主席团提请大会全体会议表决，由全体代表的过半数通过。

第二十八条 全国人民代表大会通过的法律由国家主席签署主席令予以公布。

第三节 全国人民代表大会常务委员会立法程序

第二十九条 委员长会议可以向常务委员会提出法律案，由常务委员会会议审议。

国务院、中央军事委员会、国家监察委员会、最高人民法院、最高人民检察院、全国人民代表大会各专门委员会，可以向常务委员会提出法律案，由委员长会议决定列入常务委员会会议议程，或者先交有关的专门委员会审议、提出报告，再决定列入常务委员会会议议程。如果委员长会议认为法律案有重大问题需要进一步研究，可以建议提案人修改完善后再向常务委员会提出。

第三十条 常务委员会组成人员十人以上联名，可以向常务委员会提出法律案，由委员长会议决定是否列入常务委员会会议议程，或者先交有关的专门委员会审议、提出是否列入会议议程的意见，再决定是否列入常务委员会会议议程。不列入常务委员会会议议程的，应当向常务委员会会议报告或者向提案人说明。

专门委员会审议的时候，可以邀请提案人列席会议，发表意见。

第三十一条 列入常务委员会会议议程的法律案，除特殊情况外，应当在会议举行的七日前将法律草案发给常务委员会组成人员。

常务委员会会议审议法律案时，应当邀请有关的全国人民代表大会代表列席会议。

第三十二条 列入常务委员会会议议程的法律案，一般应当经三次常务委员会会议审议后再交付表决。

常务委员会会议第一次审议法律案，在全体会议上听取提案人的说明，由分组会议进行初步审议。

常务委员会会议第二次审议法律案，在全体会议上听取宪法和法律委员会关于法律草案修改情况和主要问题的汇报，由分组会议进一步审议。

常务委员会会议第三次审议法律案，在全体会议上听取宪法和法律委员会关于法律草案审议结果的报告，由分组会议对法律草案修改稿进行审议。

常务委员会审议法律案时，根据需要，可以召开联组会议或者全体会议，对法律草案中的主要问题进行讨论。

第三十三条　列入常务委员会会议议程的法律案，各方面的意见比较一致的，可以经两次常务委员会会议审议后交付表决；调整事项较为单一或者部分修改的法律案，各方面的意见比较一致，或者遇有紧急情形的，也可以经一次常务委员会会议审议即交付表决。

第三十四条　常务委员会分组会议审议法律案时，提案人应当派人听取意见，回答询问。

常务委员会分组会议审议法律案时，根据小组的要求，有关机关、组织应当派人介绍情况。

第三十五条　列入常务委员会会议议程的法律案，由有关的专门委员会进行审议，提出审议意见，印发常务委员会会议。

有关的专门委员会审议法律案时，可以邀请其他专门委员会的成员列席会议，发表意见。

第三十六条　列入常务委员会会议议程的法律案，由宪法和法律委员会根据常务委员会组成人员、有关的专门委员会的审议意见和各方面提出的意见，对法律案进行统一审议，提出修改情况的汇报或者审议结果报告和法律草案修改稿，对涉及的合宪性问题以及重要的不同意见应当在修改情况的汇报或者审议结果报告中予以说明。对有关的专门委员会的审议意见没有采纳的，应当向有关的专门委员会反馈。

宪法和法律委员会审议法律案时，应当邀请有关的专门委员会的成员列席会议，发表意见。

第三十七条　专门委员会审议法律案时，应当召开全体会议审议，根据需要，可以要求有关机关、组织派有关负责人说明情况。

第三十八条　专门委员会之间对法律草案的重要问题意见不一致时，应当向委员长会议报告。

第三十九条　列入常务委员会会议议程的法律案，宪法和法律委员会、有关的专门委员会和常务委员会工作机构应当听取各方面的意见。听取意见可以采取座谈会、论证会、听证会等多种形式。

法律案有关问题专业性较强，需要进行可行性评价的，应当召开论证会，听取有关专家、部门和全国人民代表大会代表等方面的意见。论证情况应当向常务委员会报告。

法律案有关问题存在重大意见分歧或者涉及利益关系重大调整，需要进行听证的，应当召开听证会，听取有关基层和群体代表、部门、人民团体、专家、全国人民代表大会代表和社会有关方面的意见。听证情况应当向常务委员会报告。

常务委员会工作机构应当将法律草案发送相关领域的全国人民代表大会代表、地方人民代表大会常务委员会以及有关部门、组织和专家征求意见。

第四十条　列入常务委员会会议议程的法律案，应当在常务委员会会议后将法律草案及其起草、修改的说明等向社会公布，征求意见，但是经委员长会议决定不公布的除外。向社会公布征求意见的时间一般不少于三十日。征求意见的情况应当向社会通报。

第四十一条　列入常务委员会会议议程的法律案，常务委员会工作机构应当收集整理分组审议的意见和各方面提出的意见以及其他有关资料，分送宪法和法律委员会、有关的专门委员会，并根据需要，印发常务委员会会议。

第四十二条　拟提请常务委员会会议审议通过的法律案，在宪法和法律委员会提出审议结果报告前，常务委员会工作机构可以对法律草案中主要制度规范的可行性、法律出台时机、法律实施的社会效果和可能出现的问题等进行评估。评估情况由宪法和法律委员会在审议结果报告中予以说明。

第四十三条　列入常务委员会会议议程的法律案，在交付表决前，提案人要求撤回的，应当说明理由，经委员长会议同意，并向常务委员会报告，对该法律案的审议即行终止。

第四十四条　法律草案修改稿经常务委员会会议审议，由宪法和法律委员会根据常务委员会组成人员的审议意见进行修改，提出法律草案表决稿，由委员长会议提请常务委员会全体会议表决，由常务委员会全体组成人员的过半数通过。

法律草案表决稿交付常务委员会会议表决前，委员长会议根据常务委员会会议审议的情况，可以决定将个别意见分歧较大的重要条款提请常务委员会会议单独表决。

单独表决的条款经常务委员会会议表决后，委员长会议根据单独表决的情况，可以决定将法律草案表决稿交付表决，也可以决定暂不付表决，交宪法和法律委员会、有关的专门委员会进一步审议。

第四十五条　列入常务委员会会议审议的法律案，因各方面对制定该法律的必要性、可行性等重大问题存在较大意见分歧搁置审议满两年的，或者因暂不付表决经过两年没有再次列入常务委员会会议议程审议的，委员长会议可以决定终止审议，并向常务委员会报告；必要时，委员长会议也可以决定延期审议。

第四十六条　对多部法律中涉及同类事项的个别条款进行修改，一并提出法律案的，经委员长会议决定，可以合并表决，也可以分别表决。

第四十七条　常务委员会通过的法律由国家主席签署主席令予以公布。

第四节　法律解释

第四十八条　法律解释权属于全国人民代表大会常务委员会。

法律有以下情况之一的，由全国人民代表大会常务委员会解释：

（一）法律的规定需要进一步明确具体含义的；

（二）法律制定后出现新的情况，需要明确适用法律依据的。

第四十九条　国务院、中央军事委员会、国家监察委员会、最高人民法院、最高人民检察院、全国人民代表大会各专门委员会，可以向全国人民代表大会常务委员会提出法律解释要求或者提出相关法律案。

省、自治区、直辖市的人民代表大会常务委员会可以向全国人民代表大会常务委员会提出法律解释要求。

第五十条　常务委员会工作机构研究拟订法律解释草案，由委员长会议决定列入常务委员会会议议程。

第五十一条　法律解释草案经常务委员会会议审议，由宪法和法律委员会根据常务委员会组成人员的审议意见进行审议、修改，提出法律解释草案表决稿。

第五十二条　法律解释草案表决稿由常务委员会全体组成人员的过半数通过，由常务委员会发布公告予以公布。

第五十三条　全国人民代表大会常务委员会的法律解释同法律具有同等效力。

第五节 其他规定

第五十四条 全国人民代表大会及其常务委员会加强对立法工作的组织协调，发挥在立法工作中的主导作用。

第五十五条 全国人民代表大会及其常务委员会坚持科学立法、民主立法、依法立法，通过制定、修改、废止、解释法律和编纂法典等多种形式，增强立法的系统性、整体性、协同性、时效性。

第五十六条 全国人民代表大会常务委员会通过立法规划和年度立法计划、专项立法计划等形式，加强对立法工作的统筹安排。编制立法规划和立法计划，应当认真研究代表议案和建议，广泛征集意见，科学论证评估，根据经济社会发展和民主法治建设的需要，按照加强重点领域、新兴领域、涉外领域立法的要求，确定立法项目。立法规划和立法计划由委员长会议通过并向社会公布。

全国人民代表大会常务委员会工作机构负责编制立法规划、拟订立法计划，并按照全国人民代表大会常务委员会的要求，督促立法规划和立法计划的落实。

第五十七条 全国人民代表大会有关的专门委员会、常务委员会工作机构应当提前参与有关方面的法律草案起草工作；综合性、全局性、基础性的重要法律草案，可以由有关的专门委员会或者常务委员会工作机构组织起草。

专业性较强的法律草案，可以吸收相关领域的专家参与起草工作，或者委托有关专家、教学科研单位、社会组织起草。

第五十八条 提出法律案，应当同时提出法律草案文本及其说明，并提供必要的参阅资料。修改法律的，还应当提交修改前后的对照文本。法律草案的说明应当包括制定或者修改法律的必要性、可行性和主要内容，涉及合宪性问题的相关意见以及起草过程中对重大分歧意见的协调处理情况。

第五十九条 向全国人民代表大会及其常务委员会提出的法律案，在列入会议议程前，提案人有权撤回。

第六十条 交付全国人民代表大会及其常务委员会全体会议表决未获得通过的法律案，如果提案人认为必须制定该法律，可以按照法律规定的程序重新提出，由主席团、委员长会议决定是否列入会议议程；其中，未获得全国人民代表大会通过的法律案，应当提请全国人民代表大会审议决定。

第六十一条 法律应当明确规定施行日期。

第六十二条 签署公布法律的主席令载明该法律的制定机关、通过和施行日期。

法律签署公布后，法律文本以及法律草案的说明、审议结果报告等，应当及时在全国人民代表大会常务委员会公报和中国人大网以及在全国范围内发行的报纸上刊载。

在常务委员会公报上刊登的法律文本为标准文本。

第六十三条 法律的修改和废止程序，适用本章的有关规定。

法律被修改的，应当公布新的法律文本。

法律被废止的，除由其他法律规定废止该法律的以外，由国家主席签署主席令予以公布。

第六十四条 法律草案与其他法律相关规定不一致的，提案人应当予以说明并提出处理意见，必要时应当同时提出修改或者废止其他法律相关规定的议案。

宪法和法律委员会、有关的专门委员会审议法律案时，认为需要修改或者废止其他法律相关规定的，应当提出处理意见。

第六十五条 法律根据内容需要，可以分编、章、节、条、款、项、目。

编、章、节、条的序号用中文数字依次表述，款不编序号，项的序号用中文数字加括号依次表述，目的序号用阿拉伯数字依次表述。

法律标题的题注应当载明制定机关、通过日期。经过修改的法律，应当依次载明修改机关、修改日期。

全国人民代表大会常务委员会工作机构编制立法技术规范。

第六十六条　法律规定明确要求有关国家机关对专门事项作出配套的具体规定的，有关国家机关应当自法律施行之日起一年内作出规定，法律对配套的具体规定制定期限另有规定的，从其规定。有关国家机关未能在期限内作出配套的具体规定的，应当向全国人民代表大会常务委员会说明情况。

第六十七条　全国人民代表大会有关的专门委员会、常务委员会工作机构可以组织对有关法律或者法律中有关规定进行立法后评估。评估情况应当向常务委员会报告。

第六十八条　全国人民代表大会及其常务委员会作出有关法律问题的决定，适用本法的有关规定。

第六十九条　全国人民代表大会常务委员会工作机构可以对有关具体问题的法律询问进行研究予以答复，并报常务委员会备案。

第七十条　全国人民代表大会常务委员会工作机构根据实际需要设立基层立法联系点，深入听取基层群众和有关方面对法律草案和立法工作的意见。

第七十一条　全国人民代表大会常务委员会工作机构加强立法宣传工作，通过多种形式发布立法信息、介绍情况、回应关切。

第三章　行政法规

第七十二条　国务院根据宪法和法律，制定行政法规。

行政法规可以就下列事项作出规定：

（一）为执行法律的规定需要制定行政法规的事项；

（二）宪法第八十九条规定的国务院行政管理职权的事项。

应当由全国人民代表大会及其常务委员会制定法律的事项，国务院根据全国人民代表大会及其常务委员会的授权决定先制定的行政法规，经过实践检验，制定法律的条件成熟时，国务院应当及时提请全国人民代表大会及其常务委员会制定法律。

第七十三条　国务院法制机构应当根据国家总体工作部署拟订国务院年度立法计划，报国务院审批。国务院年度立法计划中的法律项目应当与全国人民代表大会常务委员会的立法规划和立法计划相衔接。国务院法制机构应当及时跟踪了解国务院各部门落实立法计划的情况，加强组织协调和督促指导。

国务院有关部门认为需要制定行政法规的，应当向国务院报请立项。

第七十四条　行政法规由国务院有关部门或者国务院法制机构具体负责起草，重要行政管理的法律、行政法规草案由国务院法制机构组织起草。行政法规在起草过程中，应当广泛听取有关机关、组织、人民代表大会代表和社会公众的意见。听取意见可以采取座谈会、论证会、听证会等多种形式。

行政法规草案应当向社会公布，征求意见，但是经国务院决定不公布的除外。

第七十五条　行政法规起草工作完成后，起草单位应当将草案及其说明、各方面对草案主要问题的不同意见和其他有关资料送国务院法制机构进行审查。

国务院法制机构应当向国务院提出审查报告和草案修改稿，审查报告应当对草案主要问题作出说明。

第七十六条　行政法规的决定程序依照中华人民共和国国务院组织法的有关规定办理。

第七十七条　行政法规由总理签署国务院令公布。

有关国防建设的行政法规，可以由国务院总理、中央军事委员会主席共同签署国务院、中央军事委员会令公布。

第七十八条　行政法规签署公布后，及时在国务院公报和中国政府法制信息网以及在全国范围内发行的报纸上刊载。

在国务院公报上刊登的行政法规文本为标准文本。

第七十九条　国务院可以根据改革发展的需要，决定就行政管理等领域的特定事项，在规定期限和范围内暂时调整或者暂时停止适用行政法规的部分规定。

第四章　地方性法规、自治条例和单行条例、规章

第一节　地方性法规、自治条例和单行条例

第八十条　省、自治区、直辖市的人民代表大会及其常务委员会根据本行政区域的具体情况和实际需要，在不同宪法、法律、行政法规相抵触的前提下，可以制定地方性法规。

第八十一条　设区的市的人民代表大会及其常务委员会根据本市的具体情况和实际需要，在不同宪法、法律、行政法规和本省、自治区的地方性法规相抵触的前提下，可以对城乡建设与管理、生态文明建设、历史文化保护、基层治理等方面的事项制定地方性法规，法律对设区的市制定地方性法规的事项另有规定的，从其规定。设区的市的地方性法规须报省、自治区的人民代表大会常务委员会批准后施行。省、自治区的人民代表大会常务

委员会对报请批准的地方性法规，应当对其合法性进行审查，认为同宪法、法律、行政法规和本省、自治区的地方性法规不抵触的，应当在四个月内予以批准。

省、自治区的人民代表大会常务委员会在对报请批准的设区的市的地方性法规进行审查时，发现其同本省、自治区的人民政府的规章相抵触的，应当作出处理决定。

除省、自治区的人民政府所在地的市，经济特区所在地的市和国务院已经批准的较大的市以外，其他设区的市开始制定地方性法规的具体步骤和时间，由省、自治区的人民代表大会常务委员会综合考虑本省、自治区所辖的设区的市的人口数量、地域面积、经济社会发展情况以及立法需求、立法能力等因素确定，并报全国人民代表大会常务委员会和国务院备案。

自治州的人民代表大会及其常务委员会可以依照本条第一款规定行使设区的市制定地方性法规的职权。自治州开始制定地方性法规的具体步骤和时间，依照前款规定确定。

省、自治区的人民政府所在地的市，经济特区所在地的市和国务院已经批准的较大的市已经制定的地方性法规，涉及本条第一款规定事项范围以外的，继续有效。

第八十二条　地方性法规可以就下列事项作出规定：

（一）为执行法律、行政法规的规定，需要根据本行政区域的实际情况作具体规定的事项；

（二）属于地方性事务需要制定地方性法规的事项。

除本法第十一条规定的事项外，其他事项国家尚未制定法律或者行政法规的，省、自治区、直辖市和设区的市、自治州根据本地方的具体情况和实际需要，可以先制定地方性法规。在国家制定的法律或者行政法规生效后，地方性法规同法律或者行政法规相抵触的规定无效，制定机关应当及时予以修改或者废止。

设区的市、自治州根据本条第一款、第二款制定地方性法规，限于本法第八十一条第一款规定的事项。

制定地方性法规，对上位法已经明确规定的内容，一般不作重复性规定。

第八十三条　省、自治区、直辖市和设区的市、自治州的人民代表大会及其常务委员会根据区域协调发展的需要，可以协同制定地方性法规，在本行政区域或者有关区域内实施。

省、自治区、直辖市和设区的市、自治州可以建立区域协同立法工作机制。

第八十四条　经济特区所在地的省、市的人民代表大会及其常务委员会根据全国人民代表大会的授权决定，制定法规，在经济特区范围内实施。

上海市人民代表大会及其常务委员会根据全国人民代表大会常务委员会的授权决定，制定浦东新区法规，在浦东新区实施。

海南省人民代表大会及其常务委员会根据法律规定，制定海南自由贸易港法规，在海南自由贸易港范围内实施。

第八十五条　民族自治地方的人民代表大会有权依照当地民族的政治、经济和文化的特点，制定自治条例和单行条例。自治区的自治条例和单行条例，报全国人民代表大会常务委员会批准后生效。自治州、自治县的自治条例和单行条例，报省、自治区、直辖市的人民代表大会常务委员会批准后生效。

自治条例和单行条例可以依照当地民族的特点，对法律和行政法规的规定作出变通规定，但不得违背法律或者行政法规的基本原则，不得对宪法和民族区域自治法的规定以及其他有关法律、行政法规专门就民族自治地方所作的规定作出变通规定。

第八十六条　规定本行政区域特别重大事项的地方性法

规，应当由人民代表大会通过。

第八十七条　地方性法规案、自治条例和单行条例案的提出、审议和表决程序，根据中华人民共和国地方各级人民代表大会和地方各级人民政府组织法，参照本法第二章第二节、第三节、第五节的规定，由本级人民代表大会规定。

地方性法规草案由负责统一审议的机构提出审议结果的报告和草案修改稿。

第八十八条　省、自治区、直辖市的人民代表大会制定的地方性法规由大会主席团发布公告予以公布。

省、自治区、直辖市的人民代表大会常务委员会制定的地方性法规由常务委员会发布公告予以公布。

设区的市、自治州的人民代表大会及其常务委员会制定的地方性法规报经批准后，由设区的市、自治州的人民代表大会常务委员会发布公告予以公布。

自治条例和单行条例报经批准后，分别由自治区、自治州、自治县的人民代表大会常务委员会发布公告予以公布。

第八十九条　地方性法规、自治条例和单行条例公布后，其文本以及草案的说明、审议结果报告等，应当及时在本级人民代表大会常务委员会公报和中国人大网、本地方人民代表大会网站以及在本行政区域范围内发行的报纸上刊载。

在常务委员会公报上刊登的地方性法规、自治条例和单行条例文本为标准文本。

第九十条　省、自治区、直辖市和设区的市、自治州的人民代表大会常务委员会根据实际需要设立基层立法联系点，深入听取基层群众和有关方面对地方性法规、自治条例和单行条例草案的意见。

第二节　规　章

第九十一条　国务院各部、委员会、中国人民银行、审计署和具有行政管理职能的直属机构以及法律规定的机构，可以根据法律和国务院的行政法规、决定、命令，在本部门的权限范围内，制定规章。

部门规章规定的事项应当属于执行法律或者国务院的行政法规、决定、命令的事项。没有法律或者国务院的行政法规、决定、命令的依据，部门规章不得设定减损公民、法人和其他组织权利或者增加其义务的规范，不得增加本部门的权力或者减少本部门的法定职责。

第九十二条　涉及两个以上国务院部门职权范围的事项，应当提请国务院制定行政法规或者由国务院有关部门联合制定规章。

第九十三条　省、自治区、直辖市和设区的市、自治州的人民政府，可以根据法律、行政法规和本省、自治区、直辖市的地方性法规，制定规章。

地方政府规章可以就下列事项作出规定：

（一）为执行法律、行政法规、地方性法规的规定需要制定规章的事项；

（二）属于本行政区域的具体行政管理事项。

设区的市、自治州的人民政府根据本条第一款、第二款制定地方政府规章，限于城乡建设与管理、生态文明建设、历史文化保护、基层治理等方面的事项。已经制定的地方政府规章，涉及上述事项范围以外的，继续有效。

除省、自治区的人民政府所在地的市，经济特区所在地的市和国务院已经批准的较大的市以外，其他设区的市、自治州的人民政府开始制定规章的时间，与本省、自治区人民代表大会常务委员会确定的本市、自治州开始制定地方性法规的时间同步。

应当制定地方性法规但条件尚不成熟的，因行政管理迫切需要，可以先制定地方政府规章。规章实施满两年需要继续实施规章所规定的行政措施的，应当提请本级人民代表大会或者其常务委员会制定地方性法规。

没有法律、行政法规、地方性法规的依据，地方政府规章不得设定减损公民、法人和其他组织权利或者增加其义务的规范。

第九十四条 国务院部门规章和地方政府规章的制定程序，参照本法第三章的规定，由国务院规定。

第九十五条 部门规章应当经部务会议或者委员会会议决定。

地方政府规章应当经政府常务会议或者全体会议决定。

第九十六条 部门规章由部门首长签署命令予以公布。

地方政府规章由省长、自治区主席、市长或者自治州州长签署命令予以公布。

第九十七条 部门规章签署公布后，及时在国务院公报或者部门公报和中国政府法制信息网以及在全国范围内发行的报纸上刊载。

地方政府规章签署公布后，及时在本级人民政府公报和中国政府法制信息网以及在本行政区域范围内发行的报纸上刊载。

在国务院公报或者部门公报和地方人民政府公报上刊登的规章文本为标准文本。

第五章　适用与备案审查

第九十八条 宪法具有最高的法律效力，一切法律、行政法规、地方性法规、自治条例和单行条例、规章都不得同宪法相抵触。

第九十九条　法律的效力高于行政法规、地方性法规、规章。

行政法规的效力高于地方性法规、规章。

第一百条　地方性法规的效力高于本级和下级地方政府规章。

省、自治区的人民政府制定的规章的效力高于本行政区域内的设区的市、自治州的人民政府制定的规章。

第一百零一条　自治条例和单行条例依法对法律、行政法规、地方性法规作变通规定的，在本自治地方适用自治条例和单行条例的规定。

经济特区法规根据授权对法律、行政法规、地方性法规作变通规定的，在本经济特区适用经济特区法规的规定。

第一百零二条　部门规章之间、部门规章与地方政府规章之间具有同等效力，在各自的权限范围内施行。

第一百零三条　同一机关制定的法律、行政法规、地方性法规、自治条例和单行条例、规章，特别规定与一般规定不一致的，适用特别规定；新的规定与旧的规定不一致的，适用新的规定。

第一百零四条　法律、行政法规、地方性法规、自治条例和单行条例、规章不溯及既往，但为了更好地保护公民、法人和其他组织的权利和利益而作的特别规定除外。

第一百零五条　法律之间对同一事项的新的一般规定与旧的特别规定不一致，不能确定如何适用时，由全国人民代表大会常务委员会裁决。

行政法规之间对同一事项的新的一般规定与旧的特别规定不一致，不能确定如何适用时，由国务院裁决。

第一百零六条　地方性法规、规章之间不一致时，由有关机关依照下列规定的权限作出裁决：

（一）同一机关制定的新的一般规定与旧的特别规定不一致时，由制定机关裁决；

（二）地方性法规与部门规章之间对同一事项的规定不一致，不能确定如何适用时，由国务院提出意见，国务院认为应当适用地方性法规的，应当决定在该地方适用地方性法规的规定；认为应当适用部门规章的，应当提请全国人民代表大会常务委员会裁决；

（三）部门规章之间、部门规章与地方政府规章之间对同一事项的规定不一致时，由国务院裁决。

根据授权制定的法规与法律规定不一致，不能确定如何适用时，由全国人民代表大会常务委员会裁决。

第一百零七条 法律、行政法规、地方性法规、自治条例和单行条例、规章有下列情形之一的，由有关机关依照本法第一百零八条规定的权限予以改变或者撤销：

（一）超越权限的；

（二）下位法违反上位法规定的；

（三）规章之间对同一事项的规定不一致，经裁决应当改变或者撤销一方的规定的；

（四）规章的规定被认为不适当，应当予以改变或者撤销的；

（五）违背法定程序的。

第一百零八条 改变或者撤销法律、行政法规、地方性法规、自治条例和单行条例、规章的权限是：

（一）全国人民代表大会有权改变或者撤销它的常务委员会制定的不适当的法律，有权撤销全国人民代表大会常务委员会批准的违背宪法和本法第八十五条第二款规定的自治条例和单行条例；

（二）全国人民代表大会常务委员会有权撤销同宪法和法律相抵触的行政法规，有权撤销同宪法、法律和行政法规相抵触的地方性法规，有权撤销省、自治区、直辖市的人民代表大会常务委员会批准的违背宪法和本法第八十五条第二款规定的自治条例和单行条例；

（三）国务院有权改变或者撤销不适当的部门规章和地方政府规章；

（四）省、自治区、直辖市的人民代表大会有权改变或者撤销它的常务委员会制定的和批准的不适当的地方性法规；

（五）地方人民代表大会常务委员会有权撤销本级人民政府制定的不适当的规章；

（六）省、自治区的人民政府有权改变或者撤销下一级人民政府制定的不适当的规章；

（七）授权机关有权撤销被授权机关制定的超越授权范围或者违背授权目的的法规，必要时可以撤销授权。

第一百零九条　行政法规、地方性法规、自治条例和单行条例、规章应当在公布后的三十日内依照下列规定报有关机关备案：

（一）行政法规报全国人民代表大会常务委员会备案；

（二）省、自治区、直辖市的人民代表大会及其常务委员会制定的地方性法规，报全国人民代表大会常务委员会和国务院备案；设区的市、自治州的人民代表大会及其常务委员会制定的地方性法规，由省、自治区的人民代表大会常务委员会报全国人民代表大会常务委员会和国务院备案；

（三）自治州、自治县的人民代表大会制定的自治条例和单行条例，由省、自治区、直辖市的人民代表大会常务委员会报全国人民代表大会常务委员会和国务院备案；自治条例、单行条例报送备案时，应当说明对法律、行政法规、地方性法规作出变通的情况；

（四）部门规章和地方政府规章报国务院备案；地方政府规章应当同时报本级人民代表大会常务委员会备案；设区的市、自治州的人民政府制定的规章应当同时报省、自治区的人民代表大会常务委员会和人民政府备案；

（五）根据授权制定的法规应当报授权决定规定的机关备案；经济特区法规、浦东新区法规、海南自由贸易港法规报送备案时，应当说明变通的情况。

第一百一十条 国务院、中央军事委员会、国家监察委员会、最高人民法院、最高人民检察院和各省、自治区、直辖市的人民代表大会常务委员会认为行政法规、地方性法规、自治条例和单行条例同宪法或者法律相抵触，或者存在合宪性、合法性问题的，可以向全国人民代表大会常务委员会书面提出进行审查的要求，由全国人民代表大会有关的专门委员会和常务委员会工作机构进行审查、提出意见。

前款规定以外的其他国家机关和社会团体、企业事业组织以及公民认为行政法规、地方性法规、自治条例和单行条例同宪法或者法律相抵触的，可以向全国人民代表大会常务委员会书面提出进行审查的建议，由常务委员会工作机构进行审查；必要时，送有关的专门委员会进行审查、提出意见。

第一百一十一条 全国人民代表大会专门委员会、常务委员会工作机构可以对报送备案的行政法规、地方性法规、自治条例和单行条例等进行主动审查，并可以根据需要进行专项审查。

国务院备案审查工作机构可以对报送备案的地方性法规、自治条例和单行条例，部门规章和省、自治区、直辖市的人民政府制定的规章进行主动审查，并可以根据需要进行专项审查。

第一百一十二条 全国人民代表大会专门委员会、常务委员会工作机构在审查中认为行政法规、地方性法规、自治条例和单行条例同宪法或者法律相抵触，或者存在合宪性、合法性问题的，可以向制定机关提出书面审查意见；也可以由宪法和法律委员会与有关的专门委员会、常务委员会工作机构召开联合审查会议，要求制定机关到会说明情况，再向制定机关提出书面审查意见。制定机关应当在两个月内研究提出是否修改或者废止的意见，并向全国人民代表大会宪法和法律委员会、有关的专门委员会或者常务委员会工作机构反馈。

全国人民代表大会宪法和法律委员会、有关的专门委员会、常务委员会工作机构根据前款规定，向制定机关提出审查意见，制定机关按照所提意见对行政法规、地方性法规、自治条例和单行条例进行修改或者废止的，审查终止。

全国人民代表大会宪法和法律委员会、有关的专门委员会、常务委员会工作机构经审查认为行政法规、地方性法规、自治条例和单行条例同宪法或者法律相抵触，或者存在合宪性、合法性问题需要修改或者废止，而制定机关不予修改或者废止的，应当向委员长会议提出予以撤销的议案、建议，由委员长会议决定提请常务委员会会议审议决定。

第一百一十三条　全国人民代表大会有关的专门委员会、常务委员会工作机构应当按照规定要求，将审查情况向提出审查建议的国家机关、社会团体、企业事业组织以及公民反馈，并可以向社会公开。

第一百一十四条　其他接受备案的机关对报送备案的地方性法规、自治条例和单行条例、规章的审查程序，按照维护法制统一的原则，由接受备案的机关规定。

第一百一十五条　备案审查机关应当建立健全备案审查衔接联动机制，对应当由其他机关处理的审查要求或者审查建议，及时移送有关机关处理。

第一百一十六条 对法律、行政法规、地方性法规、自治条例和单行条例、规章和其他规范性文件，制定机关根据维护法制统一的原则和改革发展的需要进行清理。

第六章　附　则

第一百一十七条 中央军事委员会根据宪法和法律，制定军事法规。

中国人民解放军各战区、军兵种和中国人民武装警察部队，可以根据法律和中央军事委员会的军事法规、决定、命令，在其权限范围内，制定军事规章。

军事法规、军事规章在武装力量内部实施。

军事法规、军事规章的制定、修改和废止办法，由中央军事委员会依照本法规定的原则规定。

第一百一十八条 国家监察委员会根据宪法和法律、全国人民代表大会常务委员会的有关决定，制定监察法规，报全国人民代表大会常务委员会备案。

第一百一十九条 最高人民法院、最高人民检察院作出的属于审判、检察工作中具体应用法律的解释，应当主要针对具体的法律条文，并符合立法的目的、原则和原意。遇有本法第四十八条第二款规定情况的，应当向全国人民代表大会常务委员会提出法律解释的要求或者提出制定、修改有关法律的议案。

最高人民法院、最高人民检察院作出的属于审判、检察工作中具体应用法律的解释，应当自公布之日起三十日内报全国人民代表大会常务委员会备案。

最高人民法院、最高人民检察院以外的审判机关和检察机关，不得作出具体应用法律的解释。

第一百二十条 本法自 2000 年 7 月 1 日起施行。

中华人民共和国各级人民代表大会常务委员会监督法

（节录）

第一章　总　则

第三条　各级人民代表大会常务委员会行使监督职权，应当围绕国家工作大局，以经济建设为中心，坚持中国共产党的领导，坚持马克思列宁主义、毛泽东思想、邓小平理论和"三个代表"重要思想，坚持人民民主专政，坚持社会主义道路，坚持改革开放。

第五条　各级人民代表大会常务委员会对本级人民政府、人民法院和人民检察院的工作实施监督，促进依法行政、公正司法。

第五章　规范性文件的备案审查

第二十八条　行政法规、地方性法规、自治条例和单行条例、规章的备案、审查和撤销，依照立法法的有关规定办理。

第二十九条　县级以上地方各级人民代表大会常务委员会审查、撤销下一级人民代表大会及其常务委员会作出的不适当的决议、决定和本级人民政府发布的不适当的决定、命令的程序，由省、自治区、直辖市的人民代表大会常务委员会参照立法法的有关规定，作出具体规定。

第三十条　县级以上地方各级人民代表大会常务委员会对下一级人民代表大会及其常务委员会作出的决议、决定和本级人民政府发布的决定、命令，经审查，认为有下列不适当的情形之一的，有权予以撤销：

（一）超越法定权限，限制或者剥夺公民、法人和其他组织的合法权利，或者增加公民、法人和其他组织的义务的；

（二）同法律、法规规定相抵触的；

（三）有其他不适当的情形，应当予以撤销的。

第三十一条　最高人民法院、最高人民检察院作出的属于审判、检察工作中具体应用法律的解释，应当自公布之日起三十日内报全国人民代表大会常务委员会备案。

第三十二条　国务院、中央军事委员会和省、自治区、直辖市的人民代表大会常务委员会认为最高人民法院、最高人民检察院作出的具体应用法律的解释同法律规定相抵触的，最高人民法院、最高人民检察院之间认为对方作出的具体应用法律的解释同法律规定相抵触的，可以向全国人民代表大会常务委员会书面提出进行审查的要求，由常务委员会工作机构送有关专门委员会进行审查、提出意见。

前款规定以外的其他国家机关和社会团体、企业事业组织以及公民认为最高人民法院、最高人民检察院作出的具体应用法律的解释同法律规定相抵触的，可以向全国人民代表大会常务委员会书面提出进行审查的建议，由常务委员会工作机构进行研究，必要时，送有关专门委员会进行审查、提出意见。

第三十三条　全国人民代表大会法律委员会和有关专门委员会经审查认为最高人民法院或者最高人民检察院作出的具体应用法律的解释同法律规定相抵触，而最高人民法院或者最高人民检

察院不予修改或者废止的，可以提出要求最高人民法院或者最高
人民检察院予以修改、废止的议案，或者提出由全国人民代表大
会常务委员会作出法律解释的议案，由委员长会议决定提请常务
委员会审议。

中华人民共和国监察法

（节录）

第一章　总　则

第一条　为了深化国家监察体制改革，加强对所有行使公权力的公职人员的监督，实现国家监察全面覆盖，深入开展反腐败工作，推进国家治理体系和治理能力现代化，根据宪法，制定本法。

第三条　各级监察委员会是行使国家监察职能的专责机关，依照本法对所有行使公权力的公职人员（以下称公职人员）进行监察，调查职务违法和职务犯罪，开展廉政建设和反腐败工作，维护宪法和法律的尊严。

第四条　监察委员会依照法律规定独立行使监察权，不受行政机关、社会团体和个人的干涉。

监察机关办理职务违法和职务犯罪案件，应当与审判机关、检察机关、执法部门互相配合，互相制约。

监察机关在工作中需要协助的，有关机关和单位应当根据监察机关的要求依法予以协助。

第五条　国家监察工作严格遵照宪法和法律，以事实为根据，以法律为准绳；在适用法律上一律平等，保障当事人的合法权益；权责对等，严格监督；惩戒与教育相结合，宽严相济。

第二章　监察机关及其职责

第八条　国家监察委员会由全国人民代表大会产生，负责全国监察工作。

国家监察委员会由主任、副主任若干人、委员若干人组成，主任由全国人民代表大会选举，副主任、委员由国家监察委员会主任提请全国人民代表大会常务委员会任免。

国家监察委员会主任每届任期同全国人民代表大会每届任期相同，连续任职不得超过两届。

国家监察委员会对全国人民代表大会及其常务委员会负责，并接受其监督。

第九条　地方各级监察委员会由本级人民代表大会产生，负责本行政区域内的监察工作。

地方各级监察委员会由主任、副主任若干人、委员若干人组成，主任由本级人民代表大会选举，副主任、委员由监察委员会主任提请本级人民代表大会常务委员会任免。

地方各级监察委员会主任每届任期同本级人民代表大会每届任期相同。

地方各级监察委员会对本级人民代表大会及其常务委员会和上一级监察委员会负责，并接受其监督。

第十条　国家监察委员会领导地方各级监察委员会的工作，上级监察委员会领导下级监察委员会的工作。

第七章　对监察机关和监察人员的监督

第五十三条　各级监察委员会应当接受本级人民代表大会及其常务委员会的监督。

各级人民代表大会常务委员会听取和审议本级监察委员会的专项工作报告，组织执法检查。

县级以上各级人民代表大会及其常务委员会举行会议时，人民代表大会代表或者常务委员会组成人员可以依照法律规定的程序，就监察工作中的有关问题提出询问或者质询。

二、人大发布的授权决定及文件

法规、司法解释备案审查工作办法

第一章　总　则

第一条　为了规范备案审查工作，加强备案审查制度和能力建设，履行宪法、法律赋予全国人民代表大会及其常务委员会的监督职责，根据宪法和立法法、监督法等有关法律的规定，制定本办法。

第二条　对行政法规、监察法规、地方性法规、自治州和自治县的自治条例和单行条例、经济特区法规（以下统称法规）以及最高人民法院、最高人民检察院作出的属于审判、检察工作中具体应用法律的解释（以下统称司法解释）的备案审查，适用本办法。

第三条　全国人大常委会依照宪法、法律开展备案审查工作，保证党中央令行禁止，保障宪法法律实施，保护公民合法权益，维护国家法制统一，促进制定机关提高法规、司法解释制定水平。

第四条　开展备案审查工作应当依照法定权限和程序，坚持有件必备、有备必审、有错必纠的原则。

第五条　常委会办公厅负责报送备案的法规、司法解释的接收、登记、分送、存档等工作，专门委员会、常委会法制工作委员会负责对报送备案的法规、司法解释的审查研究工作。

第六条　加强备案审查信息化建设，建立健全覆盖全国、互联互通、功能完备、操作便捷的备案审查信息平台，提高备案审查工作信息化水平。

第七条 常委会工作机构通过备案审查衔接联动机制，加强与中央办公厅、司法部、中央军委办公厅等有关方面的联系和协作。

第八条 常委会工作机构应当密切与地方人大常委会的工作联系，根据需要对地方人大常委会备案审查工作进行业务指导。

第二章 备 案

第九条 法规、司法解释应当自公布之日起三十日内报送全国人大常委会备案。

报送备案时，应当一并报送备案文件的纸质文本和电子文本。

第十条 法规、司法解释的纸质文本由下列机关负责报送备案：

（一）行政法规由国务院办公厅报送；

（二）监察法规由国家监察委员会办公厅报送；

（三）地方性法规、自治州和自治县制定的自治条例和单行条例由各省、自治区、直辖市人大常委会办公厅报送；

（四）经济特区法规由制定法规的省、市人大常委会办公厅（室）报送；

（五）司法解释分别由最高人民法院办公厅、最高人民检察院办公厅报送；最高人民法院、最高人民检察院共同制定的司法解释，由主要起草单位办公厅报送。

第十一条 报送备案时，报送机关应当将备案报告、国务院令或者公告、有关修改废止或者批准的决定、法规或者司法解释文本、说明、修改情况汇报及审议结果报告等有关文件（以下统称备案文件）的纸质文本装订成册，一式五份，一并报送常委会办公厅。

自治条例、单行条例、经济特区法规对上位法作出变通规定的，报送备案时应当说明对法律、行政法规、地方性法规作出变通的情况，包括内容、依据、理由等。

第十二条 法规、司法解释的电子文本由制定机关指定的电子报备专责机构负责报送。

报送机关应当通过全国人大常委会备案审查信息平台报送全部备案文件的电子文本，报送的电子文本应当符合全国人大常委会工作机构印发的格式标准和要求。

第十三条 常委会办公厅应当自收到备案文件之日起十五日内进行形式审查，对符合法定范围和程序、备案文件齐全、符合格式标准和要求的，予以接收并通过全国人大常委会备案审查信息平台发送电子回执；对不符合法定范围和程序、备案文件不齐全或者不符合格式标准和要求的，以电子指令形式予以退回并说明理由。

因备案文件不齐全或者不符合格式标准和要求被退回的，报送机关应当自收到电子指令之日起十日内按照要求重新报送备案。

第十四条 常委会办公厅对接收备案的法规、司法解释进行登记、存档，并根据职责分工，分送有关专门委员会和法制工作委员会进行审查研究。

第十五条 常委会办公厅对报送机关的报送工作进行督促检查，并适时将迟报、漏报等情况予以通报。

第十六条 每年一月底前，各报送机关应当将上一年度制定、修改、废止和批准的法规、司法解释目录汇总报送全国人大常委会办公厅。

常委会办公厅通过全国人大常委会公报和中国人大网向社会公布上一年度备案的法规、司法解释目录。

第十七条　专门委员会、常委会工作机构根据审查工作需要，可以要求有关方面提供本办法第五十四条规定的规范性文件。

第三章　审　查

第一节　审查职责

第十八条　对法规、司法解释可以采取依职权审查、依申请审查、移送审查、专项审查等方式进行审查。

第十九条　专门委员会、法制工作委员会对法规、司法解释依职权主动进行审查。

第二十条　对法规、司法解释及其他有关规范性文件中涉及宪法的问题，宪法和法律委员会、法制工作委员会应当主动进行合宪性审查研究，提出书面审查研究意见，并及时反馈制定机关。

第二十一条　国家机关依照法律规定向全国人大常委会书面提出的对法规、司法解释的审查要求，由常委会办公厅接收、登记，报秘书长批转有关专门委员会会同法制工作委员会进行审查。

第二十二条　国家机关、社会团体、企业事业组织以及公民依照法律规定向全国人大常委会书面提出的对法规、司法解释的审查建议，由法制工作委员会接收、登记。

法制工作委员会对依照前款规定接收的审查建议，依法进行审查研究。必要时，送有关专门委员会进行审查、提出意见。

第二十三条　经初步研究，审查建议有下列情形之一的，可以不启动审查程序：

（一）建议审查的法规或者司法解释的相关规定已经修改或者废止的；

（二）此前已就建议审查的法规或者司法解释与制定机关作过沟通，制定机关明确表示同意修改或者废止的；

（三）此前对建议审查的法规或者司法解释的同一规定进行过审查，已有审查结论的；

（四）建议审查的理由不明确或者明显不成立的；

（五）其他不宜启动审查程序的情形。

第二十四条 法制工作委员会对有关机关通过备案审查衔接联动机制移送过来的法规、司法解释进行审查。

第二十五条 法制工作委员会结合贯彻党中央决策部署和落实常委会工作重点，对事关重大改革和政策调整、涉及法律重要修改、关系公众切身利益、引发社会广泛关注等方面的法规、司法解释进行专项审查。

在开展依职权审查、依申请审查、移送审查过程中，发现可能存在共性问题的，可以一并对相关法规、司法解释进行专项审查。

第二十六条 对不属于全国人大常委会备案审查范围的规范性文件提出的审查建议，法制工作委员会可以按照下列情况移送其他有关机关处理：

（一）对党的组织制定的党内法规和规范性文件提出的审查建议，移送中央办公厅法规局；

（二）对国务院各部门制定的规章和其他规范性文件提出的审查建议，移送司法部；对地方政府制定的规章和其他规范性文件提出的审查建议，移送制定机关所在地的省级人大常委会，并可同时移送司法部；

（三）对军事规章和军事规范性文件提出的审查建议，移送中央军委办公厅法制局；

（四）对地方监察委员会制定的规范性文件提出的审查建议，移送制定机关所在地的省级人大常委会，并可同时移送国家监察委员会；

（五）对地方人民法院、人民检察院制定的属于审判、检察工作范围的规范性文件提出的审查建议，移送制定机关所在地的省级人大常委会，并可同时移送最高人民法院、最高人民检察院。

法制工作委员会在移送上述审查建议时，可以向有关机关提出研究处理的意见建议。

第二节　审查程序

第二十七条　根据审查要求、审查建议进行审查研究，发现法规、司法解释的规定可能存在本办法第三章第三节规定情形的，应当函告制定机关，要求制定机关在一个月内作出说明并反馈意见。

对法规、司法解释开展依职权审查、移送审查、专项审查，发现法规、司法解释的规定可能存在本办法第三章第三节规定情形的，可以函告制定机关在一个月内作出说明并反馈意见。

依照本条前两款函告需经批准的法规的制定机关的，同时抄送批准机关。

第二十八条　对法规、司法解释进行审查研究，对涉及国务院职权范围内的事项，可以征求国务院有关方面的意见。

第二十九条　对法规、司法解释进行审查研究，可以根据情况征求有关专门委员会、常委会工作机构的意见。

第三十条　对法规、司法解释进行审查研究，可以通过座谈会、听证会、论证会、委托第三方研究等方式，听取国家机关、社会团体、企业事业组织、人大代表、专家学者以及利益相关方的意见。

第三十一条　根据审查建议对法规、司法解释进行审查研究，可以向审查建议人询问有关情况，要求审查建议人补充有关材料。

第三十二条　对法规、司法解释进行审查研究，根据需要可以进行实地调研，深入了解实际情况。

第三十三条　专门委员会、法制工作委员会在审查研究中认为有必要进行共同审查的，可以召开联合审查会议。

有关专门委员会、法制工作委员会在审查研究中有较大意见分歧的，经报秘书长同意，向委员长会议报告。

第三十四条　专门委员会、法制工作委员会一般应当在审查程序启动后三个月内完成审查研究工作，提出书面审查研究报告。

第三十五条　法制工作委员会加强与专门委员会在备案审查工作中的沟通协调，适时向专门委员会了解开展备案审查工作的情况。

第三节　审查标准

第三十六条　对法规、司法解释进行审查研究，发现法规、司法解释存在违背宪法规定、宪法原则或宪法精神问题的，应当提出意见。

第三十七条　对法规、司法解释进行审查研究，发现法规、司法解释存在与党中央的重大决策部署不相符或者与国家的重大改革方向不一致问题的，应当提出意见。

第三十八条　对法规、司法解释进行审查研究，发现法规、司法解释违背法律规定，有下列情形之一的，应当提出意见：

（一）违反立法法第八条，对只能制定法律的事项作出规定；

（二）超越权限，违法设定公民、法人和其他组织的权利与义务，或者违法设定国家机关的权力与责任；

（三）违法设定行政许可、行政处罚、行政强制，或者对法律设定的行政许可、行政处罚、行政强制违法作出调整和改变；

（四）与法律规定明显不一致，或者与法律的立法目的、原则明显相违背，旨在抵消、改变或者规避法律规定；

（五）违反授权决定，超出授权范围；

（六）对依法不能变通的事项作出变通，或者变通规定违背法律的基本原则；

（七）违背法定程序；

（八）其他违背法律规定的情形。

第三十九条　对法规、司法解释进行审查研究，发现法规、司法解释存在明显不适当问题，有下列情形之一的，应当提出意见：

（一）明显违背社会主义核心价值观和公序良俗；

（二）对公民、法人或者其他组织的权利和义务的规定明显不合理，或者为实现立法目的所规定的手段与立法目的明显不匹配；

（三）因现实情况发生重大变化而不宜继续施行；

（四）变通明显无必要或者不可行，或者不适当地行使制定经济特区法规、自治条例、单行条例的权力；

（五）其他明显不适当的情形。

第四章　处　理

第四十条　专门委员会、法制工作委员会在审查研究中发现法规、司法解释可能存在本办法第三章第三节规定情形的，可以与制定机关沟通，或者采取书面形式对制定机关进行询问。

第四十一条　经审查研究，认为法规、司法解释存在本办法第三章第三节规定情形，需要予以纠正的，在提出书面审查研究意见前，可以与制定机关沟通，要求制定机关及时修改或者废止。

经沟通，制定机关同意对法规、司法解释予以修改或者废止，并书面提出明确处理计划和时限的，可以不再向其提出书面审查研究意见，审查中止。

经沟通没有结果的，应当依照立法法第一百条规定，向制定机关提出书面审查研究意见，要求制定机关在两个月内提出书面处理意见。

对经省、自治区、直辖市人大常委会批准的法规提出的书面审查研究意见，同时抄送批准机关。

第四十二条　制定机关收到审查研究意见后逾期未报送书面处理意见的，专门委员会、法制工作委员会可以向制定机关发函督促或者约谈制定机关有关负责人，要求制定机关限期报送处理意见。

第四十三条　制定机关按照书面审查研究意见对法规、司法解释进行修改、废止的，审查终止。

第四十四条　制定机关未按照书面审查研究意见对法规及时予以修改、废止的，专门委员会、法制工作委员会可以依法向委员长会议提出予以撤销的议案、建议，由委员长会议决定提请常委会会议审议。

制定机关未按照书面审查研究意见对司法解释及时予以修改、废止的，专门委员会、法制工作委员会可以依法提出要求最高人民法院或者最高人民检察院予以修改、废止的议案、建议，或者提出由全国人大常委会作出法律解释的议案、建议，由委员长会议决定提请常委会会议审议。

第四十五条　经审查研究，认为法规、司法解释不存在本办法第三章第三节规定问题，但存在其他倾向性问题或者可能造成理解歧义、执行不当等问题的，可以函告制定机关予以提醒，或者提出有关意见建议。

第四十六条　专门委员会、法制工作委员会应当及时向制定机关了解有关法规、司法解释修改、废止或者停止施行的情况。

第四十七条　法规、司法解释审查研究工作结束后，有关审查研究资料应当及时归档保存。

第五章　反馈与公开

第四十八条　国家机关对法规、司法解释提出审查要求的，在审查工作结束后，由常委会办公厅向提出审查要求的机关进行反馈。

国家机关、社会团体、企业事业组织以及公民对法规、司法解释提出审查建议的，在审查工作结束后，由法制工作委员会向提出审查建议的公民、组织进行反馈。

第四十九条　反馈采取书面形式，必要时也可以采取口头形式。对通过备案审查信息平台提出的审查建议，可以通过备案审查信息平台进行反馈。

第五十条　对不属于全国人大常委会备案审查范围的规范性文件提出的审查建议，法制工作委员会依照本办法规定移送有关机关研究处理的，可以在移送后向提出审查建议的公民、组织告知移送情况；不予移送的，可以告知提出审查建议的公民、组织直接向有权审查的机关提出审查建议。

第五十一条　专门委员会、常委会工作机构应当将开展备案审查工作的情况以适当方式向社会公开。

第六章　报告工作

第五十二条　法制工作委员会应当每年向全国人大常委会专项报告开展备案审查工作的情况，由常委会会议审议。

备案审查工作情况报告根据常委会组成人员的审议意见修改后，在全国人大常委会公报和中国人大网刊载。

第五十三条　专门委员会、常委会办公厅向法制工作委员会提供备案审查工作有关情况和材料，由法制工作委员会汇总草拟工作报告，经征询专门委员会、常委会办公厅意见后按规定上报。

备案审查工作情况报告的内容一般包括：接收备案的情况，开展依职权审查、依申请审查和专项审查的情况，对法规、司法解释纠正处理的情况，开展备案审查制度和能力建设的情况，根据备案审查衔接联动机制开展工作的情况，对地方人大常委会备案审查工作进行业务指导的情况，下一步工作建议、考虑和安排等。

第七章　附　则

第五十四条　对国务院的决定、命令和省、自治区、直辖市人大及其常委会的决议、决定以及最高人民法院、最高人民检察院的司法解释以外的其他规范性文件进行的审查，参照适用本办法有关规定。

第五十五条　地方各级人大常委会参照本办法对依法接受本级人大常委会监督的地方政府、监察委员会、人民法院、人民检察院等国家机关制定的有关规范性文件进行备案审查。

第五十六条　对香港特别行政区、澳门特别行政区依法报全国人大常委会备案的法律的备案审查，参照适用本办法。

第五十七条　本办法自通过之日起施行。2005 年 12 月 16 日十届全国人大常委会第四十次委员长会议修订、通过的《行政法规、地方性法规、自治条例和单行条例、经济特区法规备案审查工作程序》和《司法解释备案审查工作程序》同时废止。

三、党内法规

中国共产党党内法规和规范性文件
备案审查规定

第一章 总 则

第一条 为了规范党内法规和规范性文件备案审查工作，维护党内法规和党的政策的统一性、权威性，根据《中国共产党党内法规制定条例》，制定本规定。

第二条 本规定适用于党组织制定的党内法规和规范性文件的备案审查工作。

本规定所称规范性文件，指党组织在履行职责过程中形成的具有普遍约束力、在一定时期内可以反复适用的文件。

下列文件不列入备案审查范围：

（一）印发领导讲话、年度工作要点、工作总结等内容的文件；

（二）关于人事调整、表彰奖励、处分处理以及机关内部日常管理等事项的文件；

（三）请示、报告、会议活动通知、会议纪要、情况通报等文件；

（四）其他按照规定不需要备案审查的文件。

第三条 备案审查工作应当遵循下列原则：

（一）有件必备，凡属备案审查范围的都应当及时报备，不得瞒报、漏报、迟报；

（二）有备必审，对报备的党内法规和规范性文件应当及时、严格审查，不得备而不审；

（三）有错必纠，对审查中发现的问题应当按照规定作出处理，不得打折扣、搞变通。

第四条　各级党委，党的纪律检查委员会、党委（决策）议事协调机构以及党的工作机关、党委直属事业单位，党组（党委）承担备案审查工作主体责任。

各级党委办公厅（室）负责牵头办理本级党委备案审查工作，统筹协调、督促指导本地区备案审查工作。有关部门和单位应当在职责范围内积极协助开展备案审查工作，共同发挥审查把关作用。

各级党委应当与同级人大常委会、政府等有关方面建立健全备案审查衔接联动机制。

第二章　主　体

第五条　党组织制定的党内法规和规范性文件应当向上级党组织报备。

多个党组织联合制定的党内法规和规范性文件，由牵头党组织向共同的上级党组织报备。

党组织对下级党组织报备的党内法规和规范性文件进行审查，具体工作由其所属法规工作机构或者承担相关职能的工作机构办理。

第六条　中央纪律检查委员会、党中央（决策）议事协调机构以及党中央工作机关、党中央直属事业单位，党中央批准设立的党组（党委），各省、自治区、直辖市党委应当向党中央报备党内法规和规范性文件。

向地方党委报备规范性文件的党组织范围，参照前款规定。

第七条 中央纪律检查委员会以及党中央工作机关、有关中央国家机关部门党组（党委）可以根据工作需要，依照本规定精神建立系统内备案制度。

党中央明确规定党组织将其制定的党内法规和规范性文件报送特定主体备查、审核的，从其规定，同时有关党组织还应当按照本规定要求进行报备。

逐步实行党的基层组织向批准其设立的党组织报备规范性文件。

第三章　报　备

第八条 应当报备的党内法规和规范性文件，自发布之日起30日内由制定机关报备。

未按照规定时限报备的，审查机关应当责令其限期补报，必要时可以通报。

第九条 报备党内法规和规范性文件，应当提交1份备案报告、正式文本和备案说明，装订成册，并报送电子文本。

备案说明应当写明制定背景、政策创新及其依据、重要数据指标来源、征求意见、审议签批等情况。

第十条 报备机关应当在每年2月1日前，将上一年度文件目录报送审查机关备查。

第四章　审　查

第十一条 审查机关对符合审查要求的报备党内法规和规范性文件，应当予以登记，从下列方面进行审查：

（一）政治性审查。包括是否认真贯彻落实习近平新时代中国特色社会主义思想，是否同党的基本理论、基本路线、基本方略相一致，是否与党中央重大决策部署相符合，是否严守党的政治纪律和政治规矩等。

（二）合法合规性审查。包括是否同宪法和法律相一致，是否同党章、上位党内法规和规范性文件相抵触，是否与同位党内法规和规范性文件对同一事项的规定相冲突，是否符合制定权限和程序，是否落实精简文件、改进文风要求等。

（三）合理性审查。包括是否适应形势发展需要，是否可能在社会上造成重大负面影响，是否违反公平公正原则等。

（四）规范性审查。包括名称使用是否适当，体例格式是否正确，表述是否规范等。

审查机关在审查中，应当注重保护有关地区和部门结合实际改革创新的积极性。

第十二条　对内容复杂敏感、专业性强、涉及面广的党内法规和规范性文件，审查机关可以征求有关方面意见建议或者进行会商调研。

人大常委会、政府、军队备案审查工作机构发现党内法规和规范性文件可能存在违法违规问题的，可以向同级党委备案审查工作机构提出审查建议。同级党委备案审查工作机构应当研究处理，并以适当方式反馈结果。

第十三条　针对审查中发现的问题或者有关方面的意见建议，审查机关可以要求报备机关作出说明。

报备机关应当在规定时限内就有关事项说明理由和依据，同时可以提出处理措施。

第五章　处　理

第十四条　审查机关应当根据不同情形，对报备的党内法规和规范性文件作出相应处理决定，并督促报备机关及时办理。报备机关应当认真落实审查机关的处理决定。

第十五条　对审查中没有发现问题的党内法规和规范性文件，审查机关应当直接予以备案通过，并及时反馈报备机关。

审查机关发现已经备案通过的党内法规和规范性文件存在问题的，可以重新启动审查程序。

第十六条　党内法规和规范性文件没有原则性问题，但存在下列情形之一，审查机关可以予以备案通过，并向报备机关提出建议：

（一）有关规定基本合法合规，但需要在执行中把握好尺度的；

（二）有关规定实施后上级精神发生变化或者新的改革措施即将出台，需要报备机关了解掌握的；

（三）有关方面提出的意见建议具有较高参考价值的；

（四）其他需要提出建议的情形。

第十七条　党内法规和规范性文件没有原则性问题，但存在名称使用、体例格式、文字表述等不规范情形的，审查机关可以予以备案通过，并将相关情况告知报备机关。

报备机关多次出现不规范情形的，审查机关可以视情予以通报。

第十八条　党内法规和规范性文件没有原则性问题，但存在下列情形之一，审查机关可以予以备案通过，并对报备机关进行书面提醒：

（一）有关政治表述不够规范的；

（二）有关规定在执行中可能产生偏差或者引起误解的；

（三）有关规定不够合理的；

（四）制定程序不规范的；

（五）不符合精简文件、改进文风要求的；

（六）其他需要提醒的情形。

报备机关在收到书面提醒后应当主动整改，并将相关情况及时通知有关方面，防范有关问题产生不利影响。审查机关要求报告处理情况的，报备机关应当在收到书面提醒后 30 日内报告。

第十九条　党内法规和规范性文件存在下列情形之一，审查机关应当不予备案通过，并要求报备机关进行纠正：

（一）违背党章、党的理论和路线方针政策的；

（二）违反宪法和法律的；

（三）同上位党内法规和规范性文件相抵触的；

（四）明显不合理的；

（五）不符合制定权限的；

（六）其他需要纠正的情形。

对审查发现的问题，审查机关可以发函要求报备机关纠正，也可以由报备机关主动纠正。纠正可以采用修改原文件、印发补充文件等方式。

报备机关应当在收到纠正要求后 30 日内报告相关处理情况，对复杂敏感、容易产生不利影响的事项，应当及时会同有关方面采取有效措施妥善处理。

纠正后的党内法规和规范性文件符合要求的，审查机关按程序予以备案通过。报备机关未在规定时限内纠正问题或者报告有关纠正措施，且无正当理由的，审查机关可以作出撤销相关党内法规和规范性文件的决定。

第二十条　审查机关对报备的党内法规和规范性文件作出审查处理决定，应当按照规定权限和程序审批。

第二十一条　对未发现问题的党内法规和规范性文件，审查机关一般在 30 日内完成审查处理工作。发现可能存在问题的，可以适当延长审查处理时间，但一般不超过 3 个月。

备案审查工作有关资料应当及时存档备查。

第二十二条 审查机关应当及时梳理总结审查中发现的问题，加强综合分析利用，推动完善制度、改进工作。

第六章 保障与监督

第二十三条 加强备案审查工作信息化建设，建立健全覆盖全面、互联互通、功能完备、操作便捷的备案专网，提高备案审查工作信息化水平。

第二十四条 党组织应当加强对备案审查工作情况的监督检查、考核评价、表彰奖励，相关结果在一定范围内通报。

第二十五条 实行党内法规和规范性文件备案审查责任追究制度。有下列情形之一，应当依规依纪追究有关党组织、党员领导干部以及工作人员的责任：

（一）履行政治责任不到位，对备案审查工作不重视不部署，组织领导不力，造成严重后果的；

（二）违反报备工作程序和时限要求，报备不规范、不及时甚至不报备，或者对审查机关指出的问题拒不整改或者整改不及时、不到位，造成严重后果的；

（三）违反审查工作程序和时限要求，审查不规范、不及时或者出现明显错误，造成严重后果的；

（四）其他应当追究责任的情形。

第七章 附 则

第二十六条 中央军事委员会可以根据本规定，制定军队党内法规和规范性文件备案审查办法。

第二十七条 本规定由中央办公厅负责解释。

第二十八条 本规定自 2012 年 7 月 1 日起施行。

四、地方性法规

安徽省各级人民代表大会常务委员会实行规范性文件备案审查的规定

第一章　总　　则

第一条　为了保障本省各级人民代表大会常务委员会（以下简称人大常委会）依法行使监督职权，规范和加强规范性文件备案审查工作，维护国家法制统一，根据《中华人民共和国立法法》《中华人民共和国各级人民代表大会常务委员会监督法》等有关法律、行政法规的规定，结合本省实际，制定本规定。

第二条　本省各级人大常委会对规范性文件的备案审查，适用本规定。

本规定所称规范性文件，是指在本行政区域内由有关国家机关依照法定权限和程序制定并公开发布的，涉及公民、法人和其他组织的权利与义务，具有普遍约束力，在一定期限内反复适用的文件。

第三条　各级人大常委会按照有件必备、有备必审、有错必纠的原则，依照法定权限和程序开展规范性文件备案审查工作，保证党中央令行禁止，保障宪法法律法规实施，保护公民、法人和其他组织合法权益，促进制定机关提高规范性文件制定水平。

第四条　各级人大常委会应当加强备案审查制度和能力建设，建立备案审查工作统筹协调机制，促进备案审查工作科学化、民主化、规范化、信息化。

第五条 各级人民代表大会专门委员会（以下简称专门委员会）和常委会工作机构按照职责分工，承担相关规范性文件的审查工作。

各级人大常委会法制工作机构或者承担备案审查工作的机构（以下简称备案审查工作机构），负责报送备案的规范性文件接收、登记、分送、存档和审查等具体工作。

第六条 备案审查工作机构应当加强与同级党委、人民政府、监察委员会、人民法院、人民检察院有关备案审查工作部门、机构的联系，落实规范性文件备案审查衔接联动机制，加强工作协作和信息交流。

第七条 上级人大常委会备案审查工作机构应当加强与下级人大常委会备案审查工作机构的联系，提供业务指导。

第八条 省人大常委会应当加强备案审查信息化建设，建立全省统一的规范性文件备案审查信息平台；设区的市、县（市、区）人大常委会和制定机关应当按照省人大常委会有关规定使用备案审查信息平台，提高备案审查工作信息化水平。

第二章 备 案

第九条 下列规范性文件，应当报送本级人大常委会备案：

（一）省人民政府、设区的市人民政府制定的规章；

（二）省人民政府、设区的市人民政府及其所属部门对本级人大常委会制定的地方性法规具体应用问题的解释；

（三）县级以上人民政府发布的决定、命令以及其他规范性文件；

（四）监察委员会制定的规范性文件；

（五）人民法院、人民检察院制定的属于审判、检察工作范围的规范性文件；

（六）地方性法规授权制定的配套性规范性文件；

（七）依法应当报送备案的其他规范性文件。

设区的市人民政府制定的规章在报送本级人大常委会备案的同时，还应当报送省人大常委会备案。

第十条　下列规范性文件，应当报送上一级人大常委会备案：

（一）县级以上人大及其常委会作出的决议、决定等规范性文件；

（二）乡（镇）人民代表大会通过和发布的决议、决定等规范性文件；

（三）依法应当报送备案的其他规范性文件。

第十一条　规范性文件应当自公布之日起三十日内报送备案。

规范性文件报送备案，应当报送备案报告、政府令或者公告、规范性文件文本、说明和制定依据（以下统称备案文件），制定依据主要包括参考资料、立法依据表等内容。

规范性文件报送备案，应当一并报送备案文件的纸质文本和电子文本。纸质文本和电子文本应当符合格式标准和要求。

规范性文件制定机关应当确定具体工作机构和人员，负责规范性文件的报送备案工作。

第十二条　备案审查工作机构应当自收到备案文件之日起十五日内进行形式审查，对符合法定范围和程序、备案文件齐全、符合格式标准和要求的，予以接收并通过备案审查信息平台发送电子回执；对不符合法定范围和程序、备案文件不齐全或者不符合格式标准和要求的，以电子指令形式退回并说明理由。

因备案文件不齐全或者不符合格式标准和要求被退回的，报送机关应当自收到电子指令之日起十日内按照要求重新报送备案。

第十三条 备案审查工作机构对登记备案的规范性文件提出办理建议，按照有关程序和职责分工及时分送有关专门委员会或者常委会工作机构进行审查研究。

规范性文件的内容涉及两个以上专门委员会或者常委会工作机构职责范围的，应当同时分送有关专门委员会、常委会工作机构进行审查研究。

第十四条 备案审查工作机构应当对规范性文件报送备案工作进行督促检查，对迟报、漏报、报送不规范等情况予以通报。

第十五条 报送机关应当在每年一月底前将上一年度制定、修改、废止的规范性文件目录报送备案审查工作机构。

备案审查工作机构通过官方网站向社会公布上一年度备案的规范性文件目录。

第三章 审查要求、建议的提出

第十六条 县级以上人民政府、监察委员会、人民法院、人民检察院认为本级人大常委会接受备案的规范性文件存在本规定第二十三条、第二十四条、第二十五条所列情形的，可以向本级人大常委会书面提出审查要求；下级人大和常委会认为上一级人大常委会接受备案的规范性文件存在本规定第二十三条、第二十四条、第二十五条所列情形的，可以向上一级人大常委会书面提出审查要求。

前款以外的国家机关、社会团体、企业事业组织以及公民认为规范性文件存在本规定第二十三条、第二十四条、第二十五条所列情形的，可以向有权审查的人大常委会书面提出审查建议。

第十七条 国家机关、社会团体、企业事业组织以及公民书面提出审查要求或者审查建议，应当写明要求或者建议审查的文件名称、审查的事项和理由。

审查要求和审查建议不符合规范要求的，备案审查工作机构应当自收到之日起十日内告知提出人予以补正或者重新提出。

第十八条　对属于本级人大常委会审查范围的审查要求，备案审查工作机构应当及时接收、登记，分送有关专门委员会或者常委会工作机构审查研究、提出意见。

对属于本级人大常委会审查范围的审查建议，备案审查工作机构应当及时接收、登记、进行审查研究。必要时，送有关专门委员会或者常委会工作机构审查研究、提出意见。

对不属于本级人大常委会审查范围的审查要求和审查建议，备案审查工作机构应当告知提出人向有权审查的机关提出，或者根据情况移送有权审查的机关处理。

第十九条　经备案审查工作机构研究，审查建议有下列情形之一的，可以不启动审查程序：

（一）建议审查的规范性文件的相关规定已经修改、废止或者失效的；

（二）此前已就建议审查的规范性文件与制定机关作过沟通，制定机关明确表示同意修改或者废止的；

（三）此前对建议审查的规范性文件的同一规定进行过审查，已有审查结论的；

（四）建议审查的理由不明确或者明显不成立的；

（五）其他不宜启动审查程序的情形。

第四章　审　查

第二十条　专门委员会、常委会工作机构对报送备案的规范性文件依职权进行审查，对要求或者建议审查的规范性文件依申请进行审查，根据需要组织开展专项审查。

　　第二十一条　专门委员会、常委会工作机构对涉及重大改革决策部署和政策调整、关系公众切身利益、社会普遍关注等方面的规范性文件，可以组织开展专项审查。

　　专门委员会、常委会工作机构在规范性文件审查中发现可能存在普遍性问题的，可以一并对相关规范性文件进行专项审查。

　　第二十二条　对规范性文件审查研究，发现规范性文件存在违背宪法规定、宪法原则、宪法精神问题的，按照国家有关规定处理。

　　第二十三条　对规范性文件审查研究，发现规范性文件存在与党中央重大决策部署不相符或者与国家重大改革方向不一致问题的，应当提出意见。

　　第二十四条　对规范性文件审查研究，发现规范性文件违反法律、法规规定，有下列情形之一的，应当提出意见：

　　（一）违反《中华人民共和国立法法》有关立法权限的规定；

　　（二）超越权限，违法设定公民、法人或者其他组织的权利与义务，或者违法设定国家机关的权力与责任；

　　（三）违法设定行政许可、行政处罚、行政强制，或者对法律、法规设定的行政许可、行政处罚、行政强制违法作出调整和改变；

　　（四）与法律、法规规定明显不一致，或者与法律、法规的立法目的、原则明显相违背，旨在抵消、改变或者规避法律、法规规定；

　　（五）同上级或者本级人大常委会的决议、决定相抵触；

　　（六）违反授权规定；

　　（七）违反法定程序；

（八）其他违反法律、法规规定的情形。

第二十五条　对规范性文件审查研究，发现规范性文件存在明显不适当问题，有下列情形之一的，应当提出意见：

（一）明显违背社会主义核心价值观和公序良俗；

（二）对公民、法人或者其他组织权利与义务的规定明显不合理，或者所规定的措施与制定目的明显不匹配；

（三）因现实情况发生重大变化不宜继续施行；

（四）其他明显不适当的情形。

第二十六条　备案审查工作机构将规范性文件分送专门委员会和常委会工作机构，专门委员会、常委会工作机构应当在三十日内完成初步审查研究工作，并将初步审查研究意见书面反馈备案审查工作机构。

备案审查工作机构应当对规范性文件同步进行审查。

第二十七条　经初步审查研究，发现规范性文件可能存在本规定第二十三条、第二十四条、第二十五条规定情形的，由备案审查工作机构会同相关专门委员会或者常委会工作机构进一步研究。

第二十八条　对规范性文件进行审查研究，可以向制定机关、提出审查要求的国家机关或者提出审查建议的国家机关、社会团体、企业事业组织以及公民了解有关情况，要求其补充有关材料。

根据需要可以采取实地调研等方式，深入了解实际情况。

第二十九条　对规范性文件审查研究，可以通过座谈会、听证会、论证会、委托第三方研究等方式，听取国家机关、社会团体、企业事业组织、人大代表、政协委员、专家学者以及利益相关方的意见。

第三十条　备案审查工作机构、专门委员会、常委会工作机构可以单独或者联合召开审查会议，听取制定机关有关情况说明。

第三十一条　备案审查工作机构、专门委员会、常委会工作机构一般应当在审查程序启动后三个月内完成审查研究工作。

第三十二条　备案审查工作机构应当加强与专门委员会和常委会工作机构在备案审查工作中的沟通协调，适时向专门委员会、常委会工作机构了解开展备案审查工作的情况。

第三十三条　各级人大常委会应当建立社会公众有序参与规范性文件备案审查工作机制，畅通提出审查建议的渠道。

第三十四条　各级人大常委会可以建立备案审查工作专家咨询制度，聘请专家学者和实务工作者等担任咨询专家，参与备案审查工作。

各级人大常委会可以委托具备专业能力和条件的高等院校、科研机构等对规范性文件进行研究，为备案审查工作提供参考。

第五章　处　理

第三十五条　备案审查工作机构会同专门委员会、常委会工作机构进行审查研究，认为规范性文件存在本规定第二十三条、第二十四条、第二十五条规定情形，需要予以纠正的，应当提出书面审查研究意见，经秘书长或者常委会分管负责人同意后，将书面审查研究意见告知规范性文件制定机关。

在提出书面审查研究意见前，可以与制定机关沟通，要求制定机关及时修改或者废止。经沟通，制定机关同意对规范性文件予以修改或者废止，并书面提出明确处理计划和时限的，可以不再向其提出书面审查研究意见，审查中止；经沟通没有结果的，应当向制定机关提出书面审查研究意见。

第三十六条　规范性文件制定机关应当自收到书面审查研究

意见之日起两个月内，将办理情况向备案审查工作机构反馈。

规范性文件制定机关对规范性文件存在问题进行修改、废止的，审查终止。

第三十七条　经审查认为本级人民政府、下一级人大及其常委会制定的规范性文件存在本规定第二十三条、第二十四条、第二十五条所列情形而制定机关不予修改或者废止的，有关专门委员会、常委会工作机构应当向常委会主任会议提出予以撤销的议案、建议，由主任会议决定是否提请常委会会议审议决定。

第三十八条　各级监察委员会、人民法院、人民检察院制定的规范性文件存在本规定第二十三条、第二十四条、第二十五条规定情形，制定机关不予修改或者废止的，有关专门委员会、常委会工作机构应当向常委会主任会议报告，主任会议认为该规范性文件确需修改或者废止的，将审查研究意见交制定机关纠正。制定机关不纠正的，由本级人大常委会依法处理。

第三十九条　报送省人大常委会备案的设区的市人民政府规章存在本规定第二十三条、第二十四条、第二十五条规定情形，制定机关不予修改或者废止的，有关专门委员会、常委会工作机构应当向常委会主任会议报告，主任会议认为该规范性文件确需修改或者废止的，移送省人民政府或者设区的市人大常委会依法处理。

第四十条　制定机关应当向社会公布修改后的规范性文件文本或者废止规范性文件的决定，并按照本规定报送备案。

第四十一条　经审查研究，认为规范性文件不存在本规定第二十三条、第二十四条、第二十五条规定问题，但存在其他倾向性问题或者可能造成理解歧义、执行不当等问题的，可以函告制定机关予以提醒，或者提出有关意见建议。

第四十二条　对国家机关、社会团体、企业事业组织以及公民提出书面审查要求或者审查建议的，备案审查工作机构应当在规范性文件审查工作结束后十日内向其反馈审查研究情况，并可以向社会公开。

第四十三条　规范性文件审查研究工作结束后，有关审查研究资料应当及时归档保存。

第四十四条　人民法院在审理行政案件中，认为行政行为所依据的规范性文件不合法，向制定机关提出处理建议时，可以同时抄送有权进行备案审查的人大常委会备案审查工作机构。

第四十五条　备案审查工作机构应当在每年三月底前向本级人大常委会报告上一年度规范性文件备案审查情况，由常委会会议进行审议。

第四十六条　对不按本规定要求报送规范性文件的，备案审查工作机构、专门委员会或者常委会工作机构应当通知制定机关限期补报或者重新报送。

对拒不向常委会报送应当备案的规范性文件，或者拒不执行常委会审议决定的，依照《安徽省各级人民代表大会常务委员会监督条例》有关规定处理。

第六章　附　则

第四十七条　本规定自 2022 年 1 月 1 日起施行。

北京市各级人民代表大会常务委员会
规范性文件备案审查条例

第一章 总 则

第一条 为了加强规范性文件的备案审查工作，维护国家法制统一，保障公民、法人和其他组织的合法权益，根据《中华人民共和国立法法》《中华人民共和国各级人民代表大会常务委员会监督法》等法律的规定，结合本市实际，制定本条例。

第二条 本条例所称规范性文件，是指本市有关国家机关在其法定职权范围内依照法定程序制定并公开发布的，涉及公民、法人和其他组织权利、义务，具有普遍约束力，并在一定时期内反复适用的文件。

第三条 本市各级人民代表大会常务委员会（以下简称人大常委会）坚持有件必备、有备必审、有错必纠的原则，依照法定权限和程序开展备案审查工作。

第四条 市人大常委会法制工作机构和区人大常委会确定的规范性文件备案审查工作机构（以下统称备案审查工作机构）负责备案审查的综合协调和对备案规范性文件的接收、登记、分送、审查研究工作。

专门委员会或者常委会工作机构负责对报送备案的相关领域规范性文件的审查研究工作。

第五条 市人大常委会加强备案审查信息化建设，建立健全覆盖全市、互联互通、功能完备、操作便捷的备案审查信息平台，提高备案审查工作信息化水平。

区人大常委会加强备案审查信息平台的使用和管理，做好平台运行的相关工作。

第六条 备案审查工作机构、专门委员会或者常委会工作机构以及规范性文件制定机关之间，应当加强日常工作的沟通和协调。

第二章 备 案

第七条 下列规范性文件，应当报送市人大常委会备案：

（一）市人民政府制定的规章；

（二）市人民政府发布的决定、命令及其他规范性文件，以及以市人民政府办公厅名义发布的规范性文件；

（三）市监察委员会、市高级人民法院、市人民检察院发布的属于监察、审判、检察工作范围的规范性文件；

（四）区人大及其常委会作出的决议、决定及其他规范性文件；

（五）有关机关根据本市地方性法规明确要求对专门事项作出的配套规范性文件。

第八条 下列规范性文件，应当报送区人大常委会备案：

（一）区人民政府发布的决定、命令及其他规范性文件，以及以区人民政府办公室名义发布的规范性文件；

（二）区监察委员会、区人民法院、区人民检察院发布的属于监察、审判、检察工作范围的规范性文件；

（三）乡、民族乡、镇人大作出的决议、决定及其他规范性文件。

第九条 规范性文件制定机关确定的报送备案工作机构应当将规范性文件自公布之日起三十日内报送备案。

报送规范性文件备案，应当提交备案报告、规范性文件正式文本，有说明和附件的应当附说明和附件。报送规范性文件备案材料应当一式五份，并通过备案审查信息平台报送电子文本。

第十条 规范性文件报送备案工作机构未按照本条例第九条规定的期限将规范性文件报送备案，或者报送的文件材料不齐全的，备案审查工作机构应当通知其限期报送或者补充报送；逾期仍不报送的，备案审查工作机构应当适时将迟报、漏报等情况向市或者区人大常委会主任会议报告，由主任会议决定予以通报，并限期改正。

第十一条 每年一月底前，规范性文件制定机关应当将其上一年度制定、修改和废止的规范性文件目录报送备案机关备查。

备案审查工作机构应当向社会公布备案的规范性文件目录。

第三章 审 查

第十二条 专门委员会或者常委会工作机构对报送备案的规范性文件依职权主动进行审查。

第十三条 市人民政府、市监察委员会、市高级人民法院、市人民检察院、区人大常委会认为市人大常委会接受备案的规范性文件与法律、法规相抵触的，可以向市人大常委会书面提出审查要求，由市人大常委会备案审查工作机构接收、登记，进行研究，并送有关专门委员会或者常委会有关工作机构对该规范性文件进行审查。

区人民政府、区监察委员会、区人民法院、区人民检察院认为区人大常委会接受备案的规范性文件与法律、法规相抵触的，可以向区人大常委会书面提出审查要求，由区人大常委会备案审查工作机构接收、登记，进行研究，并送有关专门委员会或者常委会有关工作机构对该规范性文件进行审查。

第十四条　本条例第十三条规定之外的其他国家机关、社会团体、企业事业组织以及公民认为规范性文件与法律、法规相抵触的，可以向接受该规范性文件备案的市或者区人大常委会书面提出审查建议，由备案审查工作机构接收、登记，并进行研究，必要时，送有关专门委员会或者常委会有关工作机构进行审查。

第十五条　国家机关、社会团体、企业事业组织以及公民书面提出审查要求或者审查建议，应当写明要求或者建议审查的规范性文件名称、审查的事项和理由。

备案审查工作机构应当自收到审查要求或者建议之日起十五日内，将收到情况以信函、电子邮件等形式告知提出审查要求或者审查建议的国家机关、社会团体、企业事业组织或者公民。对不属于本级人大常委会备案审查范围的审查要求或者审查建议，应当告知其向有权进行备案审查的机关提出。

第十六条　经初步研究，审查建议有下列情形之一的，可以不启动审查：

（一）建议审查的规范性文件的相关规定已经修改或者废止的；

（二）此前已就建议审查的规范性文件与制定机关作过沟通，制定机关明确表示同意修改或者废止的；

（三）此前对建议审查的规范性文件的同一规定进行过审查，已有审查结论的；

（四）建议审查的理由不明确或者明显不成立的；

（五）其他不宜启动审查的情形。

第十七条　备案审查工作机构对有关机关按照规定移送的规范性文件，负责组织审查。

第十八条　备案审查工作机构结合贯彻党中央决策部署、落实全国人大常委会要求，对事关重大改革和政策调整、关系公众切身利益、引发社会广泛关注等方面的规范性文件，可以组织开展专项审查。

第十九条 专门委员会或者常委会工作机构审查规范性文件，需要了解相关情况的，可以要求规范性文件的制定机关说明情况或者提供相关材料。

第二十条 专门委员会或者常委会工作机构可以邀请常委会组成人员或者人大代表参加规范性文件审查的研究论证工作；也可以通过召开座谈会、论证会、听证会等方式，听取提出审查要求或者审查建议的国家机关、社会团体、企业事业组织或者公民，相关部门，专家及社会各界的意见。

第二十一条 对规范性文件进行审查研究，发现规范性文件存在与党中央的重大决策部署不相符或者与国家重大改革方向不一致问题的，应当提出意见。

第二十二条 对规范性文件进行审查研究，发现规范性文件违反法律、法规的规定，有下列情形之一的，应当提出意见：

（一）违反《中华人民共和国立法法》规定，对只能制定法律的事项作出规定；

（二）超越法定权限，违法设定公民、法人和其他组织的权利与义务，或者违法设定国家机关的权力与责任；

（三）违法设定行政许可、行政处罚、行政强制，或者对法律、法规设定的行政许可、行政处罚、行政强制违法作出调整和改变；

（四）与法律、法规的规定明显不一致，或者与法律、法规的立法目的、原则明显相违背，旨在抵消、改变或者规避法律、法规的规定；

（五）同上级或者本级人大及其常委会的决议、决定明显不一致；

（六）违反授权决定，超出授权范围；

（七）违背法定程序；

（八）其他违背法律、法规规定的情形。

第二十三条　对规范性文件进行审查研究，发现规范性文件存在明显不适当问题，有下列情形之一的，应当提出意见：

（一）明显违背社会主义核心价值观和公序良俗；

（二）对公民、法人和其他组织的权利与义务的规定明显不合理，或者为实现制定目的所规定的手段与制定目的明显不匹配；

（三）因现实情况发生重大变化而不宜继续施行；

（四）其他明显不适当的情形。

第四章　处　理

第二十四条　专门委员会或者常委会工作机构，经审查研究认为规范性文件存在本条例第二十一条、第二十二条、第二十三条规定情形，需要予以纠正的，应当会同备案审查工作机构提出建议修改或者废止的书面审查研究意见。

备案审查工作机构在将书面审查研究意见交制定机关前，可以与制定机关沟通，建议制定机关及时修改或者废止。

经沟通，制定机关同意修改或者废止规范性文件并书面提出处理计划的，可以不再向其提出书面审查研究意见，审查中止。

经沟通没有结果或者制定机关未按照处理计划修改或者废止规范性文件的，备案审查工作机构提请主任会议研究同意后，由办公厅（室）发函，向制定机关提出书面审查研究意见，要求制定机关予以修改或者废止。

第二十五条　规范性文件的制定机关收到书面审查研究意见

后，应当在六十日内提出是否修改或者废止的书面处理意见，并送提出审查研究意见的市或者区人大常委会。

规范性文件的制定机关认为被审查的规范性文件无需修改或者废止的，应当说明理由。

第二十六条　规范性文件的制定机关收到审查研究意见后逾期未报送书面处理意见的，备案审查工作机构可以向制定机关发函督促或者约谈制定机关有关负责人，要求制定机关限期报送处理意见。

第二十七条　规范性文件的制定机关按照书面审查研究意见对规范性文件进行修改或者废止的，审查终止。规范性文件的制定机关应当将修改后的规范性文件或者废止规范性文件的情况向提出该规范性文件审查研究意见的市或者区人大常委会报送备案。

第二十八条　专门委员会或者常委会工作机构认为规范性文件制定机关提出的无需修改或者废止的理由不成立的，应当会同备案审查工作机构向主任会议报告，并依照撤销规范性文件的法定权限提出予以撤销的建议。

主任会议认为该规范性文件应当予以撤销的，可以提出议案，提请常委会会议审议；有关专门委员会也可以提出撤销该规范性文件的议案，由主任会议决定是否提请常委会会议审议。

第二十九条　常委会会议审议有关撤销规范性文件的议案，依照本级人大常委会议事规则的有关规定办理。常委会撤销规范性文件的决定应当向社会公布。

第三十条　根据审查要求或者审查建议进行的规范性文件审查工作结束后，备案审查工作机构应当将审查结果反馈给提出审查要求或者审查建议的国家机关、社会团体、企业事业组织或者公民。

第五章　报告工作

第三十一条　备案审查工作机构应当每年向本级人大常委会专项报告开展备案审查工作的情况，由常委会会议审议。

第三十二条　备案审查工作情况报告的内容一般包括：接收备案的情况，开展审查的情况，对规范性文件纠正处理的情况，开展备案审查制度和能力建设等情况。

第三十三条　备案审查工作情况报告根据常委会组成人员的审议意见修改后，在本级人大常委会公报或者网站刊载，向社会公布。

第六章　附　　则

第三十四条　本条例自 2022 年 1 月 1 日起施行。

重庆市各级人民代表大会常务委员会
规范性文件备案审查条例

第一章　总　则

第一条　为了规范本市各级人大常委会规范性文件备案审查工作，加强备案审查制度和能力建设，维护国家法治统一，保障公民、法人及其他组织的合法权益，根据《中华人民共和国立法法》、《中华人民共和国各级人民代表大会常务委员会监督法》等法律规定，结合本市实际，制定本条例。

第二条　市和区县（自治县）人民代表大会常务委员会（以下称人大常委会）开展规范性文件备案审查工作，适用本条例。

本条例所称规范性文件，是我市有关国家机关制定的涉及公民、法人和其他组织的权利义务，具有普遍约束力，可以反复适用的文件。

规范性文件应当依照法定权限和程序制定并公开发布，及时报送人大常委会备案。

第三条　规范性文件备案审查工作坚持有件必备、有备必审、有错必纠的原则，采取依职权审查、依申请审查、专项审查和移送审查等方式进行审查，做到统一受理、分工负责、依法审查。

第四条　市人大常委会备案审查工作委员会，区县（自治县）人大常委会确定的备案审查工作机构（以下称备案审查工作机构），统一负责规范性文件的备案、审查、处理、信息化建设及综合协调等工作。

市和区县（自治县）人民代表大会相关专门委员会、常委会其他工作机构（以下称相关专工委）按照各自职责，负责规范性文件审查的相关工作。

人大常委会办公厅（室）负责规范性文件备案审查档案管理等工作。

第五条 备案审查工作机构应当每年向本级人大常委会专项报告开展备案审查工作的情况，由常委会会议审议。

备案审查工作情况报告根据常委会会议审议意见修改后，在本级人大常委会公报和官方网站公开。

第六条 备案审查工作机构通过备案数据共享、审查建议移送、审查标准协同、疑难问题会商、工作信息交流等方式，加强与同级党委、人民政府等有关工作部门的衔接联动和协作。

市人大常委会备案审查工作机构应当加强对区县（自治县）人大常委会备案审查工作的业务指导。

第七条 人大常委会加强对规范性文件备案审查工作的组织领导，建立健全备案审查工作机构，加强备案审查队伍建设，配备专业人员，加强备案审查信息化建设，提高备案审查工作质量。

第八条 人大常委会坚持全过程人民民主，畅通审查渠道，引导社会各方面有序参与规范性文件备案审查工作，广泛听取有关国家机关、社会团体、企业事业组织和公民的意见。

人大常委会建立备案审查工作专家咨询制度，邀请专家学者、实务工作者参与备案审查工作，开展审查论证、课题研究和业务培训等。

第二章　备　案

第九条　下列规范性文件，应当报送市人大常委会备案：

（一）市人民政府制定的规章；

（二）市人民政府及其办公厅制定的其他规范性文件；

（三）市监察委员会、市高级人民法院及各中级人民法院、市人民检察院及各检察分院制定的规范性文件；

（四）区县（自治县）人民代表大会及其常委会制定的规范性文件；

（五）其他依法应当报送备案的规范性文件。

第十条　下列规范性文件，应当报送区县（自治县）人大常委会备案：

（一）区县（自治县）人民政府及其办公室制定的规范性文件；

（二）区县（自治县）监察委员会、人民法院、人民检察院制定的规范性文件；

（三）乡、民族乡、镇人民代表大会制定的规范性文件；

（四）其他依法应当报送备案的规范性文件。

第十一条　规范性文件应当自公布之日起三十日内报送备案。报送备案时，制定机关应当报送一式两份的纸质备案材料及其电子文本。备案材料包括备案报告、规范性文件正式文本、备案说明、制定规范性文件的主要依据及其他参考资料等。电子文本应当通过备案审查信息平台报送。报送的电子文本应当符合相关格式标准和要求。

修改或者废止规范性文件的决定，应当参照前款规定报送备案。

第十二条　制定机关应当加强规范性文件报送备案工作，建立健全工作制度，明确负责规范性文件报送备案工作的机构和人员。

第十三条 备案审查工作机构应当自收到备案材料之日起十日内进行形式审查。对符合法定范围和程序、备案材料齐全、符合格式标准和要求的，予以备案登记并通过备案审查信息平台发送电子回执；对不符合法定范围和程序、备案材料不齐全或者不符合格式标准和要求的，以电子指令形式予以退回并说明理由。

因备案材料不齐全或者不符合格式标准和要求被退回的，制定机关应当自收到电子指令之日起十日内重新报送备案。

第十四条 备案审查工作机构应当在备案登记之日起五个工作日内，按照职责分工，将规范性文件分送相关专工委。涉及多个相关专工委的，应当同时分送。

第十五条 制定机关应当在每年一月底前将上一年度制定、修改和废止的规范性文件目录报送人大常委会。

人大常委会通过公报和官方网站向社会公布上一年度备案的规范性文件目录。

第三章 审 查

第十六条 市人大常委会对规范性文件进行审查研究，发现规范性文件可能存在违背宪法规定、宪法原则或者宪法精神问题的，应当提出研究意见，向全国人民代表大会常务委员会报告。

区县（自治县）人大常委会发现前款问题的，应当提出研究意见，向市人大常委会报告，由市人大常委会向全国人民代表大会常务委员会报告。

第十七条 对规范性文件进行审查研究，发现规范性文件存在与党中央的重大决策部署不相符或者与国家的重大改革方向不一致问题的，应当提出意见。

第十八条　对规范性文件进行审查研究，发现规范性文件存在下列不合法情形的，应当提出意见：

（一）超越法定权限的；

（二）与法律、法规、上级或者本级人大及其常委会的决议、决定相抵触的；

（三）违法设定公民、法人和其他组织权利、义务，或者违法设定国家机关的权力、责任的；

（四）违法设定行政许可、行政处罚、行政强制，或者对上位法设定的行政许可、行政处罚、行政强制违法作出调整和改变的；

（五）与法律、法规规定明显不一致，或者与法律、法规的立法目的、原则明显相违背，旨在抵消、改变或者规避法律、法规规定的；

（六）违反法定程序的；

（七）其他违反法律、法规规定的情形。

第十九条　对规范性文件进行审查研究，发现规范性文件存在下列明显不适当情形的，应当提出意见：

（一）明显违背社会主义核心价值观和公序良俗的；

（二）对公民、法人或者其他组织的权利和义务的规定明显不合理，或者文件制定目的与手段明显不匹配的；

（三）因现实情况发生重大变化而不宜继续施行的；

（四）同一规范性文件或者同一层级的规范性文件之间对同一事项的规定不一致，并严重影响规范性文件适用的；

（五）其他明显不适当的情形。

第二十条　备案审查工作机构应当依职权对备案登记的所有规范性文件进行审查，一般应当在备案登记之日起三个月内完成审查工作。

相关专工委应当对分送的规范性文件同步开展审查，在三十日内提出书面审查意见；特殊情况需要延长的，应当经相关专工委负责人批准并及时告知备案审查工作机构，延长时间最长不得超过三十日。审查结束后，将书面审查意见反馈备案审查工作机构。

第二十一条　国家机关、社会团体、企业事业组织或者公民（以下称审查建议人）认为规范性文件存在本条例第十六条至第十九条所列情形的，可以向负责备案审查的人大常委会提出书面审查建议。备案审查工作机构负责审查建议的接收和登记。

审查建议应当写明建议审查的规范性文件名称、审查的事项和理由、审查建议人的基本信息等内容。审查建议内容不完整的，备案审查工作机构应当在五日内告知审查建议人补充完整。对不属于规范性文件的，告知审查建议人不予登记。

第二十二条　对属于本级人大常委会审查范围的审查建议，备案审查工作机构应当及时组织研究处理，必要时，分送相关专工委进行审查、提出意见。

备案审查工作机构、相关专工委可以通过走访、召开座谈会等方式了解审查建议人、利益相关方的诉求和文件制定及实施情况。

对不属于本级人大常委会审查范围的审查建议，应当在十日内移送有权审查的机关处理，或者告知审查建议人向有权审查的机关提出。备案审查工作机构在移送审查建议时，可以向有关机关提出研究处理的意见建议。

第二十三条　经初步研究，审查建议有下列情形之一的，可以不启动审查程序：

（一）建议审查的规范性文件的相关规定已经修改或者废止；

（二）此前就建议审查的规范性文件进行过审查，对建议审查的内容已有审查结论；

（三）建议审查的理由不明确或者明显不成立；

（四）其他不需启动审查程序的情形。

备案审查工作机构应当自作出不启动审查程序决定之日起十日内告知审查建议人，并说明理由。

第二十四条　审查建议人对审查结论有异议，补充新的理由后再次提出书面审查建议的，经备案审查工作机构研究，认为确有必要重新审查的，依照本条例的有关规定启动审查程序。

第二十五条　人大常委会可以对下列规范性文件进行专项审查：

（一）涉及党中央决策部署、国家重大改革和政策调整的；

（二）涉及法律、法规作出重要修改的；

（三）上级人大及其常委会的决议、决定要求进行专项审查的；

（四）涉及人民群众切身利益和社会普遍关注的重大问题的；

（五）在开展依职权审查、依申请审查、移送审查过程中发现特定领域文件可能存在共性问题的；

（六）其他需要进行专项审查的。

备案审查工作机构会同相关专工委开展审查研究时可以邀请人大代表参与审查，在广泛听取意见的基础上形成专项审查报告，报送主任会议。

第二十六条　对有关机关通过备案审查衔接联动机制移送人大常委会的规范性文件，由备案审查工作机构会同相关专工委进行审查。

第二十七条　人民法院在审理行政案件中，认为行政行为所依据的人民政府及其办公厅（室）制定的规范性文件不合法，向制定机关提出处理建议时，应当抄送制定机关的同级人大常委会备案审查工作机构。

　　第二十八条　备案审查工作机构、相关专工委对规范性文件进行审查研究时，可以向制定机关了解有关情况，要求其作出书面说明或者补充材料；可以召开联合审查会议，并要求制定机关派员列席，回答询问。

　　必要时，可以进行实地调研，也可以采取召开座谈会、听证会、论证会和委托第三方研究等方式，听取国家机关、社会团体、企业事业组织、基层立法联系点、人大代表、专家学者以及利益相关方的意见。

　　第二十九条　备案审查工作机构和相关专工委在审查研究中有较大意见分歧的，应当进行沟通研究。经沟通研究仍不能形成一致意见的，由备案审查工作机构报请主任会议决定。

第四章　处　理

　　第三十条　备案审查工作机构和相关专工委审查后，均认为规范性文件存在本条例第十六条至第十九条规定情形的，由备案审查工作机构会同相关专工委采取召开座谈会、情况通报会或者书面形式等方式与制定机关交换意见。

　　第三十一条　经与制定机关交换意见，就规范性文件存在本条例第十六条至第十九条规定情形取得一致意见的，制定机关应当及时自行修改或者废止该规范性文件，或者提出书面处理计划，并按照书面处理计划自行修改或者废止该规范性文件。

　　不能取得一致意见的，由备案审查工作机构提出建议制定机关修改或者废止该规范性文件的书面审查意见，报主任会议审议通过后转制定机关。主任会议审议时，制定机关或者起草单位负责人应当到会就有关情况作出说明。制定机关应当在收到书面审查意见后，六十日内提出是否修改或者废止的书面处理意见。

制定机关依照前两款规定修改或者废止规范性文件后，应当书面反馈办理结果。

第三十二条 制定机关收到审查意见后逾期未报送书面处理意见的，备案审查工作机构可以向制定机关发函督促，要求制定机关限期报送处理意见。

第三十三条 制定机关未按照书面处理计划和书面审查意见修改、废止规范性文件的，备案审查工作机构可以向主任会议提出撤销建议，由主任会议决定向常委会会议提出撤销被审查规范性文件的议案。

常委会会议经过审议认为规范性文件应予撤销的，应当作出撤销决定并向社会公布。

经人大常委会依法撤销的，由有权机关依法追究存在重大过错的制定机关及其主要责任人员的责任。

第三十四条 经审查研究，认为规范性文件不存在本条例第十六条至第十九条规定问题，但是存在其他倾向性问题或者可能造成理解歧义、执行不当等问题的，备案审查工作机构可以函告制定机关，提出有关意见建议。

第三十五条 经审查研究，认为规范性文件存在下列情形的，备案审查工作机构可以提醒制定机关在实施和修改时予以注意：

（一）引用的法律、法规已经修改或者废止；

（二）条文序号错误；

（三）规范性文件规定的事项不明确；

（四）其他可能影响规范性文件适用的情形。

第三十六条 经审查研究，认为规范性文件存在下列情形的，备案审查工作机构应当将有关情况及时告知市人大相关专工委，相关专工委应当研究并提出处理意见：

（一）规范性文件的规定与地方性法规不一致，但是有部门规章或者其他国务院上位文件作依据的；

（二）属于党委政府重大改革决策类的规范性文件，有关规定与地方性法规不一致的；

（三）其他涉及地方性法规的情形。

审查研究中发现规范性文件涉及法律、行政法规的问题，备案审查工作机构应当及时报告全国人大常委会法工委。

第三十七条 经审查研究，规范性文件不存在本条例第十六条至第十九条规定情形，或者依照本条例第三十条至第三十五条的规定完成处理程序，审查终结。

第三十八条 对审查建议人提出的审查建议，备案审查工作机构应当在审查终结之日起十日内，将审查结论反馈审查建议人，并可以向社会公开。

第三十九条 对特定领域规范性文件开展专项审查的，备案审查工作机构应当根据主任会议审议意见形成处置意见转交制定机关办理，处置意见应当包括处置方式、责任单位和处置期限等。制定机关应当按照处置意见办理并反馈结果。

第四十条 对通过备案审查衔接联动机制移送至人大常委会的规范性文件，由人大常委会办公厅（室）将审查结果反馈移送机关和制定机关。

第四十一条 制定机关存在未依照本条例规定报送规范性文件、提供有关情况说明或者补充材料、反馈审查意见办理结果等情形的，由人大常委会办公厅（室）通知制定机关限期改正；逾期未改正的，予以通报。情节严重的，人大常委会可以要求制定机关负责人作出说明，或者建议有关机关对责任人员追究责任。

第四十二条 市人民政府和区县（自治县）人大常委会对区县（自治县）人民政府的同一件规范性文件的审查意见不一致

时，可以单独或者共同报请市人大常委会决定。

第五章　信息化建设

第四十三条　人大常委会加强备案审查信息化建设，推动备案审查信息化建设的统一规划与规范管理，推进大数据、人工智能等新技术运用，提高备案审查工作质量和效率。

第四十四条　市人大常委会建立完善全市统一、互联互通、功能完备、操作便捷的规范性文件备案审查信息平台。

市人大常委会统一开展规范性文件备案审查信息平台建设，确保电子报备、在线审查、查询统计等基本功能有效运行，实现规范性文件备案审查全流程电子化和规范化。

第四十五条　人大常委会在官方网站设置审查建议在线提交窗口，接收国家机关、社会团体、企业事业组织和公民对规范性文件提出的审查建议。

第四十六条　建立健全业务协同、查询便捷、动态管理的法规规章规范性文件数据库。

市人大常委会统一开展法规规章规范性文件数据库建设，建立完善数据库建设技术标准和规范性文件格式标准，核准、维护和管理法规规章规范性文件数据库的相关数据。

区县（自治县）人大常委会和其他制定机关应当按照各自职责定期对规范性文件进行清理，核准和更新法规规章规范性文件数据库的相关数据，确保入库数据准确、完整、及时和可用。

第四十七条　人大常委会和其他制定机关应当按照数据共享、开放、利用的需要，加大各类规范性文件数据的共享力度，协调解决数据共享工作中的重大问题。

市人大常委会、市政府等有关单位应当做好规范性文件备案审查信息平台、地方性法规数据库和市行政规范性文件数据库等有关数据库的数据提取和端口对接等工作，确保数据同步共享。

第四十八条 法规规章规范性文件数据库应当依法向社会公开，并方便公众查询使用。

第六章 附 则

第四十九条 本市其他地方性法规有关规范性文件备案审查的规定与本条例不一致的，适用本条例。

第五十条 本条例自 2022 年 5 月 1 日起施行。

福建省各级人民代表大会常务委员会
规范性文件备案审查条例

第一章 总 则

第一条 为了加强规范性文件备案审查工作，保障宪法法律实施，保护自然人、法人和非法人组织的合法权益，维护国家法制统一，根据《中华人民共和国立法法》《中华人民共和国各级人民代表大会常务委员会监督法》等法律，结合本省实际，制定本条例。

第二条 本省各级人民代表大会常务委员会（以下简称人大常委会）对规范性文件的备案审查适用本条例。

第三条 本条例所称规范性文件，是指在本行政区域内有关国家机关制定的涉及自然人、法人和非法人组织的权利与义务，具有普遍约束力并在一定时期内可以反复适用的文件。

第四条 县级以上地方各级人大常委会按照有件必备、有备必审、有错必纠的原则，依照法定权限和程序开展规范性文件备案审查工作。

县级以上地方各级人大常委会应当加强备案审查制度和能力建设，建立备案审查工作统筹协调机制，促进备案审查工作科学化、规范化、信息化。

上级人大常委会应当加强对下级人大常委会备案审查工作的指导。

第五条 县级以上地方人大专门委员会（以下简称专门委员

会)、常委会工作机构,在常委会的领导下,按照职责分工具体承担相关规范性文件的审查工作。

县级以上地方人大常委会指定的工作机构(以下简称常委会指定的工作机构)负责规范性文件备案审查的组织协调以及报送备案的规范性文件接收、登记、分送和存档等日常工作。

第六条 常委会指定的工作机构应当加强与同级人民政府、监察委员会、人民法院、人民检察院有关工作机构的协调联系,建立健全备案审查衔接联动工作机制,加强信息交流和工作协作。

第二章 备 案

第七条 下列规范性文件,应当报送本级人大常委会备案:

(一) 省人民政府、设区的市人民政府制定的规章;

(二) 县级以上地方各级人民政府制定以及经其批准以政府组成部门、办事机构、直属机构名义制定的规范性文件;

(三) 县级以上地方各级监察委员会制定的规范性文件;

(四) 县级以上地方各级人民法院、人民检察院制定的规范性文件;

(五) 县级以上地方各级人民政府、监察委员会、人民法院、人民检察院会同有关国家机关制定的规范性文件;

(六) 地方性法规授权制定的配套性规定;

(七) 依法应当报送备案的其他规范性文件。

第八条 下列规范性文件,应当报送上一级人大常委会备案:

(一) 设区的市、县级人大及其常委会作出的决议、决定等规范性文件;

(二) 乡、民族乡、镇人民代表大会作出的决议、决定等规范性文件；

（三）设区的市人民政府制定的规章；

（四）依法应当报送备案的其他规范性文件。

经济特区法规依照《中华人民共和国立法法》和全国人大及其常委会有关决定备案。

第九条　规范性文件应当自公布之日起三十日内报送备案。必要时，常委会指定的工作机构可以要求报备机关对指定的规范性文件即时报送备案。

报送备案的材料应当包括备案报告、规范性文件文本、制定文件的说明、公布情况。报送规章备案还应当提供立法依据表。

报送备案应当提供纸质文件和电子文件。纸质文件应当按照规定的格式、数量报送，电子文件应当通过人大常委会备案审查信息平台报送。

报备机关应当在每年一月底前将上一年度制定、修改、废止的规范性文件目录报送常委会指定的工作机构备查。

第十条　报送备案的规范性文件符合本条例第七条、第八条和第九条规定的，常委会指定的工作机构予以备案登记，并向社会公布备案的规范性文件目录。

报送备案的规范性文件符合本条例第七条、第八条规定但不符合第九条第二款、第三款规定的，常委会指定的工作机构通知报备机关在十日内补充或者重新报送备案材料；补充或者重新报送备案符合规定的，予以备案登记。

第三章　审　查

第十一条　县级以上地方各级人大常委会依法审查备案的规范性文件，研究处理有关国家机关、社会团体、企业事业组织或者公民提出的审查要求或者审查建议，根据需要组织专项审查。

第十二条 对规范性文件进行审查研究，发现规范性文件存在下列情形之一的，应当提出意见：

（一）与党中央决策部署不相符或者与国家改革发展方向不一致的；

（二）超越法定权限，违法设定自然人、法人和非法人组织的权利与义务，或者违法设定国家机关的权力与责任的；

（三）同上位法以及上级或者本级人大及其常委会的决议、决定相抵触的；

（四）违法设定行政许可、行政处罚、行政强制、行政收费，或者对法律法规设定的行政许可、行政处罚、行政强制、行政收费违法作出调整或者改变的；

（五）与法律法规的立法目的、原则明显相违背，或者与法律法规规定明显不一致，旨在抵消、改变或者规避上位法规定的；

（六）违反授权决定或者规定，超出授权范围的；

（七）违反法定程序的；

（八）其他应当予以修改或者撤销的不适当情形的。

第十三条 常委会指定的工作机构应当根据备案文件内容，将规范性文件分送有关专门委员会、常委会工作机构审查。

规范性文件的内容涉及多个专门委员会或者常委会工作机构职责范围的，常委会指定的工作机构应当同时分送有关专门委员会、常委会工作机构。

专门委员会、常委会工作机构对分送审查的规范性文件，应当自收到之日起三十日内提出审查意见，交由常委会指定的工作机构汇总研究。

第十四条 专门委员会、常委会工作机构审查规范性文件时，需要制定机关说明情况或者提交补充材料，制定机关应当予以配合。

专门委员会、常委会工作机构可以单独或者联合召开审查会议，听取制定机关有关情况说明；可以召开论证会，征求有关部门、人大代表、专家学者以及利害关系人的意见。

第十五条　县级以上地方各级人民政府、监察委员会、人民法院、人民检察院认为本级人大常委会接受备案的规范性文件有本条例第十二条所列情形之一的，可以向本级人大常委会书面提出审查要求；设区的市、县级人大常委会认为上一级人大常委会接受备案的规范性文件有本条例第十二条所列情形之一的，可以向上一级人大常委会书面提出审查要求。

前款之外的其他国家机关、社会团体、企业事业组织或者公民认为规范性文件有本条例第十二条所列情形之一的，可以向制定机关所在地的同级或者上级人大常委会书面提出审查建议。

县级以上地方各级人民法院、人民检察院在办理案件中，认为规范性文件有本条例第十二条所列情形之一的，应当向制定机关所在地的同级或者上级人大常委会书面提出审查要求或者审查建议。

审查要求、审查建议应当写明要求或者建议审查的规范性文件名称、审查的事项和理由。审查建议应当实名提出，加盖提出建议单位的公章或者由提出建议的公民署名。

第十六条　本条例第十五条规定的审查要求，由常委会指定的工作机构接收、登记后，分送有关专门委员会、常委会工作机构依照第十三条、第十四条的规定进行审查。

本条例第十五条规定的审查建议，由常委会指定的工作机构接收、登记并进行研究，认为有审查必要的，分送有关专门委员会、常委会工作机构依照第十三条、第十四条的规定进行审查；认为无审查必要的，向提出审查建议的国家机关、社会团体、企业事业组织或者公民说明理由。

第十七条　对不属于本级人大常委会备案范围的审查要求或者审查建议，常委会指定的工作机构可以移送有关国家机关依法处理，或者告知提出审查要求或者审查建议的国家机关、社会团体、企业事业组织或者公民向有权审查的机关提出。

第十八条　上一级人大常委会指定的工作机构可以要求下一级人大常委会指定的工作机构对其所在地有关国家机关制定的规范性文件进行研究处理，并在六十日内报告处理结果。

上一级人大常委会办公厅（室）可以要求下一级人大常委会对其所在地有关国家机关制定的规范性文件进行研究处理，并在六十日内报告处理结果。

第十九条　专门委员会、常委会工作机构对涉及改革决策部署和政策调整、群众切身利益、社会普遍关注等重大问题的规范性文件可以组织开展专项审查。

专门委员会、常委会工作机构在规范性文件审查中发现可能存在普遍性问题的，可以一并对相关规范性文件进行专项审查。

第四章　处　理

第二十条　专门委员会、常委会工作机构经审查研究，认为规范性文件存在本条例第十二条所列情形需要予以纠正的，应当提出书面意见。

常委会指定的工作机构应当会同有关专门委员会、常委会工作机构对书面意见进行研究，认为需要予以纠正的，由常委会办公厅（室）向制定机关提出纠正建议。制定机关应当在四十五日内向常委会办公厅（室）书面反馈处理结果。

第二十一条　制定机关未按照本条例第二十条规定的纠正建议予以处理的，常委会指定的工作机构应当会同有关专门委员会、常委会工作机构进行研究，认为制定机关提出不予纠正的理由不成立的，应当提出初步审查意见，提请本级人大常委会主任会议或者法制委员会进行审查。

第二十二条　主任会议或者法制委员会经审查认为规范性文件存在本条例第十二条所列情形需要予以纠正的，由常委会办公厅（室）向制定机关发出书面审查意见，要求制定机关自行修改或者废止该规范性文件。

第二十三条　制定机关应当自收到书面审查意见之日起六十日内将处理情况向常委会办公厅（室）反馈，常委会办公厅（室）应当向主任会议或者法制委员会报告。

第二十四条　经审查认为规范性文件存在本条例第十二条所列情形而制定机关不予纠正的，法制委员会依照改变或者撤销规范性文件的法定权限向主任会议提出书面审查意见和议案、建议，由主任会议决定是否提请常委会会议审议决定；或者由主任会议提出议案提请常委会会议审议决定。

常委会会议对改变或者撤销规范性文件的议案、建议进行审议时，制定机关应当派有关负责人员到会听取意见，回答询问，并可以书面陈述意见。

第二十五条　人大常委会可以决定撤销规范性文件，也可以决定撤销规范性文件的部分内容。常委会的撤销决定向社会公布。

第二十六条　制定机关对修改或者部分撤销后的规范性文件，应当重新公布，并按照本条例规定重新报送备案。

第二十七条　常委会指定的工作机构应当在规范性文件依申请审查工作结束后十日内，将审查结果告知提出审查要求或者审查建议的国家机关、社会团体、企业事业组织或者公民。

第五章　监督与保障

第二十八条　县级以上地方各级人大常委会应当将规范性文件备案审查工作列入年度工作计划。

第二十九条　常委会指定的工作机构应当对规范性文件的报备工作进行督促检查，对于迟报、漏报、报送不规范等情况予以通报。

第三十条　制定机关未按照书面审查意见在规定期限内对规范性文件予以处理的，或者提出不予修改、废止的理由经审查认为不成立且制定机关不予纠正的，由人大常委会依法撤销后予以通报。

第三十一条　常委会指定的工作机构应当在每年第一季度，将上一年度规范性文件备案审查工作情况向本级人大常委会会议报告并提请审议。

第三十二条　县级以上地方各级人大常委会应当建立社会公众有序参与规范性文件备案审查工作机制，畅通提出审查要求和审查建议的渠道。有关专门委员会、常委会工作机构在办理审查要求或者审查建议时，可以听取提出审查要求或者审查建议的国家机关、社会团体、企业事业组织或者公民的意见。

县级以上地方各级人大常委会可以委托具备专业能力和条件的第三方机构对规范性文件进行研究并提出意见。

第三十三条　县级以上地方各级人大常委会应当加强备案审查信息化建设，建立完善备案审查信息平台，提高备案审查工作效率和规范化水平。

第三十四条　县级以上地方各级人大常委会应当加强规范性文件备案审查工作队伍建设，加强人员培训，提高工作能力。

第六章　附　则

第三十五条　本条例自 2021 年 1 月 1 日起施行。2005 年 7 月 29 日福建省第十届人民代表大会常务委员会第十八次会议通过的《福建省地方政府规章备案审查规定》、2007 年 11 月 30 日福建省第十届人民代表大会常务委员会第三十二次会议通过的《福建省各级人民代表大会常务委员会规范性文件备案审查规定》同时废止。

甘肃省各级人民代表大会常务委员会
规范性文件备案审查规定

第一条 为了加强规范性文件备案审查工作，保障宪法和法律实施，保护公民、法人和其他组织的合法权益，维护国家法治统一，根据《中华人民共和国立法法》《中华人民共和国各级人民代表大会常务委员会监督法》等法律规定，结合本省实际，制定本规定。

第二条 本省各级人民代表大会常务委员会对规范性文件的备案审查，适用本规定。

本规定所称规范性文件，是指在本行政区域内有关国家机关依照法定权限和程序制定并公开发布，涉及公民、法人和其他组织权利义务，具有普遍约束力，在一定时期内反复适用的文件。

地方性法规、自治条例和单行条例的报备工作，依照有关法律和国家规定执行。

第三条 开展规范性文件备案审查工作应当依照法定权限和程序，坚持有件必备、有备必审、有错必纠的原则。

第四条 下列规范性文件应当自公布之日起三十日内，报送同级人民代表大会常务委员会备案：

（一）省人民政府、市（州）人民政府制定的规章；

（二）县级以上人民政府发布的决定、命令以及制定的其他规范性文件；

（三）县级以上监察委员会制定的指导和规范监察工作的规

范性文件；

（四）县级以上人民法院、人民检察院制定的指导和规范审判、检察业务工作的规范性文件；

（五）其他应当依法报送备案的规范性文件。

省人民政府制定的规章，在报送省人民代表大会常务委员会备案的同时，还应当报送国务院备案；市（州）人民政府制定的规章，在报送同级人民代表大会常务委员会备案的同时，还应当报送国务院、省人民代表大会常务委员会、省人民政府备案。

第五条　下列规范性文件应当自公布之日起三十日内，报送上一级人民代表大会常务委员会备案：

（一）县级以上人民代表大会及其常务委员会作出的决议、决定等规范性文件；

（二）乡（镇）人民代表大会作出的决议、决定等规范性文件。

第六条　规范性文件备案材料包括下列内容：

（一）备案报告；

（二）公布该规范性文件的公告或者政府令；

（三）规范性文件正式文本以及相应的说明；

（四）其他有关材料。

报送规章还应当提供制定该规章的主要依据及其参考资料。

第七条　规范性文件报送备案，应当同时报送纸质文本和电子文本。纸质文本按照规定的格式装订成册，一式五份。电子文本应当符合格式标准和要求，通过备案审查信息平台报送。

规范性文件制定机关应当于每年一月底前，将上一年度制定、修改或者废止的规范性文件目录报送相应的人民代表大会常务委员会备查。

第八条　经审查研究，发现规范性文件存在与党中央的重大决策部署不相符，或者与国家大政方针和重大改革方向不一致问题的，应当提出意见。

第九条 经审查研究，发现规范性文件存在下列情形之一的，应当提出意见：

（一）违反《中华人民共和国立法法》有关立法权限的；

（二）超越法定权限，违法设定公民、法人和其他组织的权利与义务，或者违法设定国家机关的权力与责任；

（三）违法设定行政许可、行政处罚、行政强制，或者对法律、法规设定的行政许可、行政处罚、行政强制违法作出调整或者改变；

（四）与法律、法规的规定明显不一致，或者与法律、法规的立法目的、原则明显相违背，旨在抵消、改变或者规避法律、法规的规定；

（五）与上级或者本级人民代表大会及其常务委员会的决议、决定相抵触；

（六）违反授权决定，超出授权范围；

（七）违反法定程序；

（八）其他违反法律法规规定的情形。

第十条 经审查研究，发现规范性文件存在下列情形之一的，应当提出意见：

（一）明显违背社会主义核心价值观和公序良俗；

（二）对公民、法人或者其他组织的权利和义务的规定明显不合理；

（三）为实现制定目的所规定的手段与制定目的明显不匹配；

（四）因现实情况发生重大变化而不宜继续施行；

（五）其他明显不适当的情形。

第十一条 县级以上人民代表大会常务委员会法制工作机构

负责对报送备案规范性文件的接收、登记、分送、存档，以及审查意见的汇总、纠正意见的反馈等工作。

县级以上人民代表大会专门委员会、常务委员会工作机构按照职责分工，具体负责相关领域规范性文件的审查工作。

第十二条　县级以上人民代表大会常务委员会法制工作机构应当自收到报送备案的规范性文件之日起十五日内进行形式审查，对备案材料形式要件齐全、符合格式标准和要求的，予以接收登记；形式要件不齐全或者不符合格式标准和要求的，退回制定机关按照要求限期重新报送。

第十三条　县级以上人民代表大会常务委员会法制工作机构应当根据内容和职责分工，将接收登记的规范性文件分送人民代表大会专门委员会或者常务委员会工作机构审查研究。

县级以上人民代表大会专门委员会或者常务委员会工作机构应当自收到分送审查的规范性文件之日起六十日内将审查研究意见书面反馈常务委员会法制工作机构。

报送备案的规范性文件内容涉及两个或者两个以上专门委员会或者常务委员会工作机构职责范围的，由常务委员会主任会议确定负责审查的专门委员会或者常务委员会工作机构。

第十四条　对规范性文件的审查，采取依职权审查、依申请审查、移送审查、专项审查等方式进行。

第十五条　县级以上人民代表大会专门委员会或者常务委员会工作机构对报送备案的规范性文件依职权主动进行审查。

第十六条　各级人民代表大会及县级以上人民代表大会常务委员会，县级以上人民政府、监察委员会、人民法院、人民检察院认为规范性文件有本规定第八条至第十条所列情形之一的，可以向有审查权的人民代表大会常务委员会书面提出审查要求。

前款规定以外的其他国家机关和社会团体、企业事业单位以及公民认为规范性文件有本规定第八条至第十条所列情形之一的，可以向有审查权的人民代表大会常务委员会书面提出审查建议。

审查要求、审查建议应当写明要求或者建议审查的事项和理由。

第十七条　审查要求由县级以上人民代表大会专门委员会、常务委员会工作机构会同法制工作机构进行审查研究并提出意见。

审查建议由常务委员会法制工作机构进行审查研究，必要时送人民代表大会有关专门委员会、常务委员会有关工作机构研究并提出意见。

第十八条　县级以上人民代表大会专门委员会、常务委员会工作机构收到审查要求或者审查建议之日起六十日内，应当提出书面审查研究意见；对情况复杂的可以适当延长审查时间，但最长不得超过九十日。审查结果由常务委员会法制工作机构告知提出审查要求或者审查建议的国家机关、社会团体、企业事业单位、公民。

第十九条　对不属于本级人民代表大会常务委员会备案审查范围的审查要求或者审查建议，由常务委员会法制工作机构依法移送有关国家机关处理，或者告知提出审查要求或者审查建议的国家机关、社会团体、企业事业单位、公民向有审查权的机关提出。

第二十条　对以下方面的规范性文件可以开展专项审查：

（一）事关重大改革和政策调整的；

（二）涉及法律、法规重要修改的；

（三）关系公众切身利益的；

（四）引发社会广泛关注的；

（五）其他需要进行专项审查的。

第二十一条　对规范性文件进行审查研究时，可以通过座谈会、听证会、论证会、委托第三方研究等方式，听取国家机关、社会团体、企业事业单位、人大代表、专家学者以及利益相关方的意见。必要时，可以通知制定机关派员说明情况或者提供书面说明。

第二十二条　县级以上人民代表大会专门委员会、常务委员会法制工作机构和有关工作机构在审查研究中认为有必要进行共同审查的，可以召开联合审查会议。

第二十三条　对报送备案的规范性文件经审查研究，符合相关规定的，由县级以上人民代表大会常务委员会法制工作机构备案存档；发现已经备案存档的规范性文件存在问题的，可以重新启动审查程序。

第二十四条　对报送备案的规范性文件经审查研究，认为存在本规定第八条至第十条所列情形，应当予以纠正的，由县级以上人民代表大会常务委员会法制工作机构会同有关专门委员会、常务委员会有关工作机构提出意见，与制定机关沟通，或者采取书面形式进行询问，建议制定机关予以修改或者废止。

制定机关同意修改或者废止规范性文件，并书面提出明确处理计划和时限的，审查中止；制定机关不同意修改、废止规范性文件，理由不成立的，或者未按照处理计划和时限修改、废止规范性文件的，由常务委员会法制工作机构提请主任会议研究同意后，向制定机关提出书面审查研究意见，要求制定机关予以修改或者废止。

制定机关应当在收到纠正要求之日起六十日内研究提出意见，并向常务委员会法制工作机构反馈纠正处理情况。

第二十五条　制定机关按照纠正要求对相关规范性文件进行修改、废止的，审查终止。

制定机关按照书面审查研究意见修改、废止的相关规范性文件，应当重新公布并报送备案。

第二十六条　制定机关未按照纠正要求在规定期限内修改、废止规范性文件，或者不予修改、废止的理由不成立并未纠正的，由县级以上人民代表大会常务委员会依法撤销。

第二十七条　县级以上人民代表大会常务委员会法制工作机构应当加强与同级人民政府和下一级人民代表大会常务委员会法制工作机构，以及同级监察委员会、人民法院、人民检察院有关业务机构的工作联系，建立健全备案审查衔接联动工作机制，加强信息交流共享和工作协作。

第二十八条　县级以上人民代表大会常务委员会应当建立健全人民代表大会常务委员会听取和审议规范性文件备案审查工作情况报告制度。

县级以上人民代表大会常务委员会法制工作机构应当在每年三月底前向本级人民代表大会常务委员会报告上一年度规范性文件备案审查工作情况。有关专门委员会、常务委员会有关工作机构应当将规范性文件审查工作纳入其年度工作计划。

备案审查工作情况报告根据常务委员会组成人员的审议意见修改后，在本级人民代表大会常务委员会公报刊载。

第二十九条　加强备案审查信息化建设，省人民代表大会常务委员会建立健全覆盖全省、互联互通、功能完备、操作便捷的备案审查信息平台，提高备案审查工作信息化水平。

县级以上人民代表大会常务委员会和相关规范性文件制定机关应当按照有关规定使用备案审查信息平台，开展规范性文件的备案审查或者报送备案工作。

第三十条 制定机关未按照规定时限和要求报送规范性文件备案材料的，由县级以上人民代表大会常务委员会法制工作机构书面通知其限期报送；逾期不报送的，给予通报。

第三十一条 本规定自 2022 年 1 月 1 日起施行。

广东省各级人民代表大会常务委员会
规范性文件备案审查条例

第一章 总 则

第一条 为了加强规范性文件备案审查工作，保障宪法法律的实施和监督，维护国家法制统一，保障公民、法人和其他组织的合法权益，根据《中华人民共和国宪法》《中华人民共和国立法法》《中华人民共和国各级人民代表大会常务委员会监督法》等法律法规的有关规定，结合本省实际，制定本条例。

第二条 本条例适用于本省各级人民代表大会常务委员会开展规范性文件备案审查工作。

第三条 本条例所称规范性文件，是指在本行政区域内有关国家机关依照法定权限和程序制定并公开发布，涉及公民、法人和其他组织的权利、义务，具有普遍约束力、在一定时期内可以反复适用的文件。

第四条 县级以上人民代表大会常务委员会按照有件必备、有备必审、有错必纠的原则，依照法定权限和程序开展规范性文件备案审查工作。

第五条 县级以上人民代表大会常务委员会应当加强规范性文件备案审查制度和能力建设，建立备案审查工作统筹协调机制，促进规范性文件备案审查工作科学化、民主化、规范化、信息化。

第六条 县级以上人民代表大会常务委员会办公厅（室）负

责报送备案的规范性文件的接收、登记、分送、交办和存档工作。

县级以上人民代表大会常务委员会法制工作委员会或者负责法制工作的机构（以下称县级以上人民代表大会常务委员会法制工作机构）负责规范性文件的备案审查工作。

县级以上人民代表大会各专门委员会、常务委员会工作机构按照职责分工负责有关规范性文件的审查工作。法制委员会根据工作需要，与有关的专门委员会、常务委员会工作机构对规范性文件进行联合审查。

第二章 备 案

第七条 规范性文件制定机关应当加强规范性文件报送备案工作，建立健全工作制度，明确负责规范性文件报送备案工作的机构和人员。

第八条 下列规范性文件，应当报送本级人民代表大会常务委员会备案：

（一）省人民政府、地级以上市人民政府制定的规章；

（二）县级以上人民政府发布的决定、命令，以及以其办公厅（室）名义发布的规范性文件；

（三）县级以上监察委员会制定或者会同有关国家机关制定的监察规范性文件；

（四）各级人民法院、人民检察院制定或者会同有关国家机关制定的规范审判、检察工作的规范性文件；

（五）依法应当报送备案的其他规范性文件。

第九条 下列规范性文件，应当报送上一级人民代表大会常务委员会备案：

（一）地级以上市、县（自治县、市、区）人民代表大会及其常务委员会作出的决议、决定等规范性文件；

（二）地级以上市人民政府制定的规章；

（三）乡、民族乡、镇人民代表大会作出的决议、决定等规范性文件；

（四）依法应当报送备案的其他规范性文件。

经济特区法规的备案，依照《中华人民共和国立法法》和全国人民代表大会及其常务委员会决定执行。

第十条 规范性文件应当自公布之日起三十日内报送备案。

规范性文件报送备案材料的内容包括：备案报告、规范性文件文本、有关修改或者废止的决定、说明、制定规范性文件的主要依据及其他参考资料等，有公布该规范性文件公告的，还应当报送公告。

报送规范性文件备案，应当报送纸质文件和电子文件。纸质文件应当按照规定的格式、数量报送，电子文件应当通过省人民代表大会常务委员会规范性文件备案审查信息平台报送。

每年一月底前，制定机关应当将上一年度制定、修改、废止的规范性文件目录报送备案。

第十一条 报送备案的规范性文件符合本条例第八条、第九条和第十条规定的，县级以上人民代表大会常务委员会法制工作机构予以备案登记，并定期向社会公布备案的规范性文件目录。

报送备案的规范性文件符合第八条、第九条规定但不符合第十条规定的，县级以上人民代表大会常务委员会法制工作机构暂缓办理备案登记，并通知制定机关在十日内补充报送备案或者重新报送备案；补充或者重新报送备案符合规定的，予以备案登记。

属于有关国家机关制定的内部工作制度，人事任免、表彰，对具体事项作出处理决定，向上级机关请示、报告或者会议报告等不具有普遍约束力、反复适用性的文件，县级以上人民代表大会常务委员会法制工作机构对其不予备案登记。

第三章　审　查

第十二条　县级以上人民代表大会常务委员会依法审查备案的规范性文件，并对有关国家机关和社会团体、企业事业组织、公民提出的审查要求或者审查建议进行研究处理。

第十三条　对规范性文件进行审查研究，发现存在与党中央重大决策部署不相符或者与国家重大改革方向不一致问题的，应当提出意见。

第十四条　对规范性文件进行审查研究，发现违反法律、法规规定，有下列情形之一的，应当提出意见：

（一）与法律法规规定明显不一致，或者与法律法规的立法目的、原则明显相违背，旨在抵消、改变或者规避法律法规规定；

（二）超越法定权限，限制或者剥夺公民、法人和其他组织的合法权利或者增加其义务，增加或者扩充国家机关的权力或者缩减其责任，以及对法定权限以外的其他事项作出规定；

（三）违法设定行政许可、行政处罚、行政强制或者行政收费，或者对法律法规设定的行政许可、行政处罚、行政强制、行政收费违法作出调整或者改变；

（四）违反授权决定，超出授权范围；

（五）违背法定程序；

（六）其他违背法律、法规规定的情形。

第十五条　对规范性文件进行审查研究，发现存在明显不适当问题，有下列情形之一的，应当提出意见：

（一）明显违背社会主义核心价值观和公序良俗；

（二）对公民、法人或者其他组织的权利和义务的规定明显不合理，或者为实现制定目的所规定的手段与制定目的明显不匹配；

（三）因现实情况发生重大变化而不宜继续施行；

（四）其他明显不适当的情形。

第十六条　县级以上人民政府、监察委员会、人民法院、人民检察院认为本级人民代表大会常务委员会接受备案的规范性文件有本条例第十三条、第十四条、第十五条所列情形之一的，可以向本级人民代表大会常务委员会书面提出审查要求；各级人民代表大会常务委员会认为上一级人民代表大会常务委员会接受备案的规范性文件有本条例第十三条、第十四条、第十五条所列情形之一的，可以向该级人民代表大会常务委员会书面提出审查要求。

前款之外的其他国家机关和社会团体、企业事业组织以及公民（以下称有关机关、组织和公民）认为规范性文件有本条例第十三条、第十四条、第十五条所列情形之一的，可以向接受该规范性文件备案的人民代表大会常务委员会书面提出审查建议。

审查要求、审查建议应当写明要求或者建议审查的规范性文件名称、审查的事项和理由，并附上规范性文件文本。

第十七条　县级以上人民代表大会常务委员会办公厅（室）对审查要求、审查建议进行接收、登记，并及时送法制工作机构进行办理。

审查要求由县级以上人民代表大会有关的专门委员会、常务委员会工作机构按照职责分工进行审查、提出意见。审查建议由法制工作机构进行研究，必要时，送有关的专门委员会、常务委员会工作机构进行审查、提出意见。

对于不属于本级人民代表大会常务委员会备案审查范围的审

查要求、审查建议，由负责审查的有关的专门委员会、常务委员会工作机构及时告知提出审查要求的国家机关、提出审查建议的有关机关、组织和公民向有权进行备案审查的机关提出，或者移送有权审查的机关处理。

第十八条　县级以上人民代表大会有关的专门委员会、常务委员会工作机构依法对报送备案的规范性文件进行主动审查。

有关的专门委员会、常务委员会工作机构一般应当自启动审查程序之日起三个月内完成审查研究工作。

第十九条　县级以上人民代表大会有关的专门委员会、常务委员会工作机构可以对下列规范性文件集中开展专项审查：

（一）涉及改革发展稳定大局、重大政策调整、人民群众切身利益和社会普遍关注的重大问题的；

（二）涉及的法律、法规作出重要修改的；

（三）上级、本级人民代表大会及其常务委员会的决议、决定和本级人民代表大会常务委员会的监督工作计划要求进行专项审查的；

（四）其他需要进行专项审查的。

第二十条　县级以上人民代表大会有关的专门委员会、常务委员会工作机构对规范性文件进行审查、研究时，可以要求制定机关说明有关情况或者提供相关材料，制定机关应当予以配合；也可以通过召开座谈会、论证会和书面征求意见等形式，征求有关部门、高等学校、法学研究机构、人大代表、专家以及利益利害关系方等的意见；必要时，可以要求制定机关派有关负责人员参加会议，听取意见或者回答询问，或者根据需要进行实地调研。

第四章　处　理

第二十一条　县级以上人民代表大会有关的专门委员会、常务委员会工作机构在审查、研究中发现规范性文件可能存在本条例第十三条、第十四条、第十五条规定情形的，可以与制定机关沟通，或者采取书面形式对制定机关进行询问，制定机关应当在一个月内作出说明。

第二十二条　县级以上人民代表大会有关的专门委员会、常务委员会工作机构在审查、研究中认为规范性文件有本条例第十三条、第十四条、第十五条所列情形之一的，可以向制定机关提出书面审查意见、研究意见。必要时，可以由法制委员会和有关的专门委员会、常务委员会工作机构召开联合审查会议，要求制定机关说明情况，再向其提出书面审查意见。

规范性文件审查涉及两个或者两个以上专门委员会、常务委员会工作机构职责的，由牵头办理的专门委员会或者常务委员会工作机构向制定机关提出书面审查意见、研究意见。

第二十三条　制定机关收到有关的专门委员会、常务委员会工作机构提出的书面审查意见、研究意见后，应当在两个月内研究提出是否修改或者废止的意见，并将该意见向提出意见的人民代表大会有关的专门委员会、常务委员会工作机构反馈。

制定机关按照书面审查意见、研究意见对规范性文件进行修改或者废止的，审查终止，有关的专门委员会、常务委员会工作机构将审查情况向常务委员会主任会议报告。

第二十四条　县级以上人民代表大会法制委员会、有关的专门委员会、常务委员会工作机构经审查、研究认为规范性文件有本条例第十三条规定情形的，按照国家有关规定处理。认为规范性文件有本条例第十四条、第十五条所列情形之一，而制定机关逾期并经督促未反馈意见、不予修改或者废止的理由不成立，或者未对有关规范性文件进行修改或者废止的，应当向主任会议提出撤销该规范性文件的议案、建议，由主任会议决定提请常务委员会会议审议决定。

常务委员会会议对撤销规范性文件的议案进行审议时，制定机关应当派有关负责人员到会听取意见，回答询问；常务委员会会议经过审议，认为应予撤销的，应当作出撤销该规范性文件的决定。

第二十五条　各级人民法院、人民检察院收到本级人民代表大会有关的专门委员会、常务委员会工作机构提出的书面审查意见、研究意见后，逾期并经督促未反馈意见、不予修改或者废止的理由不成立或者未按照意见对有关规范性文件进行修改或者废止的，有关的专门委员会、常务委员会工作机构可以依法提出要求制定机关予以修改、废止的议案、建议，由主任会议决定提请常务委员会会议审议。

第二十六条　对修改的规范性文件，制定机关应当重新公布；对废止的规范性文件，制定机关应当予以公告，并按照本条例规定报送备案。

第二十七条　县级以上人民代表大会有关的专门委员会、常务委员会工作机构在规范性文件审查结束后的三十日内，应当将审查、研究情况向提出审查要求的国家机关或者提出审查建议的有关机关、组织和公民反馈，并可以向社会公开。

经县级以上人民代表大会常务委员会主任会议决定，常务委员会法制工作机构向社会公布规范性文件审查的典型案例。

第五章　保障与监督

第二十八条　县级以上人民代表大会常务委员会应当加强规范性文件备案审查工作队伍建设，配备专业人员，加强人员培训，提高工作能力。

县级以上人民代表大会常务委员会应当将规范性文件备案审

查工作列入年度监督工作计划，纳入常务委员会工作报告内容。省、地级以上市人民代表大会常务委员会还应当将规范性文件备案审查工作列入年度立法工作计划。

县级以上人民代表大会常务委员会可以采取召开规范性文件备案审查工作会议、成立备案审查工作领导小组等形式，研究部署备案审查工作，协调解决备案审查工作中的重点难点问题。

县级以上人民代表大会常务委员会主任会议应当定期听取规范性文件备案审查工作情况汇报，研究解决备案审查工作中的重大问题，必要时依法提请本级人民代表大会常务委员会审议决定。

第二十九条 县级以上人民代表大会常务委员会法制工作机构应当督促制定机关履行规范性文件报送备案的职责，及时了解规范性文件报送备案的有关情况，每年第一季度将上一年度的备案工作情况书面通报常务委员会组成人员、各专门委员会、常务委员会工作机构和制定机关。

县级以上人民代表大会常务委员会法制工作机构应当加强对制定机关报送规范性文件备案工作的检查，适时将迟报、漏报等情况予以通报。

县级以上人民代表大会常务委员会法制工作机构应当建立规范性文件备案审查工作情况的沟通协调和信息共享机制，并定期汇总、统计规范性文件的审查工作情况和数据。

第三十条 县级以上人民代表大会常务委员会应当建立健全人民代表大会常务委员会听取和审议规范性文件备案审查工作情况报告制度。

县级以上人民代表大会常务委员会法制工作机构应当每年向人民代表大会常务委员会报告规范性文件备案审查工作情况。各专门委员会、常务委员会工作机构应当将规范性文件审查工作情况纳入其年度工作报告。

备案审查工作情况报告根据县级以上人民代表大会常务委员会组成人员的审议意见修改后，向社会公开。

第三十一条　县级以上人民代表大会常务委员会应当建立引导社会各方面有序参与规范性文件备案审查工作机制，并畅通提出审查要求和审查建议的渠道。有关的专门委员会、常务委员会工作机构在办理审查要求或者审查建议时，可以听取提出审查要求的国家机关、提出审查建议的有关机关、组织和公民的意见。

县级以上人民代表大会常务委员会可以委托具备专业能力和条件的高等学校、科研机构、行业协会、智库等对规范性文件进行研究，并为备案审查工作提供参考意见。

第三十二条　县级以上人民代表大会常务委员会法制工作机构应当加强与同级党委、人民政府负责规范性文件备案审查的工作机构和下一级人民代表大会常务委员会法制工作机构，以及监察委员会、人民法院、人民检察院有关业务机构的工作联系，建立健全备案审查衔接联动工作机制，加强信息交流共享和工作协作。

第三十三条　省人民代表大会常务委员会加强备案审查信息化建设，建立全省统一的规范性文件备案审查信息平台，提高备案审查效能。

县级以上人民代表大会常务委员会和制定机关应当按照省人民代表大会常务委员会有关规定使用规范性文件备案审查信息平台，开展规范性文件的备案审查或者报送备案工作。

第三十四条　制定机关违反本条例第八条、第九条、第十条规定，未按照备案范围要求报送规范性文件或者未按照期限报送，或者报送的文件材料不齐全的，县级以上人民代表大会常务委员会法制工作机构应当通知其限期报送或者补充报送；逾期仍不报送的，给予通报，并责令其限期改正；拒不改正的，应当提出处理意见，经常务委员会主任会议决定后，建议对相关责任人员依法给予处分。

第三十五条　制定机关违反本条例第二十三条和第二十四条规定，未按照书面审查意见、研究意见在规定期限内自行修改、废止规范性文件，或者不予修改、废止的理由不成立且未自行纠正的，由县级以上人民代表大会常务委员会依法撤销后，给予通报。

第六章　附　则

第三十六条　本条例自 2021 年 9 月 1 日起施行。2007 年 7 月 27 日广东省第十届人民代表大会常务委员会第三十三次会议通过的《广东省各级人民代表大会常务委员会规范性文件备案审查工作程序规定》同时废止。

海南省各级人民代表大会常务委员会规范性文件备案审查条例

第一章　总　则

第一条　为了加强规范性文件备案审查工作，履行宪法、法律赋予本省各级人民代表大会常务委员会的监督职责，保障宪法、法律实施，保护公民、法人和其他组织的合法权益，维护国家法制统一，根据《中华人民共和国立法法》《中华人民共和国各级人民代表大会常务委员会监督法》等法律的有关规定，结合本省实际，制定本条例。

第二条　本省各级人民代表大会常务委员会进行规范性文件备案审查，适用本条例。

第三条　本条例所称规范性文件，是指在本行政区域内有关国家机关依照法定权限和程序制定，涉及公民、法人和其他组织的权利、义务，具有普遍约束力、在一定时期内可以反复适用的文件。

有关国家机关制定的内部工作制度，人事任免、表彰，向上级机关请示、报告等不具有普遍约束力、反复适用性的文件，不属于本条例所称的规范性文件。

第四条　县级以上人民代表大会常务委员会应当按照有件必备、有备必审、有错必纠的原则，依照法定权限和程序开展规范性文件备案审查工作。

第五条　县级以上人民代表大会常务委员会应当加强规范性

文件备案审查制度和能力建设，依法撤销和纠正违法规范性文件，推动规范性文件备案审查工作科学化、规范化、信息化。

第六条 县级以上人民代表大会常务委员会法制工作委员会或者负责法制工作的机构（以下统称法制工作机构）负责报送备案的规范性文件的接收、登记、存档等备案和审查工作。

县级以上人民代表大会各专门委员会、常务委员会其他工作机构按照职责分工负责有关规范性文件的审查工作。

第七条 省人民代表大会常务委员会法制工作机构应当密切与市、县、自治县人民代表大会常务委员会的工作联系，对市、县、自治县人民代表大会常务委员会备案审查工作进行业务指导。

第二章 备 案

第八条 规范性文件制定机关应当加强规范性文件报送备案工作，建立健全工作制度，明确负责规范性文件报送备案工作的机构和人员。

第九条 下列规范性文件，应当报送本级人民代表大会常务委员会备案：

（一）省人民政府，海口市、三亚市和三沙市人民政府制定的规章；

（二）县级以上人民政府制定、发布以及授权其办公厅（室）发布的决定、命令、规定、办法、细则、意见、通知、通告等规范性文件；

（三）各级监察委员会制定的指导、规范监察工作的规范性文件；

（四）各级人民法院、人民检察院制定的指导、规范审判、检察工作的意见、规定、办法、会议纪要等规范性文件；

（五）地方性法规授权制定的配套性规定以及地方性法规实施中具体应用问题的解释；

（六）其他应当报送本级人民代表大会常务委员会备案的规范性文件。

海口市、三亚市和三沙市人民政府制定的规章同时报送省人民代表大会常务委员会备案。

第十条　下列规范性文件，应当报送上一级人民代表大会常务委员会备案：

（一）市、县（区）、自治县人民代表大会及其常务委员会作出的决议、决定等规范性文件；

（二）乡、镇人民代表大会作出的决议、决定等规范性文件；

（三）其他应当报送上一级人民代表大会常务委员会备案的规范性文件。

第十一条　规范性文件应当自公布之日起三十日内报送备案。

报送规范性文件备案，应当报送纸质文本和电子文本。

每年一月底前，制定机关应当将上一年度制定、修改、废止的规范性文件目录报送备查。

第十二条　规范性文件由制定机关的办公厅（室）负责报送备案。

报送备案时，应当将备案报告、政府令或者公告、有关修改或者废止的决定、规范性文件文本、说明等有关文件的纸质文本装订成册，一式五份，报送县级以上人民代表大会常务委员会法制工作机构。

电子文本应当通过省人民代表大会常务委员会规范性文件备案审查信息平台报送，报送的电子文本应当符合规定的格式标准和要求。

第十三条　县级以上人民代表大会常务委员会法制工作机构应当自收到备案文件之日起七日内进行形式审查，对符合法定范围和程序、备案文件齐全、符合格式标准和要求的，予以接收并通过规范性文件备案审查信息平台发送电子回执；对不符合法定范围和程序、备案文件不齐全或者不符合格式标准和要求的，以电子指令形式予以退回并说明理由。

因备案文件不齐全或者不符合格式标准和要求被退回的，制定机关应当自收到电子指令之日起十日内按照要求重新报送备案。

第十四条　县级以上人民代表大会常务委员会法制工作机构对接收备案的规范性文件进行登记、存档。

第十五条　县级以上人民代表大会常务委员会法制工作机构对制定机关的报送工作进行督促检查，对迟报、漏报等情况适时予以通报，并责令制定机关限期改正；制定机关拒不改正的，应当提出处理意见，经主任会议决定，建议其对相关责任人员依法给予处分。

第三章　审　查

第一节　审查程序

第十六条　县级以上人民代表大会常务委员会对规范性文件采取依职权主动审查、依申请审查、专项审查等方式进行审查。

第十七条　县级以上人民代表大会常务委员会法制工作机构应当对报送备案的规范性文件进行主动审查，同时根据职责分工分送有关专门委员会、常务委员会有关工作机构进行审查。必要时，专门委员会、常务委员会工作机构可以进行联合审查。

第十八条　县级以上人民政府、监察委员会、人民法院、人

民检察院认为应当报送本级人民代表大会常务委员会备案的规范
性文件有本章第二节所列情形之一的，可以向本级人民代表大会
常务委员会书面提出审查要求；县级以上人民代表大会常务委员
会认为应当报送上一级人民代表大会常务委员会备案的规范性文
件有本章第二节所列情形之一的，可以向该级人民代表大会常务
委员会书面提出审查要求。

前款之外的其他国家机关和社会团体、企业事业组织以及公
民认为规范性文件有本章第二节所列情形之一的，可以向有权对
该规范性文件进行备案审查的人民代表大会常务委员会书面提出
审查建议。

审查要求、审查建议应当写明要求或者建议审查的规范性文
件名称、审查的事项和理由。

第十九条　县级以上人民代表大会常务委员会法制工作机构
对审查要求、审查建议予以接收、登记，并依法进行审查。同时
根据职责分工分送有关专门委员会、常务委员会有关工作机构进
行审查。必要时，专门委员会、常务委员会工作机构可以进行联
合审查。

对不属于本级人民代表大会常务委员会备案审查范围的审查
建议，由负责审查的专门委员会、常务委员会工作机构移送有权
审查的机关处理，或者告知提出审查建议的有关机关、组织和公
民向有权审查的机关提出。

第二十条　县级以上人民代表大会专门委员会、常务委员会
法制工作机构和其他工作机构可以对以下规范性文件开展专项
审查：

（一）涉及改革发展稳定大局、重大政策调整、人民群众切
身利益和社会普遍关注的重大问题的；

（二）涉及的法律、法规作出重要修改的；

（三）上级、本级人民代表大会及其常务委员会要求进行专项审查的；

（四）其他需要进行专项审查的。

在开展依职权主动审查、依申请审查过程中，发现可能存在共性问题的，可以一并对相关规范性文件进行专项审查。

第二十一条 县级以上人民代表大会专门委员会、常务委员会法制工作机构和其他工作机构对规范性文件进行审查时，发现规范性文件可能存在本章第二节所列情形之一的，可以要求制定机关在一定期限内说明有关情况、反馈意见或者提供相关材料，制定机关应当予以配合。

在对审查要求、审查建议进行审查时，根据需要可以与提出机关、组织或者公民沟通，询问有关情况，要求补充有关材料。

第二十二条 县级以上人民代表大会专门委员会、常务委员会法制工作机构和其他工作机构对规范性文件进行审查时，可以通过座谈会、论证会、书面征求意见或者委托第三方研究等形式，充分听取有关国家机关、社会团体、企业事业组织、基层立法联系点、人大代表、专家学者以及利益相关方的意见。

第二十三条 县级以上人民代表大会专门委员会、常务委员会法制工作机构和其他工作机构应当自收到规范性文件、审查要求或者审查建议之日起三个月内完成审查工作。

第二节 审查标准

第二十四条 对规范性文件进行审查，发现规范性文件存在与党中央决策部署不相符或者与国家改革方向不一致问题的，应当提出审查意见。

第二十五条 对报送备案的规范性文件进行审查，发现规范性文件违背法律、法规规定，有下列情形之一的，应当提出审查意见：

（一）违反《中华人民共和国立法法》，对只能制定法律、法规的事项作出规定；

（二）超越法定权限，违法设定公民、法人和其他组织的权利与义务，或者违法设定国家机关的权力与责任；

（三）违法设定行政许可、行政处罚、行政强制、行政收费，或者对法律、法规设定的行政许可、行政处罚、行政强制、行政收费违法作出调整和改变；

（四）与法律、法规规定明显不一致，或者与法律、法规的立法目的、原则明显相违背，旨在抵消、改变或者规避法律、法规规定；

（五）违反授权决定，超出授权范围；

（六）违反法定程序；

（七）其他违反法律、法规的情形。

第二十六条　对报送备案的规范性文件进行审查，发现规范性文件存在明显不适当问题，有下列情形之一的，应当提出审查意见：

（一）明显违背社会主义核心价值观和公序良俗；

（二）对公民、法人或者其他组织的权利和义务的规定明显不合理；

（三）因现实情况发生重大变化而不宜继续施行；

（四）其他明显不适当的情形。

第四章　处　理

第二十七条　县级以上人民代表大会专门委员会、常务委员会法制工作机构和其他工作机构经审查，认为规范性文件存在本条例第三章第二节规定情形，需要予以纠正的，应当依法向制定机关提出书面审查意见，要求制定机关在两个月内提出书面处理意见。

县级以上人民代表大会专门委员会、常务委员会有关工作机构提出书面审查意见前，应当征求法制工作机构的意见；法制工作机构提出书面审查意见前，应当征求有关专门委员会、其他工作机构的意见。在审查过程中有较大意见分歧的，应当向主任会议报告。

省人民代表大会专门委员会、常务委员会法制工作机构和其他工作机构经审查认为，设区的市人民政府制定的规章有本条例第三章第二节规定情形的，应当将书面审查意见同时抄送省人民政府和该设区的市人民代表大会常务委员会。

第二十八条 县级以上人民代表大会专门委员会、常务委员会法制工作机构和其他工作机构提出书面审查意见前，可以与制定机关沟通，要求制定机关及时修改或者废止。

经沟通，制定机关同意对规范性文件予以修改或者废止，并书面提出明确处理计划和时限的，可以不再向其提出书面审查意见，审查中止。

第二十九条 制定机关收到审查意见后逾期未报送书面处理意见的，提出审查意见的专门委员会、法制工作机构或者其他工作机构可以向制定机关发函督促或者约谈制定机关有关负责人，要求制定机关限期报送书面处理意见。

第三十条 制定机关按照审查意见对规范性文件进行修改、废止的，审查终止。

县级以上人民代表大会专门委员会、常务委员会法制工作机构和其他工作机构应当将审查落实情况向主任会议报告。

对修改的规范性文件，制定机关应当重新公布；对废止的规范性文件，制定机关应当公布废止决定。重新公布的规范性文件和废止决定应当依法报送备案。

第三十一条　制定机关未按照书面审查意见对规范性文件及时予以修改、废止的，县级以上人民代表大会专门委员会、常务委员会法制工作机构和其他工作机构应当依法向主任会议提出予以撤销或者要求制定机关予以修改、废止的议案、建议，由主任会议决定提请常务委员会会议审议。

省人民代表大会专门委员会、常务委员会法制工作机构和其他工作机构经审查认为，设区的市人民政府制定的规章有本条例第三章第二节规定的情形而制定机关不予修改、废止的，可以向主任会议提出报告，由主任会议决定是否转交省人民政府或者该设区的市人民代表大会常务委员会处理。

第三十二条　县级以上人民代表大会专门委员会、常务委员会法制工作机构和其他工作机构在规范性文件审查结束后的三十日内，应当将审查情况向提出审查要求的国家机关或者提出审查建议的有关机关、组织和公民反馈，并可以适当方式向社会公开。

第五章　保障措施

第三十三条　县级以上人民代表大会常务委员会应当加强规范性文件备案审查工作机构和队伍建设，完善工作机制，配备专业人员，加强人员培训，提高工作能力。

第三十四条　县级以上人民代表大会常务委员会应当建立健全人民代表大会常务委员会听取和审议规范性文件备案审查工作情况报告制度。

县级以上人民代表大会常务委员会法制工作机构应当每年向人民代表大会常务委员会专项报告开展规范性文件备案审查工作的情况，由常务委员会会议审议。

第三十五条 县级以上人民代表大会专门委员会、常务委员会有关工作机构向法制工作机构提供备案审查工作有关情况和材料，由法制工作机构汇总草拟工作报告，经征询专门委员会、常务委员会其他工作机构意见后按规定上报。

备案审查工作情况报告的内容一般包括：接收备案的情况，开展依职权主动审查、依申请审查和专项审查的情况，对规范性文件纠正处理的情况，开展备案审查制度和能力建设的情况，对下级人民代表大会常务委员会备案审查工作进行业务指导的情况，下一步工作建议和安排等。

第三十六条 县级以上人民代表大会常务委员会法制工作机构应当督促制定机关履行规范性文件报送备案的职责，及时了解规范性文件报送备案的有关情况。

县级以上人民代表大会常务委员会法制工作机构应当建立规范性文件备案审查工作情况的沟通协调工作机制，并定期汇总、统计规范性文件的审查工作情况和数据。

第三十七条 县级以上人民代表大会常务委员会应当建立社会各方面有序参与规范性文件备案审查工作机制，畅通公民、法人和其他组织提出审查建议的渠道。

县级以上人民代表大会常务委员会可以建立备案审查工作专家咨询制度，聘请专家学者和实务工作者等担任咨询专家，参与备案审查工作。

在审查过程中，可以委托有关高等院校、科研机构、行业协会等对规范性文件进行研究，提供参考意见。

第三十八条 县级以上人民代表大会常务委员会法制工作机构应当加强与同级党委、人民政府负责规范性文件备案审查的工作机构的联系沟通，建立健全备案审查衔接联动工作机制，加强信息共享与工作交流协作。

第六章　附　则

第三十九条　本条例自 2021 年 9 月 1 日起施行。2000 年 9 月 29 日海南省第二届人民代表大会常务委员会第十六次会议通过的《海南省人民代表大会常务委员会审查备案规章的规定》同时废止。

河北省各级人民代表大会常务委员会
规范性文件备案审查条例

第一条 为了加强规范性文件备案审查工作，维护宪法法律权威，维护国家法制统一，根据《中华人民共和国立法法》《中华人民共和国各级人民代表大会常务委员会监督法》等法律的有关规定，参照《法规、司法解释备案审查工作办法》，结合本省实际，制定本条例。

第二条 本省各级人民代表大会常务委员会对规范性文件的备案审查，适用本条例。

本条例所称规范性文件，是指本行政区域内有关国家机关依照法定权限和程序制定并公开发布，涉及公民、法人和其他组织权利、义务，具有普遍约束力，在一定时期内反复适用的文件。

第三条 县级以上人民代表大会常务委员会应当按照有件必备、有备必审、有错必纠的原则，依照法定权限和程序开展规范性文件备案审查工作。

县级以上人民代表大会常务委员会应当加强规范性文件备案审查制度和能力建设，建立备案审查工作统筹协调机制，促进规范性文件备案审查工作科学化、民主化、制度化、规范化、信息化。

第四条 下列规范性文件，应当报送同级人民代表大会常务委员会备案：

（一）省人民政府、设区的市人民政府制定的规章；

（二）县级以上人民政府制定或者以其办公厅（室）名义制定的规范性文件；

（三）县级以上监察委员会制定或者由其会同有关国家机关制定的规范性文件；

（四）人民法院、人民检察院制定或者由其会同有关国家机关制定的规范性文件。

第五条　下列规范性文件，应当报送上一级人民代表大会常务委员会备案：

（一）设区的市人民政府制定的规章；

（二）设区的市、县（市、区）人民代表大会及其常务委员会作出的决议、决定等规范性文件；

（三）乡（镇）人民代表大会作出的决议、决定等规范性文件。

第六条　规范性文件制定机关（以下简称制定机关）应当加强规范性文件报送备案工作，建立健全工作制度，确定负责规范性文件报送备案工作的机构和人员。

规范性文件应当自公布之日起三十日内报送备案。规范性文件报送备案，应当提交备案报告、政府令或者公告、规范性文件正式文本、说明和制定规范性文件的主要依据及其他参考资料。

报送规范性文件备案，应当报送纸质文件和电子文件。纸质文件应当按照统一格式、一式五份报送；电子文件应当通过河北省人民代表大会常务委员会规范性文件备案审查信息平台报送，报送的电子文本应当符合格式标准和要求。

每年一月三十一日前，制定机关应当将其上一年度制定、修改和废止的规范性文件目录报送备案机关备查。

第七条　县级以上人民代表大会常务委员会办公厅（室）负责报送备案的规范性文件的接收、登记、分送和存档。

县级以上人民代表大会常务委员会负责法制工作的机构是规范性文件备案审查工作机构（以下简称备案审查工作机构），负责规范性文件的备案审查工作。

县级以上人民代表大会专门委员会、常务委员会工作机构按照职责分工，负责相关领域规范性文件的审查工作。

第八条　县级以上人民代表大会专门委员会或者常务委员会工作机构发现报送备案的规范性文件，有下列情形之一的，应当提出初步审查意见：

（一）与党中央的重大决策部署不相符或者与国家重大改革方向不一致；

（二）违反《中华人民共和国立法法》规定，对只能由法律规定的事项作出规定；

（三）违反授权决定，超出授权范围；

（四）超越法定权限，限制或者剥夺公民、法人和其他组织合法权利，增加公民、法人和其他组织义务，或者违法设定国家机关的权力与责任；

（五）违法设定行政许可、行政处罚、行政强制，或者对上位法设定的行政许可、行政处罚、行政强制违法做出调整和改变；

（六）与上位法明显不一致，或者与上位法的立法目的、原则明显相违背，旨在抵消、改变或者规避上位法规定；

（七）同上级或者本级人民代表大会及其常务委员会的决议、决定等规范性文件相抵触；

（八）违反法定程序；

（九）明显违背社会主义核心价值观和公序良俗；

（十）对公民、法人或者其他组织的权利和义务的规定明显不合理；

（十一）因现实情况发生重大变化而不宜继续施行；

（十二）其他明显不适当的情形。

第九条　县级以上人民代表大会专门委员会、常务委员会工作机构，对报送备案的规范性文件进行主动审查。

审查时，可以要求规范性文件制定机关补充相关材料，说明有关情况。必要时，可以通过召开联合审查会议、论证会、听证会等方式，广泛听取制定机关、相关部门、专家及社会各界的意见。

第十条　县级以上人民代表大会专门委员会、常务委员会工作机构可以对以下方面的规范性文件开展专项审查：

（一）关系重大改革和政策重大调整的；

（二）涉及的法律、法规有重要修改的；

（三）关系人民群众切身利益和社会普遍关注的重大问题的；

（四）其他需要进行专项审查的。

第十一条　县级以上人民代表大会专门委员会或者常务委员会工作机构经审查，认为报送备案的规范性文件存在本条例第八条所列情形的，应当将初步审查意见送交备案审查工作机构研究办理。

备案审查工作机构收到初步审查意见后，经研究认为该规范性文件确实存在本条例第八条所列情形的，可以会同提出初步审查意见的人民代表大会专门委员会或者常务委员会工作机构与制定机关进行沟通，提出修改或者撤销的审查意见。制定机关按照审查意见对该规范性文件进行修改或者废止的，该次审查终止。

审查过程中，发现有关规范性文件可能存在合宪性问题的，应当提出研究意见，报送全国人民代表大会常务委员会法制工作委员会征求意见。

县级以上人民代表大会专门委员会或者常务委员会工作机构

的初步审查意见与备案审查工作机构的研究意见不一致的，由备案审查工作机构向本级人民代表大会常务委员会主任会议报告。

第十二条 规范性文件存在本条例第八条所列情形，需要予以纠正，沟通后制定机关不予修改或者废止的，经本级人民代表大会常务委员会主任会议同意，由常务委员会办公厅（室）向制定机关提出书面审查意见，建议制定机关自行修改或者废止该规范性文件。

第十三条 制定机关应当自收到书面审查意见后六十日内研究提出是否修改或者废止该规范性文件的意见，并向提出书面审查意见的本级人民代表大会常务委员会办公厅（室）书面反馈。

第十四条 制定机关接到书面审查意见后，提出的无需修改或者废止的理由不成立，或者未在规定期限内按照书面审查意见及时予以修改或者废止的，可以由人民代表大会专门委员会向人民代表大会常务委员会提出撤销该规范性文件的议案，由本级常务委员会主任会议决定提请人民代表大会常务委员会会议审议；也可以由备案审查工作机构提出处理建议，由本级常务委员会主任会议决定是否向人民代表大会常务委员会提出撤销该规范性文件的议案。

县级以上人民代表大会常务委员会会议审议撤销规范性文件的议案时，制定机关应当派人到会听取意见，并可以书面提出陈述意见。

县级以上人民代表大会常务委员会会议经过审议，认为规范性文件应当予以撤销的，应当作出撤销决定并向社会公布。

监察委员会、人民法院、人民检察院制定的规范性文件有本条例第八条所列情形，逾期未依照书面审查意见修改或者废止的，应当向同级人民代表大会常务委员会提出专项报告。

第十五条 制定机关应当向社会公布修改后的规范性文件文

本或者废止规范性文件的决定，并按照本条例规定报送备案。

第十六条　设区的市人民代表大会常务委员会对同级人民政府报送备案的规章审查完毕后，应当将审查意见一式五份报送省人民代表大会常务委员会。省人民代表大会常务委员会备案审查工作机构对设区的市人民代表大会常务委员会报送的审查意见，经研究认为不适当的，可以要求设区的市人民代表大会常务委员会重新审查。

第十七条　县级以上人民政府、监察委员会、人民法院、人民检察院认为同级人民代表大会常务委员会负责备案审查的规范性文件存在本条例第八条所列情形的，可以向其提出审查要求；设区的市、县（市、区）人民代表大会常务委员会认为上一级人民代表大会常务委员会负责备案审查的规范性文件存在本条例第八条所列情形的，可以向其提出审查要求。

县级以上人民代表大会常务委员会办公厅（室）负责接收、登记审查要求，并分送人民代表大会相关专门委员会、常务委员会相关工作机构进行审查。人民代表大会相关专门委员会、常务委员会相关工作机构应当自收到审查要求之日起六十日内提出书面审查意见。

第十八条　本条例第十七条规定以外的其他国家机关和社会团体、企业事业组织以及公民认为规范性文件存在本条例第八条所列情形的，可以向负责备案审查的县级以上人民代表大会常务委员会提出审查建议。

县级以上人民代表大会常务委员会办公厅（室）负责接收审查建议，并转交备案审查工作机构。备案审查工作机构对审查建议进行登记并审查研究，必要时，根据文件内容，按照职责分工将审查建议分送人民代表大会相关专门委员会、常务委员会相关工作机构进行审查。人民代表大会相关专门委员会、常务委员会相关工作机构应当自收到审查建议之日起六十日内提出书面审查意见。

第十九条　审查要求或者审查建议，应当以书面形式提出，写明要求或者建议审查的规范性文件名称、审查的事项和理由。

审查建议不属于本级人民代表大会常务委员会备案审查范围的，备案审查工作机构可以移送有关机关处理或者告知提出审查建议的国家机关、社会团体、企业事业组织以及公民向有权进行备案审查的机关提出。

第二十条　要求或者建议县级以上人民代表大会常务委员会对报送备案的规范性文件进行审查的，其程序按照本条例第九条至第十五条的规定办理。

第二十一条　省人民代表大会常务委员会接到对设区的市政府规章的审查要求或者审查建议的，可以将审查要求或者审查建议分送省人民政府司法行政机关和设区的市人民代表大会常务委员会进行审查。省人民政府司法行政机关和设区的市人民代表大会常务委员会应当将办理结果书面报送省人民代表大会常务委员会。

第二十二条　县级以上人民代表大会专门委员会、常务委员会工作机构在依审查要求或者审查建议对规范性文件进行审查结束后，应当由常委会办公厅向提出审查要求的国家机关进行反馈，或者由备案审查工作机构向提出审查建议的有关国家机关、社会团体、企业事业组织以及公民反馈。

第二十三条　县级以上人民代表大会常务委员会应当建立引导社会各方面有序参与规范性文件备案审查工作机制，畅通提出审查要求和审查建议的渠道。县级以上人民代表大会专门委员会、常务委员会工作机构在办理审查要求或者审查建议时，可以听取提出审查要求或者审查建议的有关国家机关、社会团体、企业事业组织以及公民的意见。

县级以上人民代表大会常务委员会可以委托具备专业能力和条件的高等院校、科研机构、行业协会等对规范性文件进行研究论证，并为备案审查工作提供参考意见。

第二十四条　县级以上人民代表大会常务委员会应当建立健全人民代表大会常务委员会听取和审议规范性文件备案审查工作情况报告制度。

备案审查工作机构应当每年向本级人民代表大会常务委员会报告规范性文件备案审查工作情况。县级以上人民代表大会专门委员会、常务委员会工作机构应当将规范性文件审查工作情况纳入其年度工作报告。

第二十五条　制定机关未按照规定时限和要求报送规范性文件的，由负责备案的县级以上人民代表大会常务委员会责令限期改正；逾期未改正的，给予通报批评；拒不改正的，应当提出处理意见，经常务委员会主任会议决定后，建议制定机关对相关责任人员依法给予处分。

第二十六条　本条例自 2020 年 5 月 1 日起施行。

黑龙江省各级人民代表大会常务委员会规范性文件备案审查条例

第一条 为了加强宪法、法律、法规实施和监督，加强规范性文件的备案审查工作，维护法制统一，促进法治黑龙江建设，保障自然人、法人和非法人组织的合法权益，根据宪法和《中华人民共和国立法法》《中华人民共和国各级人民代表大会常务委员会监督法》等法律的规定，结合本省实际，制定本条例。

第二条 本省各级人民代表大会常务委员会对规范性文件进行备案审查，适用本条例。

第三条 本条例所称规范性文件，是指本省各级人民代表大会及其常务委员会和县级以上人民政府、监察委员会、人民法院、人民检察院制定，涉及不特定的自然人、法人和非法人组织权利、义务，在一定时期内反复适用并具有普遍约束力的文件。

第四条 下列规范性文件，应当报送本级人民代表大会常务委员会备案：

（一）省人民政府、设区的市人民政府制定的规章；

（二）县级以上人民政府制定、发布以及授权其办公厅（室）发布的决定、命令、规定、细则、办法、意见等规范性文件；

（三）县级以上监察委员会制定的指导、规范监察工作的规范性文件；

（四）县级以上人民法院、人民检察院制定的指导、规范审判、检察工作的意见、规定、办法等规范性文件；

（五）县级以上监察委员会、人民法院、人民检察院与本级人民政府职能部门联合发布的意见、规定、办法等规范性文件；

（六）地方性法规授权制定的配套性规定以及地方性法规实施中具体应用问题的解释；

（七）其他应当报送备案的规范性文件。

第五条　下列规范性文件，应当报送上一级人民代表大会常务委员会备案：

（一）设区的市、县（市、区）人民代表大会及其常务委员会作出的决议、决定等规范性文件；

（二）乡（镇）人民代表大会作出的决议、决定等规范性文件；

（三）设区的市人民政府制定的规章；

（四）其他应当报送备案的规范性文件。

第六条　大兴安岭地区行政公署、大兴安岭地区监察委员会、大兴安岭地区中级人民法院、黑龙江省人民检察院大兴安岭分院制定的规范性文件报送省人民代表大会常务委员会备案的日常工作，由省人民代表大会常务委员会大兴安岭地区工作委员会受理。在大兴安岭地区，本条例规定的省人民代表大会常务委员会备案审查工作机构的职责，由省人民代表大会常务委员会大兴安岭地区工作委员会承担。

黑龙江省农垦中级人民法院、黑龙江省人民检察院农垦分院制定的规范性文件报送省人民代表大会常务委员会备案。

黑龙江省林区中级人民法院、黑龙江省人民检察院林区分院制定的规范性文件报送省人民代表大会常务委员会备案。

哈尔滨铁路运输中级法院、黑龙江省人民检察院哈尔滨铁路运输分院制定的规范性文件报送省人民代表大会常务委员会备案。

第七条　规范性文件制定机关应当确定具体机构或者指定专门人员负责规范性文件的报送备案工作。

规范性文件应当自公布之日起 30 日内报送备案。规范性文件报送备案，应当提交备案报告、规范性文件正式文本和说明，按照统一格式装订成册，一式五份并附电子文本。

每年 1 月 31 日前，规范性文件制定机关应当将其上一年度制定和废止的规范性文件目录报送人民代表大会常务委员会确定的负责备案审查工作的机构（以下简称备案审查工作机构）。

第八条　备案审查工作机构收到报送备案的规范性文件后，应当及时登记存档，并分送人民代表大会相关专门委员会或者常务委员会有关工作机构进行主动审查。

备案审查工作机构按照法定职责，对报送备案的规范性文件进行主动审查。

第九条　对报送备案的规范性文件，主要审查是否存在下列情形：

（一）对只能制定法律的事项作出规定；

（二）未经授权，对只能制定行政法规、地方性法规的事项作出规定；

（三）超越法定权限，限制或者减损自然人、法人和非法人组织合法权利，或者增加自然人、法人和非法人组织义务，增加或者扩充国家机关的权力或者缩减其责任；

（四）超越法定权限增设新的行政许可、行政处罚、行政强制、行政收费，或者虽然依据法律设定的行政许可、行政处罚、行政强制、行政收费作出具体规定，但是超出法律规定的行为、种类和幅度的范围；

（五）同宪法、法律、行政法规或者本行政区域地方性法规、自治条例和单行条例的规定相抵触；

（六）同上级或者本级人民代表大会及其常务委员会的决议、决定等规范性文件相抵触；

（七）根据授权制定，其内容超出授权的范围；

（八）违反法定程序；

（九）不符合社会主义核心价值观等其他应当予以修改或者撤销的不适当情形。

第十条　县级以上人民代表大会专门委员会、常务委员会工作机构、备案审查工作机构在规范性文件审查中，发现规范性文件可能存在本条例第九条所列情形之一的，可以要求制定机关作出说明。

制定机关应当在 10 个工作日内对有关条款的制定背景、目的、依据、实施情况等作出书面说明并反馈意见。

第十一条　县级以上人民代表大会专门委员会或者常务委员会工作机构经审查，认为报送备案的规范性文件存在本条例第九条所列情形之一的，应当将提出的审查意见交备案审查工作机构研究办理。备案审查工作机构可以与制定机关进行沟通，提出修改或者废止的意见，制定机关应当在 30 日内向备案审查工作机构书面反馈处理结果。

相关专门委员会或者常务委员会工作机构的审查意见与备案审查工作机构的研究意见不一致的，由备案审查工作机构提请人民代表大会常务委员会主任会议（以下简称主任会议）研究决定。

制定机关按照审查意见对规范性文件进行修改或者废止的，该次审查终止。

第十二条　规范性文件存在本条例第九条所列情形之一，需要修改或者废止，备案审查工作机构与制定机关沟通后制定机关未予修改或者废止的，经主任会议同意，由人民代表大会常务委员会办公厅（室）向制定机关提出书面审查意见，建议制定机关自行修改或者废止该规范性文件。

制定机关应当自收到书面审查意见后 30 日内，提出是否修改或者废止该规范性文件的意见，并向人民代表大会常务委员会办公厅（室）反馈。

第十三条　制定机关收到书面审查意见后，提出无需修改或者废止的理由不成立，或者未在规定期限内予以反馈的，可以由专门委员会向人民代表大会常务委员会提出撤销该规范性文件的议案，由主任会议决定提请人民代表大会常务委员会会议审议；也可以由备案审查工作机构提出处理建议，由主任会议决定是否向人民代表大会常务委员会提出撤销该规范性文件的议案。

人民代表大会常务委员会会议审议撤销规范性文件的议案时，制定机关应当派人到会听取意见，并可以书面陈述意见。

人民代表大会常务委员会会议经过审议，认为规范性文件应当予以撤销的，应当作出撤销决定并向社会公布。

各级监察委员会、人民法院、人民检察院制定的规范性文件有本条例第九条所列情形之一，未依照书面审查意见修改或者废止的，备案审查工作机构可以建议主任会议要求制定机关向人民代表大会常务委员会提出专项报告。

第十四条　制定机关对修改或者废止的规范性文件应当公布，并报送备案。

第十五条　县级以上人民代表大会常务委员会认为上一级人民代表大会常务委员会负责审查的规范性文件存在本条例第九条所列情形之一的，可以向其书面提出审查要求，备案审查工作机构应当接收登记、提出办理建议，并依据本条例第十条至第十三条的规定处理。

县级以上人民政府、监察委员会、人民法院、人民检察院认为本级人民代表大会常务委员会负责备案审查的规范性文件存在本条例第九条所列情形之一的，可以向其书面提出审查要求，备案审查工作机构应当接收登记、提出办理建议，并依据本条例第十条至第十三条的规定处理。

前两款规定以外的其他国家机关、社会团体、企业事业组织以及公民认为规范性文件存在本条例第九条所列情形之一的，可以向人民代表大会常务委员会书面提出审查建议，对有权进行备案审查的，备案审查工作机构应当接收登记，对审查建议进行研究，必要时提出办理建议，并依据本条例第十条至第十三条的规定处理；对属于本级人民代表大会常务委员会以外的其他机关备案审查的规范性文件提出的审查建议，备案审查工作机构应当自收到之日起 15 日内，告知提出的单位或者个人向有权进行备案审查的机关提出。

备案审查工作机构应当在办理审查要求或者审查建议结束后 7 日内将办理结果书面告知有关单位或者个人。

第十六条　国家机关、社会团体、企业事业组织以及公民书面提出的审查要求或者审查建议，应当写明要求或者建议审查的规范性文件名称、审查的事项和理由。

第十七条　省人民代表大会常务委员会备案审查工作机构接到对设区的市政府规章的审查要求或者审查建议，或者通过主动审查发现设区的市政府规章存在本条例第九条所列情形之一的，可以转省人民政府负责法制工作的机构或者设区的市人民代表大会常务委员会进行审查。省人民政府法制工作机构或者设区的市人民代表大会常务委员会应当在 60 日内将办理结果报送省人民代表大会常务委员会备案审查工作机构。

第十八条　备案审查工作机构发现本级人民政府所属工作部

门和机构制定的规范性文件存在本条例第九条所列情形之一的，应当提出处理建议，转本级人民政府负责法制工作的机构办理，人民政府负责法制工作的机构应当在60日内反馈办理结果。

备案审查工作机构发现本行政区域内其他国家机关或者不属于本级人民政府直接管理的国家行政机关以及具有社会管理职能的其他组织制定的规范性文件存在本条例第九条所列情形之一的，可以向有关机关提出处理建议，有关机关应当在60日内反馈办理结果。

第十九条　备案审查工作机构对制定机关报送备案情况进行监督检查，可以到制定机关查阅规范性文件及其目录，制定机关应当予以配合。

市级以上人民代表大会常务委员会备案审查工作机构对下级人民代表大会常务委员会备案审查工作进行业务指导，发现下级人民代表大会常务委员会备案审查的规范性文件存在本条例第九条所列情形之一的，可以要求下级人民代表大会常务委员会备案审查工作机构审查，并在60日内报告审查结果。

第二十条　人民代表大会专门委员会、人民代表大会常务委员会工作机构和备案审查工作机构在审查规范性文件时，可以征求人大代表、专家学者和有关部门的意见，可以通过听取专项报告、组织调研、听证论证等方式进行审查。

第二十一条　省人民代表大会常务委员会应当加强备案审查信息化建设，建立全省统一的规范性文件备案审查信息平台，提高备案审查能力。

第二十二条　备案审查工作机构应当在每年四月底前向人民代表大会常务委员会专项报告上一年度规范性文件备案审查工作情况。

第二十三条　规范性文件制定机关未按照规定时限和要求报

送规范性文件及目录的，备案审查工作机构应当通知其限期报送或者补充报送；逾期仍不报送的，备案审查工作机构应当提出处理意见，经主任会议决定，责成制定机关作出说明并限期改正、对相关责任人员给予通报批评。

　　第二十四条　本条例自 2018 年 12 月 1 日起施行。

湖北省各级人民代表大会常务委员会
规范性文件备案审查工作条例

第一章 总 则

第一条　为了规范和加强规范性文件备案审查工作，维护社会主义法制的统一和尊严，根据《中华人民共和国宪法》、《中华人民共和国立法法》和《中华人民共和国各级人民代表大会常务委员会监督法》等有关法律的规定，参照《法规、司法解释备案审查工作办法》，结合本省实际，制定本条例。

第二条　本条例适用于本省各级人民代表大会常务委员会规范性文件备案审查工作。

第三条　本条例所称规范性文件，是指各级人民代表大会、县级以上人民代表大会常务委员会和人民政府、监察委员会、人民法院、人民检察院依照法定权限和程序制定的，涉及公民、法人和其他组织的权利与义务，在本行政区域内具有普遍约束力并在一定时期内反复适用的文件。

第四条　规范性文件备案审查工作应当坚持中国共产党的领导，维护法制统一，依照法定权限和程序，坚持有件必备、有备必审、有错必纠。

第五条　县级以上人民代表大会常务委员会应当履行宪法、法律赋予的监督职责，依法开展备案审查工作，保证党中央令行禁止，保障宪法法律法规实施，保护公民、法人和其他组织合法权益，促进规范性文件制定机关（以下简称制定机关）提高规范性文件制定水平。

第六条　县级以上人民代表大会专门委员会、常务委员会工作机构应当在常务委员会的领导下，按照职责分工，负责有关规范性文件的审查研究工作。

县级以上人民代表大会常务委员会确定的承担备案审查工作的机构（以下简称备案审查工作机构）负责备案审查日常工作。其主要职责是：

（一）宣传贯彻落实规范性文件备案审查的相关法律、法规规定；

（二）负责本级人民代表大会及其常务委员会规范性文件上报备案工作；

（三）负责报送备案的规范性文件和审查要求、审查建议的接收、登记、研究、提出办理建议、分送、处理、归档、信息收集与研究等工作；

（四）负责上级人民代表大会常务委员会及其有关工作机构、本级人民代表大会常务委员会及其主任会议等交办的有关规范性文件备案审查事项；

（五）负责规范性文件备案审查的组织、协调、联系、服务、指导等工作。

第七条　县级以上人民代表大会常务委员会备案审查工作机构应当落实备案审查衔接联动机制，加强与同级党委、人民政府备案审查工作机构的协作配合，加强与同级监察委员会、人民法院、人民检察院有关工作机构的协调联系。

上级人民代表大会常务委员会备案审查工作机构应当密切与下级人民代表大会常务委员会备案审查工作机构的工作联系，加强业务指导。

第二章 备 案

第八条 下列规范性文件，应当报送本级人民代表大会常务委员会备案：

（一）省、设区的市、自治州人民政府制定的规章以及对规章作出的解释；

（二）县级以上人民政府制定的决定、命令、规定、办法、细则、意见等，县级以上人民政府办公厅（室）制定的规范性文件，以及县级以上人民政府部门和机构冠经本级人民政府同意制定的规范性文件；

（三）各级监察委员会制定或者由其会同有关国家机关制定的规范、指导监察工作的规定、办法、细则、意见等规范性文件；

（四）各级人民法院、人民检察院制定或者由其会同有关国家机关制定的规范、指导审判、检察工作的规定、办法、细则、意见、会议纪要、指引等规范性文件；

（五）地方性法规、自治条例和单行条例授权制定的配套性规范性文件；

（六）其他依法应当报送本级人民代表大会常务委员会备案的规范性文件。

第九条 下列规范性文件，应当报送上一级人民代表大会常务委员会备案：

（一）设区的市、自治州人民政府制定的规章以及对规章作出的解释；

（二）县级以上人民代表大会及其常务委员会作出的决议、决定等；

（三）乡、民族乡、镇人民代表大会作出的决议、决定等；

（四）其他依法应当报送上一级人民代表大会常务委员会备案的规范性文件。

有解释权的机关对设区的市、自治州的地方性法规，自治州、自治县的自治条例和单行条例作出的解释，报省人民代表大会常务委员会备案。

第十条　制定机关应当自规范性文件发布之日起三十日内报送备案。

报送备案时，应当一并提交符合统一格式标准和要求的纸质文件和电子文件。纸质文件和电子文件应当包括备案报告、政府令或者公告、规范性文件文本及其说明等文件（以下统称报备文件）。电子文件应当通过省人大常委会立法与备案审查信息平台（以下简称省备案审查信息平台）报送。

县级以上人民代表大会常务委员会以外的制定机关应当确定具体工作机构和专门人员，负责规范性文件的报送备案工作。

第十一条　备案审查工作机构应当自收到报备文件之日起十日内进行形式审查。

对符合报备范围、报备文件齐全、符合格式标准和要求的，应当接收、登记备案，并通过省备案审查信息平台发送电子回执；对报备文件不齐全或者不符合格式标准和要求的，应当通知制定机关，同时通过省备案审查信息平台退回并说明理由，制定机关应当自收到退回通知之日起十日内按照要求重新报送备案。

对不符合报备范围的，应当通知制定机关，同时通过省备案审查信息平台退回并说明理由。

第十二条　备案审查工作机构对登记备案的规范性文件提出办理建议，按照有关程序和职责分工及时分送人民代表大会有关专门委员会或者常务委员会有关工作机构进行审查研究。

第三章　审查要求和审查建议

第十三条　县级以上人民代表大会常务委员会、人民政府、监察委员会、人民法院、人民检察院认为规范性文件存在本条例第二十三条、第二十四条、第二十五条所列情形之一的，可以向有权进行备案审查的同级或者上一级人民代表大会常务委员会书面提出审查要求。

前款规定以外的其他国家机关和社会团体、企业事业组织以及公民认为规范性文件存在本条例第二十三条、第二十四条、第二十五条所列情形之一的，可以向有权进行备案审查的同级或者上一级人民代表大会常务委员会书面提出审查建议。

第十四条　提出审查要求或者审查建议，应当写明要求或者建议审查的规范性文件名称、审查的事项和理由。提出审查建议，还应当注明审查建议提出人的身份信息、联系方式。

审查要求和审查建议不符合规范要求的，备案审查工作机构应当自收到之日起十日内告知提出审查要求的国家机关和提出审查建议的国家机关、社会团体、企业事业组织以及公民予以补正或者重新提出。

第十五条　对属于本级人民代表大会常务委员会审查范围的审查要求，备案审查工作机构应当及时接收、登记、提出办理建议，分送人民代表大会有关专门委员会或者常务委员会有关工作机构进行审查研究、提出意见。

对属于本级人民代表大会常务委员会审查范围的审查建议，备案审查工作机构应当及时接收、登记、进行审查研究。必要时，送人民代表大会有关专门委员会或者常务委员会有关工作机构进行审查研究、提出意见。

对不属于本级人民代表大会常务委员会审查范围的审查要求

和审查建议，备案审查工作机构应当自收到之日起十日内移送有权审查的机关处理，或者告知提出审查要求的国家机关和提出审查建议的国家机关、社会团体、企业事业组织以及公民向有权审查的机关提出。

第十六条 经备案审查工作机构研究，审查建议有下列情形之一的，可以不启动审查程序并告知提出审查建议的国家机关、社会团体、企业事业组织以及公民：

（一）建议审查的规范性文件已经修改、废止或者失效的；

（二）此前已就建议审查的规范性文件与其制定机关作过沟通，制定机关明确表示同意修改或者废止的；

（三）此前对建议审查的规范性文件的同一规定以相同或者相似理由提出，已有审查结论的；

（四）建议审查的理由不明确或者明显不成立的；

（五）其他不宜启动审查程序的情形。

第四章 审 查

第十七条 县级以上人民代表大会专门委员会、常务委员会工作机构，对报送备案的规范性文件依职权进行审查，对要求或者建议审查的规范性文件依申请进行审查。

规范性文件的内容涉及两个以上人民代表大会专门委员会、常务委员会工作机构职责范围的，有关人民代表大会专门委员会、常务委员会工作机构应当分别进行审查研究。

第十八条 备案审查工作机构可以结合贯彻党中央决策部署和落实全国人民代表大会常务委员会的工作要求，对事关重大改革和政策调整、涉及法律法规重要修改、关系公众切身利益、引发社会广泛关注等方面的规范性文件组织开展专项审查。

在开展依职权审查、依申请审查过程中，发现可能存在共性问题的，可以一并对有关规范性文件组织开展专项审查。

第十九条　县级以上人民代表大会专门委员会、常务委员会工作机构对规范性文件进行审查研究时，可以通过书面征求意见，召开座谈会、论证会、听证会等方式，听取国家机关、社会团体、企业事业组织、人大代表、专家学者以及利益相关方的意见，或者委托第三方等对规范性文件进行研究，提出意见和建议。

第二十条　县级以上人民代表大会专门委员会、常务委员会工作机构对规范性文件进行审查研究时，可以向制定机关、提出审查要求的国家机关或者提出审查建议的国家机关、社会团体、企业事业组织以及公民了解有关情况，要求其补充有关材料。必要时，可以采取实地调研等方式，深入了解实际情况。

第二十一条　县级以上人民代表大会专门委员会、常务委员会工作机构审查研究时，认为有必要进行共同审查的，可以召开联合审查会议，并要求制定机关有关负责人到会说明情况。

有关人民代表大会专门委员会、常务委员会工作机构在审查研究中有重大意见分歧的，应当向常务委员会主任会议报告，由常务委员会主任会议研究决定。

第二十二条　县级以上人民代表大会专门委员会、常务委员会工作机构应当自收到规范性文件之日起三十日内书面提出审查意见、研究意见。确需延长审查期限的，应当说明理由。

第二十三条　县级以上人民代表大会专门委员会、常务委员会工作机构在审查研究中，发现规范性文件存在与党中央决策部署不相符或者与国家改革方向不一致问题的，应当提出意见。

第二十四条　县级以上人民代表大会专门委员会、常务委员会工作机构在审查研究中，发现规范性文件存在下列违背法律、法规规定情形之一的，应当提出意见：

（一）超越法定权限的；

（二）与法律、法规规定，以及上级或者本级人民代表大会及其常务委员会的决议、决定等相抵触的；

（三）违法设定减损公民、法人和其他组织权利或者增加其义务，增加国家机关权力或者减少其法定职责的规范的；

（四）与法律、法规规定明显不一致，或者与法律、法规的立法目的、原则明显相违背，旨在抵消、改变或者规避法律、法规规定的；

（五）违反授权规定的；

（六）违背法定程序的；

（七）其他违背法律、法规规定的情形。

第二十五条　县级以上人民代表大会专门委员会、常务委员会工作机构在审查研究中，发现规范性文件存在下列明显不适当情形之一的，应当提出意见：

（一）违背社会主义核心价值观和公序良俗的；

（二）对公民、法人和其他组织的权利与义务的规定明显不合理，或者所规定的措施与制定目的明显不匹配的；

（三）因现实情况发生重大变化而不宜继续施行的；

（四）其他明显不适当的情形。

第二十六条　因现实情况发生重大变化或者法律、法规修改、废止，备案审查工作机构发现已经审查的规范性文件存在问题的，可以重新启动审查程序。

第二十七条　县级以上人民代表大会专门委员会、常务委员会工作机构在审查研究中，认为规范性文件存在违背宪法规定、宪法原则或者宪法精神问题的，按照国家有关规定处理。

第五章　处　理

第二十八条　县级以上人民代表大会专门委员会、常务委员会工作机构在审查研究中，发现规范性文件可能存在本条例第二十三条、第二十四条、第二十五条所列情形之一的，可以与制定机关沟通，或者采取书面形式对制定机关进行询问。

第二十九条　县级以上人民代表大会专门委员会、常务委员会其他工作机构经审查研究，认为规范性文件存在本条例第二十三条、第二十四条、第二十五条所列情形之一，需要予以纠正的，应当书面提出建议修改或者废止的审查意见、研究意见，交备案审查工作机构。

备案审查工作机构在将审查意见、研究意见交制定机关处理前，可以与制定机关沟通，要求其予以修改或者废止。经沟通，制定机关同意对规范性文件予以修改或者废止并在十五日内书面提出明确处理计划的，可以不再向其提出书面的审查意见、研究意见，审查中止；经沟通没有结果的，备案审查工作机构应当将书面的审查意见、研究意见交制定机关处理。

第三十条　制定机关应当自收到审查意见、研究意见之日起三十日内，向备案审查工作机构书面报送是否修改或者废止的意见，并说明理由。备案审查工作机构自收到书面意见之日起十日内向提出审查意见、研究意见的人民代表大会专门委员会或者常务委员会工作机构予以反馈。

制定机关在前款规定时间内向备案审查工作机构书面报送同意修改或者废止的意见，并在六十日内按照审查意见或者研究意见进行修改或者废止的，审查终止。

制定机关逾期未书面报送是否修改或者废止的意见的，备案审查工作机构可以向制定机关发函督促或者约谈其有关负责人，要求制定机关限期书面报送处理意见。

第三十一条　制定机关不同意修改或者废止的理由不成立，或者逾期未按照处理计划和时限修改或者废止，经沟通制定机关仍不予以修改或者废止的，人民代表大会专门委员会、常务委员会工作机构可以依法向常务委员会主任会议提出撤销该规范性文件的议案、建议，由常务委员会主任会议决定是否提请常务委员会会议审议，或者由常务委员会主任会议提出议案，提请常务委员会会议审议。

第三十二条　县级以上人民代表大会常务委员会会议审议撤销规范性文件的议案时，制定机关应当派有关负责人到会听取意见、回答询问，并可以书面陈述意见；人民代表大会常务委员会会议经过审议，认为应当予以撤销的，应当作出撤销该规范性文件的决定并向社会公布。

第三十三条　省人民代表大会专门委员会、常务委员会工作机构认为设区的市、自治州人民政府对其制定的规章提出的不予修改或者废止的理由不成立，或者制定机关逾期未按照处理计划和时限修改或者废止，经沟通制定机关仍不予以修改或者废止的，应当提请省人民代表大会常务委员会主任会议研究决定。常务委员会主任会议认为该规章确需修改或者废止的，应当将审查意见交由设区的市、自治州人民代表大会常务委员会或者省人民政府研究处理。设区的市、自治州人民代表大会常务委员会或者省人民政府应当于六十日内书面反馈处理结果。

县级以上人民代表大会专门委员会、常务委员会工作机构认为本级监察委员会、人民法院、人民检察院对其制定的规范性文件提出的不予修改或者废止的理由不成立，或者制定机关逾期未按照处理计划和时限修改或者废止，经沟通制定机关仍不予以修改或者废止的，应当提请常务委员会主任会议研究决定。常务委员会主任会议认为该规范性文件确需修改或者废止的，应当将审查意见交制定机关限期纠正。制定机关逾期不纠正的，由本级人民代表大会常务委员会通过其他监督方式责令其纠正。

第三十四条　制定机关应当将修改后的规范性文件文本或者废止的规范性文件名称重新公布，并按照本条例的有关规定报送备案。

第三十五条　县级以上人民代表大会专门委员会、常务委员会工作机构经审查研究，认为规范性文件不存在本条例第二十三条、第二十四条、第二十五条所列情形，但存在其他倾向性问题或者可能造成理解歧义、执行不当等问题的，可以函告制定机关予以提醒，或者提出有关意见建议。

第三十六条　审查要求或者审查建议办理结束后，备案审查工作机构应当将办理结果向提出审查要求的国家机关或者提出审查建议的国家机关、社会团体、企业事业组织以及公民进行反馈。

反馈采取书面形式，必要时也可以采取口头形式。

第三十七条　县级以上人民代表大会专门委员会、常务委员会工作机构发现本级人民政府部门和机构制定的本条例第八条第二项以外的文件，本行政区域内其他机关或者不属于本级人民政府直接管理的国家行政机关以及具有公共事务管理职能的其他组织的文件，存在本条例第二十三条、第二十四条、第二十五条所列情形之一的，可以依法向有权审查的机关提出审查建议。

第三十八条　人民法院在审理行政案件中，认为行政行为所依据的本条例第八条第二项的规范性文件不合法，向制定机关提出处理建议时，应当同时抄送制定机关的同级人民代表大会常务委员会备案审查工作机构。

第六章　保障与监督

第三十九条　县级以上人民代表大会常务委员会应当加强对规范性文件备案审查工作的组织领导，加强备案审查制度和能力建设，建立健全备案审查工作机构，加强备案审查队伍建设，配备专业人员，加强人员培训和工作交流，加强信息化建设，提高备案审查工作质量和水平。

县级以上人民代表大会常务委员会应当建立完善规范性文件备案审查联系沟通、人大代表参与、专家咨询、信息共享等工作机制。

第四十条　县级以上人民代表大会常务委员会应当将规范性文件备案审查工作纳入常务委员会年度工作要点、监督工作计划，每年的常务委员会工作报告应当报告规范性文件备案审查工作情况，接受人民代表大会监督。

县级以上人民代表大会常务委员会备案审查工作机构应当每年向本级人民代表大会常务委员会报告上一年度规范性文件备案审查工作情况，并及时向社会公布，接受监督。

第四十一条　制定机关应当于每年一月底前将其上一年度制定、修改和废止的规范性文件目录，于每年第一季度将其本年度规范性文件制定计划报送接受备案的机关。

县级以上人民代表大会常务委员会应当建立健全规范性文件备案情况核查通报制度。

县级以上人民代表大会常务委员会规范性文件备案审查工作应当纳入年度法治建设绩效考核内容。

第四十二条　违反本条例规定，有下列情形之一的，由县级以上人民代表大会常务委员会予以通报；情节严重，造成不良后果的，由有权机关对负有领导责任的人员和直接责任人员依法给

予处分:

（一）不依法履行职责，对备案审查工作不重视不部署，组织领导不力的;

（二）迟报、漏报、瞒报应当上报备案的规范性文件及目录，经督促仍不报送的;

（三）经发函督促制定机关或者约谈其有关负责人，要求其限期书面报送处理意见，制定机关仍不报送的;

（四）提出不予修改、废止的理由经审查认为不成立，制定机关拒不纠正的;

（五）承担备案审查工作的人员未按照规定履行备案、审查职责，或者违反备案审查工作程序和时限要求，备案、审查不规范、不及时的;

（六）其他依法应当追究责任的情形。

第七章　附　则

第四十三条　本条例自 2021 年 2 月 1 日起施行。

湖南省规范性文件备案审查条例

第一条　为了加强规范性文件的备案审查工作，维护国家法制统一，根据《中华人民共和国立法法》《中华人民共和国各级人民代表大会常务委员会监督法》等法律的有关规定，结合本省实际，制定本条例。

第二条　本省行政区域内县级以上人民代表大会常务委员会（以下简称人大常委会）进行规范性文件备案审查，适用本条例。

本条例所称规范性文件，是指本行政区域内有关国家机关依照法定权限和程序制定并公开发布，涉及公民、法人和其他组织的权利与义务，具有普遍约束力，在一定时期内反复适用的文件。

第三条　县级以上人大常委会应当按照有件必备、有备必审、有错必纠的原则，依法开展规范性文件备案审查工作；加强备案审查制度和能力建设；建立备案审查工作协调机制。

第四条　下列规范性文件，应当报送本级人大常委会备案：

（一）省、设区的市（自治州）人民政府制定的规章；

（二）县级以上人民政府及其办公室（厅）制定的规范性文件；

（三）省人民政府及其所属部门，设区的市、自治州和自治县人民政府及其所属部门，根据地方性法规、自治条例和单行条例的授权就地方性法规、自治条例和单行条例适用中的具体问题所作的规定；

（四）县级以上监察委员会制定的规范性文件；

（五）县级以上人民法院、人民检察院制定的规范性文件；

（六）依法应当报送备案的其他规范性文件。

第五条 下列规范性文件，应当报送上一级人大常委会备案：

（一）设区的市（自治州）和县（市、区）人大及其常委会作出的决议、决定；

（二）设区的市、自治州人民政府制定的规章；

（三）乡、镇人民代表大会作出的决议、决定；

（四）依法应当报送备案的其他规范性文件。

第六条 规范性文件应当自公布之日起三十日内报送备案。

报送备案时，应当一并报送备案文件的电子版和纸质版。报送规范性文件备案，应当提交备案报告、公告或者政府令、规范性文件文本、说明、主要依据及其他参考资料等。

第七条 报送备案的规范性文件，由备案审查工作机构接收。对符合本条例第四条、第五条和第六条规定的规范性文件，备案审查工作机构应当予以备案登记、审查，并分送有关人民代表大会专门委员会（以下简称专门委员会）或者常委会工作机构、办事机构（以下简称工作机构、办事机构）审查。

对符合本条例第四条、第五条规定但不符合第六条第二款规定的规范性文件，备案审查工作机构应当通知制定机关在十日内补充或者重新报送备案材料；补充或者重新报送备案符合规定的，予以备案登记。

本条例所称备案审查工作机构，是指县级以上人大常委会确定的负责规范性文件备案审查工作的人民代表大会专门委员会或者常委会工作机构、办事机构。

第八条 对规范性文件进行审查，发现存在与党中央重大决策部署不相符或者与国家重大改革方向不一致的，应当提出意见。

第九条　对规范性文件进行审查，发现违反法律、法规规定，有下列情形之一的，应当提出意见：

（一）违反《中华人民共和国立法法》，对只能制定法律的事项作出规定；

（二）超越权限，违法设定公民、法人和其他组织的权利与义务，或者违法设定国家机关的权力与责任；

（三）违法设定行政许可、行政处罚、行政强制，或者对法律、法规设定的行政许可、行政处罚、行政强制违法作出调整和改变；

（四）与法律、法规的规定明显不一致，或者与法律、法规的立法目的、原则明显相违背，旨在抵消、改变或者规避其规定；

（五）违反授权决定，超出授权范围；

（六）违反法定程序；

（七）其他违反法律、法规规定的情形。

第十条　对规范性文件进行审查，发现存在明显不适当问题，有下列情形之一的，应当提出意见：

（一）明显违背社会主义核心价值观和公序良俗；

（二）对公民、法人和其他组织的权利与义务的规定明显不合理；

（三）与实际情况明显不符；

（四）同一效力层级的规范性文件对同一事项的规定不一致；

（五）其他明显不适当的情形。

第十一条　县级以上人民政府、监察委员会、人民法院、人民检察院可以向本级人大常委会书面提出属于本条例第四条规定的规范性文件的审查要求，由备案审查工作机构接收、登记、审查。

县级以上人大常委会可以向上一级人大常委会书面提出属于本条例第五条规定的规范性文件的审查要求，由备案审查工作机构接收、登记、审查。

备案审查工作机构应当及时将审查要求及有关规范性文件送有关专门委员会或者工作机构、办事机构审查。

第十二条　本条例第十一条第一款、第二款规定之外的其他国家机关和社会团体、企业事业组织以及公民可以向县级以上人大常委会书面提出属于本条例第四条、第五条规定的规范性文件的审查建议，由备案审查工作机构接收、登记。

备案审查工作机构应当对建议审查的规范性文件进行研究，提出意见。必要时，分送有关专门委员会或者工作机构、办事机构进行审查。

建议审查的规范性文件不属于本级人大常委会备案审查范围的，备案审查工作机构应当移送有关机关处理，或者告知提出审查建议的国家机关、社会团体、企业事业组织或者公民向有权进行备案审查的机关提出。

第十三条　省人大常委会接到对设区的市、自治州人民政府规章的审查要求或者审查建议的，或者通过审查发现设区的市、自治州人民政府规章存在本条例第八条、第九条、第十条所列情形之一的，可以移送省人民政府负责法制工作的机构或者设区的市、自治州人大常委会依法处理。省人民政府负责法制工作的机构和设区的市、自治州人大常委会应当在规定时间内将处理结果书面报送省人大常委会。

第十四条　县级以上人大常委会可以对事关重大改革和政策调整，涉及法律、法规重要修改，关系公众切身利益，引发社会广泛关注等方面的规范性文件进行专项审查。

第十五条 县级以上人大专门委员会、常委会工作机构、办事机构一般应当自收到规范性文件或者审查要求、审查建议之日起九十日内审查、研究完毕。

对规范性文件进行审查或者研究时，可以要求制定机关或者其有关部门、办事机构说明情况、提交补充材料。

第十六条 经审查、研究，认为规范性文件存在本条例第八条、第九条、第十条规定情形，需要予以纠正的，在提出书面审查或者研究意见前，可以与制定机关沟通，要求制定机关限期修改或者废止。

制定机关同意修改或者废止并书面提出明确处理计划和时限的，可以不再向其提出书面审查或者研究意见，审查中止。

制定机关不同意修改或者废止的，应当向制定机关提出书面审查或者研究意见，要求制定机关在六十日内提出书面处理意见。县级人大常委会备案审查工作机构认为规范性文件需要修改或者废止的，应当报主任会议研究。

第十七条 制定机关收到书面审查、研究意见后逾期未报送书面处理意见的，县级以上人大常委会办公室（厅）可以向制定机关发函督促，要求制定机关限期报送书面处理意见。

第十八条 制定机关按照书面审查、研究意见对规范性文件进行修改、废止的，审查终止。

修改后的规范性文件应当重新公布，并按照本条例的规定报送备案。

第十九条 制定机关未按照书面审查、研究意见进行修改、废止的，有关专门委员会应当提出予以撤销的议案，由主任会议决定提请常委会会议审议；有关工作机构、办事机构可以提出撤销该规范性文件的建议，由主任会议决定是否向常委会提出撤销该规范性文件的议案。

县级以上人大常委会按照本级人大常委会议事规则规定的程序，对撤销规范性文件的议案进行审议，认为规范性文件应当予以撤销的，应当作出撤销决定并向社会公布。

第二十条　规范性文件审查结束后，备案审查工作机构按照规定将审查结果告知提出审查要求或者审查建议的国家机关或者社会团体、企业事业组织以及公民。

第二十一条　县级以上人大专门委员会或者常委会工作机构、办事机构审查规范性文件时，经研究认为可能存在违背宪法规定、宪法原则或者宪法精神的，经本级人大常委会主任会议同意后，向全国人大常委会法制工作委员会报告。

第二十二条　县级以上人大常委会应当将规范性文件备案审查工作列入年度工作计划。

备案审查工作机构应当每年向本级人大常委会会议报告规范性文件备案审查工作情况。

第二十三条　本条例自 2008 年 3 月 1 日起施行。

江苏省各级人民代表大会常务委员会 规范性文件备案审查条例

第一章 总 则

第一条 为了规范和加强备案审查工作，维护社会主义法制统一，根据《中华人民共和国立法法》《中华人民共和国各级人民代表大会常务委员会监督法》等法律的规定，结合本省实际，制定本条例。

第二条 本省各级人民代表大会常务委员会对规范性文件的备案审查，适用本条例。

第三条 本条例所称规范性文件，是指本省有关国家机关依照法定权限和程序制定的，涉及公民、法人和其他组织的权利义务，具有普遍约束力，在一定期限内反复适用的文件。

第四条 各级人民代表大会常务委员会按照有件必备、有备必审、有错必纠的原则，依照法定权限和程序开展备案审查工作。

第五条 各级人民代表大会常务委员会应当加强对备案审查工作的领导，依法开展备案审查工作，保证党中央令行禁止，保障宪法法律法规实施，保护公民、法人和其他组织合法权益，促进制定机关提高规范性文件制定水平。

第六条 省、设区的市人民代表大会常务委员会法制工作委员会和县（市、区）人民代表大会常务委员会承担备案审查工作的机构（以下统称备案审查工作机构），各级人民代表大会专门委员会、常务委员会工作委员会（以下统称相关委员会），按照规定的职责负责备案审查有关工作。

第七条　各级人民代表大会常务委员会应当统筹协调备案审查工作，加强备案审查制度和能力建设，建立健全备案审查工作机构，配备专门人员，提高备案审查工作能力和水平。

第八条　各级人民代表大会常务委员会可以建立备案审查工作专家咨询制度，聘请专家学者和实务工作者等担任咨询专家，参与备案审查工作。

备案审查工作机构可以委托咨询专家、人大代表等对规范性文件进行审查，提出意见和建议。

第九条　省人民代表大会常务委员会应当加强备案审查信息化建设，建立健全备案审查信息平台运行机制，提高备案审查工作信息化水平。

设区的市、县（市、区）人民代表大会常务委员会应当加强备案审查信息平台的使用管理，配合做好平台运行等相关工作。

第二章　备　案

第十条　下列规范性文件，应当报送本级人民代表大会常务委员会备案：

（一）省、设区的市人民政府制定的规章；

（二）县级以上各级人民政府发布的决定、命令以及制定的其他规范性文件；

（三）各级监察委员会制定的指导、规范监察工作的规范性文件；

（四）各级人民法院、人民检察院制定的指导、规范审判、检察业务工作的规范性文件；

（五）省、设区的市的人民法院、人民检察院、人民政府主管部门对地方性法规具体应用问题的解释；

（六）其他应当报送备案的规范性文件。

设区的市人民政府制定的规章，在报送本级人民代表大会常务委员会备案的同时，还应当报送省人民代表大会常务委员会备案。

第十一条　下列规范性文件，应当报送上一级人民代表大会常务委员会备案：

（一）设区的市、县（市、区）人民代表大会及其常务委员会作出的决议、决定以及制定的其他规范性文件；

（二）设区的市人民代表大会常务委员会对本市地方性法规的解释；

（三）乡镇人民代表大会作出的决议、决定。

第十二条　规范性文件应当自公布之日起三十日内报送备案。

报送备案应当报送备案报告、文本、说明和规章制定对照表的纸质材料，同时通过备案审查信息平台报送电子材料。纸质材料应当装订成册，一式五份；电子材料应当符合备案审查信息平台的格式标准和要求。

规范性文件制定机关应当确定报备责任单位，负责规范性文件的报送备案工作。

第十三条　备案审查工作机构应当自收到备案文件之日起十个工作日内进行形式审查，对符合法定范围、备案材料齐全、符合格式标准和要求的，予以接收登记；对不符合法定范围、备案材料不齐全或者不符合格式标准和要求的，以备案审查信息平台电子指令形式予以退回并说明理由。

因备案材料不齐全或者不符合格式标准和要求被退回的，报备责任单位应当自收到电子指令之日起十个工作日内按照要求重新报送备案。

第十四条　每年 1 月 31 日前，规范性文件报备责任单位应当将制定机关上一年度制定、修改、废止的规范性文件目录报送备案审查工作机构以备核查。

第十五条　各级人民代表大会常务委员会应当建立健全规范性文件备案情况核查通报制度，于每年第一季度对上一年度规范性文件报备情况进行核查，予以通报，并向社会公布。规范性文件备案情况核查通报印发人民代表大会常务委员会会议。

第三章　审查建议

第十六条　对本条例第十条、第十一条所列规范性文件，国家机关、社会团体、企业事业组织和公民可以向接收备案的人民代表大会常务委员会提出审查建议。

审查建议应当包括建议审查的规范性文件名称、建议审查的内容和理由。

审查建议应当书面提出，注明审查建议提出人的身份信息、联系方式。审查建议可以通过信函、人大门户网站、备案审查信息平台提出。

第十七条　审查建议由备案审查工作机构负责接收。

备案审查工作机构应当自收到审查建议之日起五个工作日内进行形式审查，对符合本条例第十六条规定要求的审查建议，予以登记；对不符合形式要求的审查建议，通知审查建议提出人予以补正或者重新提出。需要补正的内容应当一次性告知。

第十八条　建议审查的规范性文件不属于本级人民代表大会常务委员会审查范围的，备案审查工作机构应当告知审查建议提出人向有权审查的机关提出，或者根据情况移送有权审查的机关处理。

第十九条　经初步研究，接收登记的审查建议有下列情形之一的，可以不启动审查程序：

（一）建议审查的规范性文件的相关规定已经修改、废止或者自动失效；

（二）就建议审查的规范性文件的相关规定与制定机关作过沟通，制定机关明确表示同意修改或者废止；

（三）对建议审查的规范性文件的同一规定进行过审查，已有审查结论；

（四）建议审查的理由不明确或者明显不成立；

（五）其他不宜启动审查程序的情形。

第四章　审　查

第一节　审查职责

第二十条　报送备案的规范性文件，由相关委员会依职权进行审查。备案审查工作机构同步开展审查。

第二十一条　对接收登记的审查建议启动审查程序的，由备案审查工作机构会同相关委员会进行审查研究。

第二十二条　有关机关移送审查的审查建议，由备案审查工作机构会同相关委员会进行审查研究。

第二十三条　相关委员会和备案审查工作机构应当建立备案审查工作责任制，明确分管领导和工作人员，落实工作责任，加强协调配合，依法履行审查工作职责。

第二节　审查程序

第二十四条　备案审查工作机构应当将接收登记、移送审查的规范性文件、审查建议分送相关委员会。

相关委员会、备案审查工作机构应当在一个月内完成初步审查研究工作。相关委员会应当将审查研究意见书面反馈备案审查工作机构。

第二十五条 备案审查工作机构应当将接收登记、移送审查的审查建议函告制定机关或者其有关办事机构、部门。有关机关应当在一个月内研究提出意见并书面反馈。

第二十六条 经初步审查研究，发现规范性文件可能存在本章第三节规定情形的，由备案审查工作机构会同相关委员会进行研究。

第二十七条 备案审查工作机构会同相关委员会对规范性文件中可能存在的问题进行研究时，可以要求制定机关或者其有关办事机构、部门说明情况、提供资料，也可以当面听取制定机关或者其有关办事机构、部门的意见和说明。

第二十八条 根据审查建议对规范性文件进行审查研究，备案审查工作机构可以向审查建议提出人了解有关情况，要求审查建议提出人补充有关材料。

第二十九条 对规范性文件进行审查研究，可以通过书面征求意见、座谈会、论证会、委托第三方研究等方式，听取有关国家机关、社会团体、企业事业组织、人大代表、专家学者以及利益相关方等方面的意见。

第三十条 对规范性文件进行审查研究，可以根据需要进行实地调研，深入了解实际情况。

第三十一条 在审查研究过程中发现重大问题，或者备案审查工作机构与相关委员会发生较大意见分歧的，由备案审查工作机构向主任会议报告。

第三十二条 对接收登记的规范性文件、审查建议，应当在三个月内完成审查研究工作，提出审查研究意见；有特殊情况的，经备案审查工作机构负责人同意，可以延长一个月。

第三十三条　经审查研究，未发现规范性文件存在本章第三节所列情形的，审查终止；发现规范性文件存在本章第三节所列情形的，按照本条例第五章规定处理。

第三节　审查标准

第三十四条　对规范性文件进行审查研究，发现规范性文件存在违背宪法规定、宪法原则、宪法精神问题的，应当提出意见。

第三十五条　对规范性文件进行审查研究，发现规范性文件存在与党中央的重大决策部署不相符或者与国家重大改革方向不一致问题的，应当提出意见。

第三十六条　对规范性文件进行审查研究，发现规范性文件违反法律、法规的规定，有下列情形之一的，应当提出意见：

（一）违反《中华人民共和国立法法》有关立法权限的规定；

（二）违法设定公民、法人和其他组织的权利和义务，或者违法设定国家机关的权力和责任；

（三）违法设定行政许可、行政处罚、行政强制，或者对法律、法规设定的行政许可、行政处罚、行政强制违法作出调整和改变；

（四）与法律、法规的规定明显不一致，或者与法律、法规的立法目的、原则明显相违背，旨在抵消、改变或者规避法律、法规的规定；

（五）违反法定程序；

（六）其他违反法律、法规规定的情形。

第三十七条　对规范性文件进行审查研究，发现规范性文件明显存在不适当问题，有下列情形之一的，应当提出意见：

（一）明显违背社会主义核心价值观和公序良俗；

（二）对公民、法人或者其他组织的权利和义务的规定明显不合理；

（三）为实现制定目的所规定的手段与制定目的明显不匹配；

（四）因现实情况发生重大变化而不宜继续施行；

（五）其他明显不适当的情形。

第五章　处　理

第三十八条　经审查研究，认为规范性文件存在本条例第四章第三节规定情形，应当予以纠正的，由备案审查工作机构会同相关委员会提出意见，与制定机关沟通，建议制定机关予以修改或者废止。

制定机关同意修改或者废止规范性文件，并书面提出明确处理计划和时限的，审查中止；制定机关不同意修改、废止规范性文件，理由不成立的，或者未按照处理计划和时限修改、废止规范性文件的，备案审查工作机构提请主任会议研究同意后，向制定机关提出书面审查研究意见，要求制定机关予以修改或者废止。

第三十九条　制定机关按照备案审查工作机构的建议、主任会议的要求修改或者废止规范性文件的，审查终止。

第四十条　本级人民政府、下一级人民代表大会及其常务委员会制定的规范性文件存在本条例第四章第三节规定情形，制定机关未按照主任会议的要求修改或者废止的，由主任会议或者有关专门委员会向人民代表大会常务委员会提出撤销的议案。

人民代表大会常务委员会会议审议撤销规范性文件的议案时，制定机关应当派有关负责人员到会，听取意见、回答询问，并可以书面陈述意见。

第四十一条　各级监察委员会、人民法院、人民检察院制定的规范性文件存在本条例第四章第三节规定情形，制定机关未按照主任会议的要求修改或者废止的，应当向本级人民代表大会常务委员会提出专题报告。

人民代表大会常务委员会会议审议专题报告时，制定机关应当派有关负责人员到会，听取意见、回答询问。常务委员会组成人员的审议意见，交制定机关研究处理。

第四十二条　报送省人民代表大会常务委员会备案的设区的市人民政府规章存在本条例第四章第三节规定情形，应当修改或者废止的，由省人民代表大会常务委员会法制工作委员会提出意见，移送省人民政府负责备案审查的机构或者设区的市人民代表大会常务委员会法制工作委员会依法处理。

第四十三条　规范性文件修改或者废止的，制定机关应当将有关情况及时书面告知备案审查工作机构，并按照规定重新报送备案。

第四十四条　相关委员会、备案审查工作机构在审查研究过程中，发现涉及宪法有关规定理解、实施、适用问题的，按照国家有关规定处理。

第六章　其他规定

第四十五条　对审查建议不启动审查程序、移送审查或者审查处理结束后，备案审查工作机构应当向审查建议提出人反馈。

对通过人大门户网站、备案审查信息平台提出的审查建议，可以通过备案审查信息平台反馈。

第四十六条　各级人民代表大会常务委员会应当加强对备案审查有关法律、法规和备案审查工作的宣传，将开展备案审查工作的情况向社会公开。

第四十七条 各级人民代表大会常务委员会每年向人民代表大会报告工作，应当有备案审查工作的内容。

各级人民代表大会常务委员会每届至少听取一次备案审查专项工作报告。

第四十八条 备案审查工作机构应当按照档案管理规定及时整理备案审查工作中的有关材料，送人民代表大会常务委员会办公室（厅）存档。

第四十九条 备案审查工作机构应当加强与同级党委、人民政府备案审查工作机构的联系，落实规范性文件备案审查衔接联动机制。

人民法院在审理行政案件中，认为行政行为所依据的人民政府制定的规范性文件不合法，向制定机关提出处理建议时，应当抄送制定机关的同级人民代表大会常务委员会备案审查工作机构。

第五十条 上级人民代表大会常务委员会应当通过人员培训、工作交流、个案指导、典型案例通报等形式，加强对下级人民代表大会常务委员会备案审查工作的指导。

备案审查工作机构应当加强与报备责任单位的联系，指导、督促报备责任单位按时、规范报送规范性文件备案。

第五十一条 备案审查人员培训、咨询论证、信息平台维护等经费纳入部门预算，由本级财政予以保障。

第七章　附　则

第五十二条 对县级以上各级人民政府办公室（厅）发布的规范性文件，国家机关、社会团体、企业事业组织和公民提出审查建议的，按照本条例进行审查。

第五十三条　各级人民代表大会常务委员会或者其主任会议可以根据本条例规定，对本级人民代表大会常务委员会备案审查职责分工和工作程序作出具体规定。

第五十四条　本条例自 2021 年 1 月 1 日起施行。

江西省各级人民代表大会常务委员会
规范性文件备案审查条例

第一条 为了加强规范性文件备案审查工作，维护国家法制统一，保障公民、法人和其他组织的合法权益，根据《中华人民共和国立法法》《中华人民共和国各级人民代表大会常务委员会监督法》等有关法律规定，结合本省实际，制定本条例。

第二条 本省各级人民代表大会常务委员会对规范性文件进行备案审查，适用本条例。

第三条 本条例所称规范性文件，是指本行政区域内涉及公民、法人和其他组织权利、义务，具有普遍约束力并可以反复适用的文件。

第四条 下列规范性文件，应当报送本级人民代表大会常务委员会备案：

（一）省人民政府、设区的市人民政府制定的规章；

（二）县级以上人民政府制定、发布以及授权其办公厅（室）发布的决定、命令、规定、细则、办法、意见等规范性文件；

（三）县级以上监察委员会制定或者由其会同有关国家机关制定的指导、规范监察工作的规定、细则、办法、意见等规范性文件；

（四）县级以上人民法院、人民检察院制定或者由其会同有关国家机关制定的指导、规范审判、检察工作的规定、细则、办法、意见、指引等规范性文件；

（五）地方性法规授权制定的配套性规定以及实施中具体应用问题的解释；

（六）其他应当报送备案的规范性文件。

设区的市人民政府制定的规章应当同时报送省人民代表大会常务委员会备案。

第五条 下列规范性文件，应当报送上一级人民代表大会常务委员会备案：

（一）设区的市、县（市、区）人民代表大会及其常务委员会作出的决议、决定；

（二）乡（镇）人民代表大会作出的决议、决定。

第六条 县级以上人民代表大会常务委员会应当设立规范性文件备案审查工作机构（以下简称备案审查工作机构），配备具有相关专业知识和业务能力的人员。备案审查工作机构履行下列职责：

（一）拟定规范性文件备案审查工作制度；

（二）负责规范性文件以及机关、团体、企业事业组织和公民提出的审查要求、审查建议的接收、登记、分送工作；

（三）对规范性文件以及机关、团体、企业事业组织和公民提出的审查要求、审查建议进行审查，提出意见；

（四）承担规范性文件备案审查联系、协调、指导工作；

（五）常务委员会主任会议交办的规范性文件备案审查的其他工作。

第七条 规范性文件应当自公布或者印发之日起三十日内由制定机关报送备案。

报送规范性文件备案，应当一并提交符合统一格式标准和要求的纸质文件和电子文件。纸质文件和电子文件应当包括备案报告、正式文本以及说明等文件。说明应当包括制定、修改、废止的必要性和依据、规范的主要内容。纸质文件应当按照一式五份报送。电子文件应当通过省人民代表大会常务委员会规范性文件备案审查信息平台报送。

制定机关应当于每年一月底前将其上一年度制定、修改、废止的规范性文件目录和对外公布的文件目录报送备案审查工作机构备查，于每年七月底前将其上半年制定、修改、废止的规范性文件目录和对外公布的文件目录报送备案审查工作机构备查。

制定机关应当确定具体工作机构和专门人员，负责规范性文件的报送备案工作。

第八条　备案审查工作机构收到报送备案的规范性文件后，应当及时备案登记，并在七日内按照职责分工分送人民代表大会有关专门委员会或者常务委员会有关工作机构。

人民代表大会有关专门委员会、常务委员会有关工作机构和备案审查工作机构对报送备案的规范性文件依职权主动进行审查。

第九条　对规范性文件进行审查研究，发现规范性文件存在与党中央的重大决策部署不相符或者与国家的重大改革方向不一致问题的，应当提出意见。

第十条　对规范性文件进行审查研究，发现规范性文件违背法律法规规定，有下列情形之一的，应当提出意见：

（一）违反立法法规定，对只能制定法律、法规的事项作出规定；

（二）超越法定权限，违法设定公民、法人和其他组织的权利与义务，或者违法设定国家机关的权力与责任；

（三）违法设定行政许可、行政处罚、行政强制，或者对法律设定的行政许可、行政处罚、行政强制违法作出调整和改变；

（四）与法律、法规规定明显不一致，或者与法律、法规的立法目的、原则明显相违背，旨在抵消、改变或者规避法律、法规的规定；

（五）同上级或者本级人民代表大会及其常务委员会的决议、决定相抵触的；

（六）违反授权决定，超出授权范围；

（七）违背法定程序；

（八）其他违背法律法规规定的情形。

第十一条 对规范性文件进行审查研究，发现规范性文件存在明显不适当问题，有下列情形之一的，应当提出意见：

（一）明显违背社会主义核心价值观和公序良俗；

（二）对公民、法人或者其他组织的权利和义务的规定明显不合理，或者为实现立法目的所规定的手段与立法目的明显不匹配；

（三）因现实情况发生重大变化而不宜继续施行；

（四）其他明显不适当的情形。

第十二条 县级以上人民代表大会常务委员会或者人民政府、监察委员会、人民法院、人民检察院，认为规范性文件存在本条例第九条、第十条、第十一条所列情形之一的，可以向有权审查的上一级或者本级人民代表大会常务委员会书面提出审查要求。

前款规定以外的其他机关、团体、企业事业组织和公民认为规范性文件存在本条例第九条、第十条、第十一条所列情形之一的，可以向有权审查的人民代表大会常务委员会书面提出审查建议。

审查要求、审查建议应当写明要求或者建议审查的规范性文件名称、审查的事项和理由。

第十三条 备案审查工作机构收到审查要求后，应当及时登记、审查，并在七日内分送人民代表大会有关专门委员会、常务委员会有关工作机构审查。

备案审查工作机构收到审查建议后，应当及时登记，并在十五日内研究是否需要审查。需要审查的，同时分送人民代表大会有关专门委员会、常务委员会有关工作机构审查；不需要审查的，应当告知审查建议人，并书面说明理由。

对于不属于本级人民代表大会常务委员会备案范围的审查要求、审查建议，备案审查工作机构应当自登记之日起七日内告知审查要求人、审查建议人。

第十四条 经审查研究，人民代表大会有关专门委员会、常务委员会有关工作机构或者备案审查工作机构认为规范性文件存在本条例第九条、第十条、第十一条所列情形之一，需要予以纠正的，在提出书面审查意见前，可以与制定机关沟通，要求制定机关及时修改或者废止。

经沟通，制定机关同意对规范性文件予以修改或者废止，并书面提出明确处理计划和时限的，可以不再向其提出书面审查意见，审查中止。

经沟通没有结果的，由备案审查工作机构汇总人民代表大会有关专门委员会、常务委员会有关工作机构意见，形成审查意见，报经常务委员会主任会议研究决定后，交制定机关办理。

第十五条 人民代表大会专门委员会、常务委员会工作机构和备案审查工作机构审查时，可以要求制定机关提交补充材料或者说明情况，也可以通过召开座谈会、论证会、听证会或者书面征求意见等方式，广泛听取意见。

第十六条 制定机关应当自收到审查意见之日起两个月内研究提出是否修改、废止的意见，并向备案审查工作机构书面反馈。备案审查工作机构收到书面反馈后，应当及时分送人民代表大会有关专门委员会、常务委员会有关工作机构研究。

制定机关认为需要对规范性文件进行修改、废止的，应当在反馈后两个月内自行修改、废止，并将修改、废止情况报送备案审查工作机构。制定机关不予修改、废止的，应当书面说明理由。

制定机关逾期未书面反馈的，备案审查工作机构应当发函督促或者约谈制定机关有关负责人，要求制定机关限期报送处理意见。

第十七条 人民代表大会有关专门委员会、常务委员会有关工作机构或者备案审查工作机构认为制定机关不予修改、废止的意见不当的，或者制定机关经督促、约谈仍未在规定时限内报送处理意见的，应当向常务委员会主任会议提出撤销的议案、建议，由常务委员会主任会议决定是否提请常务委员会会议审议。经常务委员会会议审议认为应予撤销的，应当作出撤销的决定，并向社会公布。

省人民代表大会有关专门委员会、常务委员会有关工作机构或者备案审查工作机构认为设区的市人民政府不予修改、废止规章的意见不当的，应当向省人民代表大会常务委员会主任会议提出建议修改、废止的意见，由常务委员会主任会议决定，交省人民政府或者设区的市人民代表大会常务委员会依法处理。省人民政府或者设区的市人民代表大会常务委员会应当在两个月内向省人民代表大会常务委员会报告处理结果。

第十八条 备案审查工作机构应当将审查情况向提出审查要求、审查建议的机关、团体、企业事业组织、公民书面反馈，并可以向社会公开。

第十九条 县级以上人民代表大会常务委员会应当将规范性

文件备案审查工作列入年度监督工作计划，每年的常务委员会工作报告应当包括规范性文件备案审查工作内容。

备案审查工作机构应当在每年第一季度向本级人民代表大会常务委员会专项报告上一年度规范性文件备案审查工作情况，由常务委员会会议审议。

备案审查工作情况报告根据常务委员会组成人员的审议意见修改后，向社会公布。

第二十条　制定机关未按照本条例要求，迟报、漏报、瞒报应当报送备案的规范性文件，或者报送的文件材料不符合要求的，备案审查工作机构应当通知其限期报送或者补充报送；逾期仍不报送的，备案审查工作机构应当提出处理意见，经常务委员会主任会议决定，责成制定机关作出说明并限期改正、对相关责任人员给予批评教育；拒不报送应当备案的规范性文件的，备案审查工作机构应当提出处理意见，经常务委员会主任会议决定，责令制定机关限期改正并作出书面检查，同时建议制定机关对相关责任人员依法给予处分。

第二十一条　人民代表大会有关专门委员会、常务委员会有关工作机构和备案审查工作机构未按照本条例规定履行职责的，经常务委员会主任会议决定，责令其改正，对相关责任人员给予批评教育；拒不改正的，依法对相关责任人员给予处分。

第二十二条　本条例自 2016 年 1 月 1 日起施行。

辽宁省各级人民代表大会常务委员会
规范性文件备案审查条例

第一条　为了加强规范性文件备案审查工作，保障宪法法律实施，维护国家法制统一，根据《中华人民共和国立法法》《中华人民共和国各级人民代表大会常务委员会监督法》等法律规定，结合本省实际，制定本条例。

第二条　本省各级人民代表大会常务委员会开展规范性文件备案审查工作，适用本条例。

第三条　本条例所称规范性文件，是指在本行政区域内有关国家机关依照法定权限、程序制定并公开发布，涉及公民、法人和其他组织的权利义务，具有普遍约束力且在一定时期内反复适用的文件。

国家机关内部工作制度，机构编制，工作分工、任务分解，人事任免，奖惩，请示、报告等文件，不属于本条例所称的规范性文件。

第四条　省、市、县（含县级市、区，下同）人民代表大会常务委员会应当坚持有件必备、有备必审、有错必纠的原则，依照法定权限和程序开展规范性文件备案审查工作，促进规范性文件备案审查工作科学化、民主化、规范化、信息化。

第五条　省、市、县人民代表大会常务委员会办公厅（室）或者常务委员会确定的机构负责报送备案规范性文件的接收、登记、分送和存档工作。

专门委员会、常务委员会工作机构按照职责分工负责报送备案有关规范性文件的审查研究工作。

法制工作委员会或者常务委员会确定的工作机构（以下统称法制工作机构）负责报送备案规范性文件的审查研究、综合协调工作。

第六条 下列规范性文件应当报送本级人民代表大会常务委员会备案：

（一）省、市人民政府制定的规章；

（二）省、市、县人民政府制定、发布或者以其办公厅（室）名义发布的决定、命令等规范性文件；

（三）省、市、县监察委员会、人民法院、人民检察院制定或者会同有关国家机关制定的指导、规范监察、审判、检察工作的规范性文件；

（四）其他依法应当报送备案的规范性文件。

第七条 下列规范性文件应当报送上一级人民代表大会常务委员会备案：

（一）市人民政府制定的规章；

（二）市、县人民代表大会及其常务委员会作出的决议、决定等规范性文件；

（三）乡（镇）人民代表大会作出的决议、决定等规范性文件；

（四）其他依法应当报送备案的规范性文件。

第八条 规范性文件应当自公布之日起三十日内由制定机关报送备案，并提交下列备案文件：

（一）备案报告；

（二）公告或者政府令；

（三）规范性文件文本，修改或者废止决定；

（四）起草说明；

（五）依据对照表及其他参考资料。

报送备案时，应当一并报送备案文件的纸质文本和电子文本，一件一报。纸质文本应当统一格式、装订成册，一式五份。电子文本应当符合规定的格式标准和要求。

制定机关应当在每年1月底前将上一年度制定、修改和废止的规范性文件目录报送备案审查的人民代表大会常务委员会。

第九条　省、市、县人民代表大会常务委员会办公厅（室）或者常务委员会确定的机构应当自收到备案文件之日起十日内进行形式审查，对符合法定范围、备案文件齐全、符合格式标准和要求的，予以接收登记，根据规范性文件内容分送有关专门委员会、常务委员会工作机构进行审查研究，并同时送法制工作机构。

对不符合法定范围、备案文件不齐全或者不符合格式标准和要求的，予以退回并说明理由。对备案文件不齐全或者不符合格式标准和要求的，制定机关应当自收到退回通知之日起十日内补充报送或者重新报送备案。

第十条　对规范性文件进行审查研究，发现存在下列情形之一的，应当向制定机关提出意见：

（一）与党中央的重大决策部署不相符或者与国家重大改革方向不一致；

（二）违反立法法规定，对只能由法律规定的事项作出规定；

（三）违法设定公民、法人和其他组织的权利与义务，或者违法设定国家机关的权力与责任；

（四）违法设定行政许可、行政处罚、行政强制，或者对法律法规设定的行政许可、行政处罚、行政强制违法作出调整和改变；

（五）与法律法规的规定明显不一致，或者与法律法规的立法目的、原则明显相违背，旨在抵消、改变或者规避法律法规的规定；

（六）同上级或者本级人民代表大会及其常务委员会的决议、决定等规范性文件相抵触；

（七）违反法定程序；

（八）明显违背社会主义核心价值观和公序良俗；

（九）对公民、法人或者其他组织的权利和义务的规定明显不合理，或者所规定的措施与其制定目的明显不匹配；

（十）因现实情况发生重大变化而不宜继续施行；

（十一）其他违背法律法规规定或者明显不适当的情形。

第十一条　省、市、县人民政府、监察委员会、人民法院、人民检察院认为本级人民代表大会常务委员会接受备案的规范性文件存在本条例第十条所列情形的，可以向本级人民代表大会常务委员会书面提出审查要求。

市、县人民代表大会常务委员会和乡（镇）人民代表大会认为上一级人民代表大会常务委员会接受备案的规范性文件存在本条例第十条所列情形的，可以向上一级人民代表大会常务委员会书面提出审查要求。

前两款规定以外的其他国家机关、社会团体、企业事业组织以及公民认为规范性文件存在本条例第十条所列情形的，可以向接受该规范性文件备案的人民代表大会常务委员会书面提出审查建议。

审查要求、审查建议应当写明要求或者建议审查的规范性文件名称、审查的事项和理由。

第十二条　审查要求由常务委员会办公厅（室）或者常务委员会确定的机构接收、登记，转送有关专门委员会、常务委员会工作机构会同法制工作机构进行审查研究。

审查建议由法制工作机构接收、登记并研究。必要时，送有关专门委员会、常务委员会工作机构进行审查，提出意见。

对于不属于本级人民代表大会常务委员会备案审查范围的规范性文件提出的审查建议，法制工作机构可以移送有权审查的机关处理，或者告知其向有权审查的机关提出审查建议。

对审查建议中提出审查的规范性文件有关规定进行过审查，已有审查结论或者处理意见的，可以不再进行审查研究。

第十三条　专门委员会、常务委员会工作机构或者法制工作机构审查研究中，发现规范性文件可能存在本条例第十条所列情形的，可以通过电话、函询等形式向制定机关进行询问，要求制定机关按时说明有关情况、补充相关材料，制定机关应当予以配合。

第十四条　专门委员会、常务委员会工作机构和法制工作机构对规范性文件审查研究，可以通过召开座谈会、听证会、论证会和委托社会第三方研究等方式，听取国家机关、社会团体、企业事业组织、人大代表、专家学者以及利益相关方的意见。必要时，可以单独或者联合召开审查会议，要求制定机关到会说明有关情况。

专门委员会、常务委员会工作机构和法制工作机构审查研究中有较大意见分歧的，应当向常务委员会主任会议报告。

第十五条　专门委员会、常务委员会工作机构和法制工作机构一般应当自收到规范性文件之日起三个月内完成审查研究工作。

审查研究认为规范性文件存在本条例第十条所列情形，需要予以纠正的，可以向制定机关提出审查研究意见，也可以在提出审查研究意见前与制定机关沟通，制定机关同意予以修改或者废止，并书面提出明确处理计划和时限的，审查中止。

第十六条 制定机关收到审查研究意见，应当在两个月内根据审查研究意见提出是否修改或者废止的处理意见，并向提出审查研究意见的有关专门委员会、常务委员会工作机构或者法制工作机构书面反馈。

逾期未反馈的，专门委员会、常务委员会工作机构或者法制工作机构可以向制定机关发函督促或者约谈制定机关有关负责人，要求制定机关限期报送处理意见。

第十七条 制定机关按照审查研究意见对规范性文件进行修改或者废止的，审查终止。

制定机关对规范性文件修改或者废止的，应当按照本条例规定重新报送备案。

第十八条 制定机关未按照审查研究意见对有关规范性文件予以修改或者废止的，专门委员会、常务委员会工作机构或者法制工作机构应当依法向常务委员会主任会议提出予以撤销的议案、建议，由常务委员会主任会议决定提请常务委员会会议审议。

常务委员会会议审议撤销规范性文件的议案时，制定机关应当派有关负责人员到会听取审议意见，回答询问，也可以书面陈述意见；经审议认为应当予以撤销的，应当作出撤销决定，并及时向社会公布。

监察委员会、人民法院、人民检察院未按照审查研究意见对有关规范性文件予以修改或者废止的，制定机关应当向本级人民代表大会常务委员会提出专项报告。

第十九条 省人民代表大会专门委员会、常务委员会工作机构或者法制工作机构审查研究中，发现市人民政府规章可能存在本条例第十条所列情形的，可以转送省人民政府司法行政部门或者市人民代表大会常务委员会依法审查处理。省人民政府司法行政部门或者市人民代表大会常务委员会应当按时书面反馈处理结果。

第二十条　国家机关对规范性文件提出审查要求的，审查工作结束后，由常务委员会办公厅（室）或者常务委员会确定的机构根据有关专门委员会、常务委员会工作机构的审查研究意见进行反馈。

有关国家机关、社会团体、企业事业组织以及公民对规范性文件提出审查建议的，审查工作结束后，由法制工作机构进行反馈。

反馈采取书面形式，必要时也可以采取口头形式。

第二十一条　省、市、县人民代表大会常务委员会法制工作机构应当每届至少向本级人民代表大会常务委员会报告一次规范性文件备案审查工作情况。

专门委员会、常务委员会工作机构应当将规范性文件审查工作情况纳入其年度工作报告。

第二十二条　省、市、县人民代表大会常务委员会应当加强备案审查工作队伍建设，明确负责规范性文件备案审查工作的机构和人员，加强人员培训，提高备案审查工作能力。

制定机关应当加强规范性文件报送备案工作，建立健全相关工作制度，明确负责报送备案工作的机构和人员。

第二十三条　省、市、县人民代表大会常务委员会应当加强规范性文件备案审查信息平台建设和使用，提高备案审查工作信息化水平。

第二十四条　省、市、县人民代表大会常务委员会可以委托具有专业能力和条件的高等院校、科研院所、行业协会以及人大代表、专家学者等，对规范性文件进行审查研究，提出意见和建议。

第二十五条　省、市、县人民代表大会常务委员会法制工作机构应当加强与有关专门委员会、常务委员会工作机构在备案审查工作中的沟通协调，适时了解规范性文件备案审查情况。

专门委员会、常务委员会工作机构和法制工作机构审查研究工作结束后，应当按照档案管理规定将审查研究有关材料送常务委员会办公厅（室）存档。

第二十六条　违反本条例规定，制定机关迟报、漏报规范性文件，或者未按时补充报送、重新报送备案的，由人民代表大会常务委员会予以通报，并责令限期改正；逾期未改正的，应当提出处理意见，经常务委员会主任会议决定后，建议制定机关对相关责任人员依法给予处分。

第二十七条　市、县人民代表大会常务委员会可以根据本条例规定和本地实际情况，制定本级人民代表大会常务委员会备案审查工作具体办法。

第二十八条　本条例自 2021 年 2 月 1 日起施行。

内蒙古自治区各级人民代表大会常务委员会规范性文件备案审查条例

第一条 为了加强规范性文件备案审查工作，维护国家法制统一，根据《中华人民共和国各级人民代表大会常务委员会监督法》《中华人民共和国立法法》和国家有关法律、法规，结合自治区实际，制定本条例。

第二条 自治区各级人民代表大会常务委员会开展规范性文件备案审查工作，适用本条例。

第三条 自治区各级人民代表大会常务委员会应当按照有件必备、有备必审、有错必纠的原则，依照法定权限和程序开展规范性文件备案审查工作。

第四条 本条例所称规范性文件，是指在本行政区域内有关国家机关依照法定权限和程序制定并公开发布，涉及公民、法人和其他组织的权利、义务，具有普遍约束力、在一定时期内可以反复适用的文件。

第五条 下列规范性文件，应当报送本级人民代表大会常务委员会备案：

（一）自治区人民政府、设区的市人民政府制定的规章；

（二）旗县级以上人民政府发布的决定、命令等；

（三）自治区高级人民法院、人民检察院制定的指导、规范、审判、检察工作的意见、规定等；

（四）地方性法规授权制定的配套性规范性文件。

第六条　下列规范性文件，应当报送上一级人民代表大会常务委员会备案：

（一）设区的市、旗县级人民代表大会及其常务委员会作出的决议、决定等；

（二）设区的市人民政府制定的规章；

（三）苏木乡级人民代表大会作出的决议、决定等。

盟辖旗县级人民代表大会及其常务委员会制定的规范性文件应当同时报送自治区人民代表大会常务委员会、自治区人民代表大会常务委员会盟工作委员会备案。

第七条　规范性文件制定机关应当加强规范性文件报送备案工作，建立健全工作制度，明确负责报送备案工作的机构和人员。

第八条　规范性文件应当自公布之日起三十日内报送备案。

报送备案材料应当包括：备案报告、规范性文件文本及相关说明、制定的主要依据及其他有关材料等，有公告或者政府令的，还应当报送公告或者政府令。

规范性文件制定机关应当按照规定的格式报送纸质文本一式五份，同时通过备案审查信息平台报送全部备案材料的电子文本。

规范性文件制定机关应当于每年一月底前，将上一年度制定、修改、废止的规范性文件目录报送备案。

第九条　旗县级以上人民代表大会常务委员会办公厅（室）负责报送备案的规范性文件的接收、登记、分送、交办、转办、存档等工作，并在三个工作日内分送审查工作机构和相关机构。

旗县级以上人民代表大会常务委员会主任会议应当确定一个机构负责规范性文件的备案、审查、督办等具体工作（以下简称审查工作机构）。

旗县级以上人民代表大会专门委员会、常务委员会工作机构（以下简称相关机构），按照职责分工负责规范性文件的初步审查工作。

自治区人民代表大会常务委员会盟工作委员会在本行政区域内承担本条例规定的审查工作机构的职责。

第十条　对符合本条例规定的规范性文件，审查工作机构予以备案登记，并定期向社会公布备案的规范性文件目录。

第十一条　对规范性文件主要审查是否存在下列情形：

（一）超越法定权限，对只能制定法律的事项作出规定；

（二）超越法定权限，限制或者减损公民、法人和其他组织的合法权利或者增加其义务，增加或者扩大国家机关的权力或者缩减其责任；

（三）违法设定行政许可、行政处罚、行政强制，或者对法律设定的行政许可、行政处罚、行政强制违法作出调整和改变；

（四）有关内容与上位法的立法目的、原则明显相背，或者与上位法规定明显不一致，旨在抵消、改变或者规避上位法规定；

（五）明显违背社会主义核心价值观；

（六）根据授权决定制定，其内容超出授权决定规定的范围；

（七）违背法定程序；

（八）其他不适当的情形。

第十二条　旗县级以上人民政府、监察委员会、人民法院、人民检察院认为本级人民代表大会常务委员会接受备案的规范性文件有本条例第十一条所列情形之一的，可以向本级人民代表大会常务委员会书面提出审查要求；各级人民代表大会常务委员会、苏木乡级人民代表大会认为上一级人民代表大会常务委员会接受备案的规范性文件存在本条例第十一条所列情形之一的，可以向该级人民代表大会常务委员会书面提出审查要求。

前款规定以外的其他国家机关、社会团体、企业事业组织以及公民（以下称有关机关、组织和公民）认为规范性文件存在本条例第十一条所列情形之一的，可以向接受该规范性文件备案的人民代表大会常务委员会书面提出审查建议。

审查要求、审查建议应当写明要求或者建议审查的规范性文件名称、审查的事项和理由。

第十三条 旗县级以上人民代表大会常务委员会办公厅（室）负责审查要求、审查建议的接收、登记，分送审查工作机构会同相关机构进行审查，提出意见。

对不属于本级人民代表大会常务委员会备案审查范围的规范性文件提出的审查要求、审查建议，由审查工作机构在收到后十日内告知提出机关、组织和公民，并移送其他有关机关处理。

第十四条 相关机构应当在收到规范性文件三十日内向审查工作机构提出初步审查意见。

第十五条 审查工作机构或者相关机构在审查中认为规范性文件可能存在本条例第十一条所列情形之一的，可以与制定机关沟通，要求制定机关及时作出说明。

第十六条 经审查研究，认为规范性文件存在本条例第十一条所列情形，需要予以纠正的，可以与制定机关沟通，要求制定机关及时修改或者废止。

经沟通，制定机关同意对规范性文件予以修改或者废止，并书面提出明确处理计划和时限的，可以不再向其提出书面审查研究意见，审查中止。

经沟通没有结果的，应当依照立法法的规定，向制定机关提出书面审查研究意见，要求制定机关在两个月内提出书面处理意见。

第十七条 审查工作机构、相关机构对规范性文件进行审查、研究时，可以召开联合审查会议，要求制定机关到会说明情况；可以通过座谈会、听证会、论证会、书面征求意见、委托第三方研究等方式，征求有关部门、人大代表、专家学者以及利益相关方的意见。

审查工作机构、相关机构对审查要求、审查建议进行审查、研究时，根据需要可以与提出机关、组织或者公民进行沟通，询问有关情况，要求补充有关材料。

第十八条 制定机关应当在收到书面审查研究意见两个月内研究提出是否修改或者废止的意见，并书面向审查工作机构反馈。

制定机关按照书面审查研究意见对规范性文件进行修改或者废止的，审查终止。

第十九条 制定机关未按照书面审查研究意见对规范性文件及时予以修改、废止的，或者提出的无需纠正的理由不成立，可以采取下列措施予以纠正：

（一）下一级人民代表大会、人民代表大会常务委员会或者本级人民政府对存在不适当情形的规范性文件不予纠正的，可以由审查工作机构或者相关机构提出对该规范性文件予以撤销的议案或者建议，报请主任会议决定；

（二）自治区高级人民法院、人民检察院对存在不适当情形的规范性文件不予纠正的，可以由审查工作机构或者相关机构建议主任会议要求制定机关向自治区人民代表大会常务委员会作专题报告，常务委员会认为必要时，可以作出相关决议；

（三）盟辖旗县级人民代表大会及其常务委员会对存在不适当情形的规范性文件不予纠正的，自治区人民代表大会常务委员会盟工作委员会可以将相关文件转自治区人民代表大会常务委员会审查工作机构办理；也可以直接向自治区人民代表大会常务委员会主任会议提出对该规范性文件予以撤销的建议。

第二十条　对修改或者废止的规范性文件，制定机关应当重新公布，并按照本条例规定报送备案。

第二十一条　审查工作机构在规范性文件审查结束后的三十日内，应当将审查研究情况向提出审查要求的国家机关或者提出审查建议的有关机关、组织和公民反馈，并可以向社会公开。

经常务委员会主任会议决定，审查工作机构向社会公布规范性文件审查的典型案例。

第二十二条　旗县级以上人民代表大会常务委员会应当加强规范性文件备案审查工作队伍建设，配备专职人员，加强人员培训，提高工作能力。

旗县级以上人民代表大会常务委员会应当将规范性文件备案审查工作列入年度监督工作计划，纳入常务委员会工作报告内容。自治区人民代表大会常务委员会、设区的市人民代表大会常务委员会还应将规范性文件备案审查工作列入年度立法工作计划。

第二十三条　旗县级以上人民代表大会常务委员会应当建立健全人民代表大会常务委员会会议听取和审议规范性文件备案审查工作情况报告制度。

审查工作机构应当在每年的第一季度向人民代表大会常务委员会会议报告规范性文件备案审查工作情况。

第二十四条　自治区人民代表大会常务委员会加强备案审查信息化建设，建立健全全区统一的规范性文件备案审查信息平台，提高备案审查效能。

旗县级以上人民代表大会常务委员会和制定机关应当按照自

治区人民代表大会常务委员会有关规定使用备案审查信息平台。

第二十五条　旗县级以上人民代表大会常务委员会应当建立引导社会各方面有序参与规范性文件备案审查工作机制，并畅通提出审查要求和审查建议的渠道。

第二十六条　审查工作机构应当加强与同级党委、人民政府负责规范性文件备案审查的工作机构和下一级审查工作机构，以及人民法院、人民检察院有关机构的工作联系，建立健全备案审查衔接联动工作机制，加强信息交流共享和工作协作。

第二十七条　制定机关未在规定时间内报送备案的，审查工作机构应当通知其补报，并定期予以通报。

第二十八条　本条例自 2020 年 1 月 1 日起施行。2009 年 7 月 30 日内蒙古自治区第十一届人民代表大会常务委员会第九次会议通过的《内蒙古自治区各级人民代表大会常务委员会规范性文件备案审查程序的规定》同时废止。

青海省各级人民代表大会常务委员会规范性文件备案审查条例

第一章　总　则

第一条　为了规范和加强规范性文件的备案审查工作，维护国家法制统一，根据《中华人民共和国立法法》《中华人民共和国各级人民代表大会常务委员会监督法》等法律规定，结合本省实际，制定本条例。

第二条　本省各级人民代表大会常务委员会对规范性文件的备案审查，适用本条例。

第三条　本条例所称规范性文件，是指在本行政区域内有关国家机关依照法定权限和程序制定并公开发布，涉及公民、法人和其他组织的权利、义务，具有普遍约束力，在一定时期内反复适用的文件。

第四条　开展规范性文件备案审查工作应当坚持有件必备、有备必审、有错必纠的原则。

第五条　县级以上人民代表大会常务委员会办公厅（室）负责报送备案的规范性文件的接收、登记、分送、存档等工作。

县级以上人民代表大会常务委员会法制工作委员会或者人民代表大会常务委员会指定的工作机构（以下统称备案审查工作机构）负责规范性文件备案审查的组织协调和综合服务等工作。

县级以上人民代表大会各专门委员会、常务委员会工作机构（以下统称审查机构）按照职责分工负责有关规范性文件的审查工作。

第六条　县级以上人民代表大会常务委员会应当加强备案审查信息化建设，建立健全备案审查信息平台运行机制，提高备案审查工作信息化水平。

第七条　县级以上人民代表大会常务委员会备案审查工作机构应当加强与同级人民政府、监察委员会、人民法院、人民检察院有关工作机构的协调联系，建立健全备案审查衔接联动工作机制，加强信息交流和工作协作。

第二章　备　案

第八条　下列规范性文件，应当报送本级人民代表大会常务委员会备案：

（一）省人民政府、设区的市、州人民政府制定的规章；

（二）县级以上人民政府发布的决定、命令，以及以其办公厅（室）名义发布的规范性文件；

（三）县级以上监察委员会制定或者由其会同其他国家机关制定的规范性文件；

（四）县级以上人民法院、人民检察院制定或者由其会同其他国家机关制定的规范性文件；

（五）其他依法应当报送的规范性文件。

第九条　下列规范性文件，应当报送上一级人民代表大会常务委员会备案：

（一）设区的市、州、县（市、区）人民代表大会及其常务委员会作出的决议、决定等规范性文件；

（二）设区的市、州人民政府制定的规章；

（三）乡、镇人民代表大会作出的决议、决定等规范性文件；

（四）其他依法应当报送的规范性文件。

第十条 下列文件不列入备案审查范围：

（一）印发领导讲话、年度工作要点、工作总结等内容的文件；

（二）关于人事调整、表彰奖励、处分处理以及机关内部日常管理等事项的文件；

（三）请示、报告、会议活动通知、会议纪要、情况通报等文件；

（四）其他按照规定不需要备案审查的文件。

第十一条 规范性文件由制定机关确定的责任单位报送备案。多部门共同制定的规范性文件，由主要起草单位报送备案。

第十二条 规范性文件应当自公布之日起三十日内报送备案。

报送备案的规范性文件材料应当包括：备案报告、规范性文件正式文本（包括政府令或者公告）及其说明。

报送备案应当提供纸质文件和电子文件。纸质文件应当按照规定的格式、数量报送，电子文件应当通过省人大常委会备案审查信息平台报送。

第十三条 备案审查工作机构应当自收到备案文件之日起十五日内进行形式审查，对符合法定范围和程序、备案文件齐全、符合格式标准和要求的，予以接收并通过省人大常委会备案审查信息平台发送电子回执；对不符合法定范围和程序、备案文件不齐全或者不符合格式标准和要求的，以电子指令形式予以退回并说明理由。

因备案文件不齐全或者不符合格式标准和要求被退回的，报送机关应当自收到电子指令之日起十日内按照要求重新报送备案。

第十四条 每年一月底前，报送机关应当将上一年度制定、修改、废止的规范性文件目录汇总报送备案审查工作机构。

第十五条　县级以上人民代表大会常务委员会办公厅（室）通过常务委员会公报或者人大网站向社会公布上一年度备案的规范性文件目录。

第三章　审　查

第一节　审查职责

第十六条　对规范性文件可以采取依职权审查、依申请审查、移送审查、专项审查等方式进行审查。

第十七条　审查机构依法对备案的规范性文件依职权主动进行审查。

第十八条　县级以上人民政府、监察委员会、人民法院、人民检察院认为本级人民代表大会常务委员会接受备案的规范性文件有本条例第三章第三节规定情形的，可以向本级人民代表大会常务委员会书面提出审查要求；下一级人民代表大会常务委员会认为上一级人民代表大会常务委员会接受备案的规范性文件有本条例第三章第三节规定情形的，可以向上一级人民代表大会常务委员会书面提出审查要求。

县级以上各级监察委员会、人民法院、人民检察院在办理案件中，认为规范性文件有本条例第三章第三节规定情形的，应当向制定机关所在地的同级或者上级人大常委会书面提出审查要求。

前款规定以外的其他国家机关和社会团体、企业事业组织以及公民认为规范性文件有本条例第三章第三节规定情形的，可以向接受规范性文件备案的人民代表大会常务委员会书面提出审查建议。

第十九条 审查要求、审查建议应当写明要求或者建议审查的规范性文件名称、审查的事项和理由。

第二十条 审查要求由审查机构按照职责分工进行审查研究并提出意见。审查建议由备案审查工作机构进行审查研究，必要时送审查机构进行审查研究并提出意见。

对不属于本级人大常委会备案审查范围的审查要求或者审查建议，备案审查工作机构可以移送有关国家机关依法处理，或者告知提出审查要求或者审查建议的国家机关、社会团体、企业事业组织或者公民向有权审查的机关提出。

第二十一条 审查机构可以对以下方面的规范性文件开展专项审查：

（一）事关重大改革和政策调整的；

（二）涉及法律、法规重要修改的；

（三）关系公众切身利益的；

（四）引发社会广泛关注的；

（五）其他需要进行专项审查的。

第二节 审查程序

第二十二条 对规范性文件开展依职权审查、专项审查，发现规范性文件的规定可能存在本条例第三章第三节规定情形的，可以函告制定机关在一个月内作出说明并反馈意见。

根据审查要求、审查建议进行审查研究，发现规范性文件的规定可能存在本条例第三章第三节规定情形的，应当函告制定机关，要求制定机关在一个月内作出说明并反馈意见。

第二十三条 对规范性文件进行审查研究，可以通过书面征求意见、座谈会、论证会、实地调研、委托第三方研究等方式，听取有关国家机关、社会团体、企业事业组织、人大代表、专家学者以及利益相关方等方面的意见。

第二十四条　审查机构在审查研究中，认为有必要进行共同审查的，可以召开联合审查会议。

审查机构在审查研究中有较大意见分歧的，由备案审查工作机构向主任会议报告。

第二十五条　审查机构应当在收到规范性文件、审查要求或者审查建议之日起一个月内提出审查意见。情况复杂的，应当在三个月内完成审查研究工作。

第二十六条　备案审查工作机构应当加强与审查机构在备案审查工作中的沟通协调，及时了解开展备案审查工作的情况。

第三节　审查标准

第二十七条　对规范性文件进行审查研究，发现规范性文件存在与党中央的重大决策部署不相符或者与国家的重大改革方向不一致问题的，应当提出意见。

第二十八条　对规范性文件进行审查研究，发现规范性文件违背法律、法规规定，有下列情形之一的，应当提出意见：

（一）对只能制定法律的事项作出规定；

（二）未经授权，对只能制定行政法规、地方性法规的事项作出规定；

（三）超越法定权限，违法设定公民、法人和其他组织的权利与义务，或者违法设定国家机关的权力与责任；

（四）违法设定行政许可、行政处罚、行政强制，或者对法律、法规设定的行政许可、行政处罚、行政强制违法作出调整或者改变；

（五）与法律、法规的规定明显不一致，或者与法律、法规的立法目的、原则明显相违背，旨在抵消、改变或者规避法律、法规的规定；

（六）对依法不能变通的事项作出变通，或者变通规定违背法律的基本原则；

（七）与上级或者本级人民代表大会及其常务委员会的决议、决定等规范性文件相抵触；

（八）违反授权决定，超出授权范围；

（九）违背法定程序；

（十）其他违背法律、法规规定的情形。

第二十九条 对规范性文件进行审查研究，发现规范性文件存在明显不适当问题，有下列情形之一的，应当提出意见：

（一）明显违背社会主义核心价值观和公序良俗；

（二）对公民、法人或者其他组织的权利和义务的规定明显不合理；

（三）为实现制定目的所规定的手段与制定目的明显不匹配；

（四）因现实情况发生重大变化而不宜继续施行；

（五）变通明显无必要或者不可行，或者不适当行使制定规范性文件的权利；

（六）其他明显不适当的情形。

第四章 处 理

第三十条 审查机构在审查研究中发现规范性文件可能存在本条例第三章第三节规定情形的，可以与制定机关沟通协商或者采取书面形式对制定机关进行询问。

第三十一条 经审查研究，认为规范性文件存在本条例第三章第三节规定情形，需要予以纠正的，在提出书面审查研究意见前，可以与制定机关沟通，要求制定机关及时修改或者废止。

经沟通，制定机关同意对规范性文件予以修改或者废止，并书面提出明确处理计划和时限的，可以不再向其提出书面审查研究意见，审查中止。

经沟通没有结果的，可以向制定机关提出书面审查研究意见；也可以召开联合审查会议，要求制定机关到会说明情况，再向制定机关提出书面审查研究意见。

制定机关应当在两个月内研究提出是否修改的意见，并向审查机构进行反馈。

第三十二条 制定机关收到审查研究意见后逾期未报送书面处理意见的，审查机构可以向制定机关发函督促或者约谈制定机关有关负责人，要求制定机关限期报送处理意见。

第三十三条 制定机关按照书面审查研究意见对有关规范性文件进行修改、废止的，审查终止。

第三十四条 制定机关按照书面审查研究意见修改、废止的有关规范性文件，应当重新公布，重新报送备案。

第三十五条 制定机关未按照书面审查研究意见对规范性文件及时予以修改、废止的，审查机构应当依法向主任会议提出予以撤销的议案、建议，由主任会议决定提请常务委员会会议审议。

常务委员会会议审议撤销规范性文件的议案时，制定机关应当派人到会听取意见，回答询问。

常务委员会会议经过审议，认为规范性文件应当撤销的，应当作出撤销决定并向社会公布。

第三十六条 经审查研究，认为规范性文件不存在本条例第三章第三节规定问题，但是存在其他倾向性问题或者可能造成理解歧义、执行不当等问题的，可以函告制定机关予以提醒，或者提出有关意见建议。

第三十七条 备案审查工作机构在规范性文件审查结束后二

十日内，应当将审查研究情况向提出审查要求或者审查建议的国家机关、社会团体、企业事业组织或者公民反馈。

反馈采取书面形式，必要时也可以采取口头形式。对通过备案审查信息平台提出的审查要求或者审查建议，可以通过备案审查信息平台进行反馈。

规范性文件审查研究工作结束后，有关审查研究资料应当及时归档保存。

第五章　保障与监督

第三十八条　县级以上人民代表大会常务委员会应当建立健全人民代表大会常务委员会会议听取和审议规范性文件备案审查工作情况报告制度。

备案审查工作机构应当在每年三月底前向本级人民代表大会常务委员会专项报告上一年度规范性文件备案审查工作情况。

备案审查工作情况报告的内容一般包括：接收备案的情况，开展审查的情况，对规范性文件纠正处理的情况，开展备案审查制度和能力建设的情况，对下级人大常委会备案审查工作进行业务指导的情况，下一步工作思路和建议等。

第三十九条　省人民代表大会常务委员会建立统一的规范性文件备案审查信息平台，做好运行、维护和技术支撑等工作。

县级以上人民代表大会常务委员会和报送机关应当通过备案审查信息平台，开展规范性文件备案审查工作。

第四十条　县级以上人民代表大会常务委员会应当加强规范性文件备案审查工作队伍建设，配备专业人员，加强人员培训，提高备案审查工作能力。

第四十一条　规范性文件报送机关未按照规定期限报送备案，或者报送材料不齐全的，备案审查工作机构应当通知其限期报送或者补充报送，逾期仍不报送的，备案审查工作机构按照有关规定予以通报，情节严重的，本级人民代表大会常务委员会主任会议可以要求其作出说明，或者建议有关机关对责任人员追究责任。

第六章 附 则

第四十二条 本条例自 2021 年 1 月 1 日起施行。

山西省各级人民代表大会常务委员会
规范性文件备案审查条例

第一章　总　则

第一条　为了规范备案审查工作，加强备案审查制度和能力建设，保障宪法、法律、法规的实施，维护国家法治统一，根据《中华人民共和国立法法》《中华人民共和国各级人民代表大会常务委员会监督法》等法律，结合本省实际，制定本条例。

第二条　本省各级人民代表大会常务委员会（以下简称人大常委会）对规范性文件的备案审查适用本条例。

第三条　本条例所称规范性文件，是指本省行政区域内有关国家机关依照法定权限和程序制定的，涉及公民、法人和其他组织权利、义务，具有普遍约束力，在一定时期内可以反复适用、公开发布的文件。

国家机关内部的工作制度、机构编制、工作分工、任务分解、人事任免、奖惩、请示、报告等文件，不属于本条例所称的规范性文件。

第四条　规范性文件备案审查工作坚持有件必备、有备必审、有错必纠的原则。

第五条　省、设区的市人民代表大会常务委员会法制工作委员会和县（市、区）人民代表大会常务委员会承担备案审查工作的机构（以下统称备案审查工作机构），负责规范性文件的审查研究、意见汇总等工作。

县级以上人民代表大会专门委员会、常委会其他工作机构（以下统称相关委员会），按照职责分工承担相关领域规范性文件的审查研究工作。

县级以上人大常委会办公厅（室）负责报送备案的规范性文件的接收、登记、存档等工作，并将报备的规范性文件分送备案审查工作机构和相关委员会进行审查。

第六条　备案审查工作机构通过备案审查衔接联动机制，加强与同级人民政府、监察委员会、人民法院、人民检察院有关工作机构的联系和协作。

第七条　省人大常委会应当建立健全备案审查信息平台运行机制，设区的市、县（市、区）人大常委会应当做好备案审查信息平台的使用管理工作。

第八条　规范性文件备案审查工作经费列入本级财政预算。

第二章　备　案

第九条　下列规范性文件，应当报送本级人大常委会备案：

（一）省、设区的市人民政府制定的规章；

（二）县级以上人民政府发布的决定、命令以及人民政府办公厅（室）发布的规范性文件；

（三）各级监察委员会制定的规范性文件；

（四）各级人民法院制定的规范性文件；

（五）各级人民检察院制定的规范性文件；

（六）其他应当依法报送备案的规范性文件。

设区的市人民政府制定的规章，在报送本级人大常委会备案的同时，还应当报送省人大常委会备案。

第十条　下列规范性文件，应当报送上一级人大常委会备案：

（一）设区的市、县（市、区）人民代表大会及其常务委员会作出的决议、决定；

（二）设区的市人大常委会对其制定的地方性法规作出的解释；

（三）乡、镇人民代表大会作出的决议、决定；

（四）其他应当依法报送备案的规范性文件。

第十一条 规范性文件制定机关应当确定规范性文件的报送机构，负责规范性文件的报送备案以及与备案审查工作机构的沟通协调。

第十二条 制定机关应当自规范性文件公布之日起三十日内报送备案。

报送备案的材料包括备案报告、文本、说明，同时通过备案审查信息平台报送电子材料。报送规章备案的，还应当提供立法依据对照表。

纸质材料应当按照公文格式装订成册，一式五份；电子材料应当符合备案审查信息平台的格式标准和要求。

制定机关在每年 1 月 31 日前，将上一年度制定、修改和废止的规范性文件目录报送负责备案审查的人大常委会。

第十三条 县级以上人大常委会办公厅（室）应当自收到备案材料之日起十五日内，对符合法定范围和程序、备案材料齐全、符合格式标准和要求的，予以接收；对不符合法定范围和程序、备案材料不齐全或者不符合格式标准和要求的，以电子指令形式予以退回并说明理由。

因备案材料不齐全或者不符合格式标准和要求被退回的，制定机关应当自收到电子指令之日起十日内按照要求重新报送备案。

第十四条 县级以上人大常委会办公厅（室）对制定机关的报送工作进行督促检查，并适时将迟报、漏报等情况予以通报。

第三章　审　查

第十五条　对规范性文件采取依职权审查、依申请审查、移送审查等方式进行审查。

第十六条　对规范性文件进行审查，发现可能存在违背宪法规定、宪法原则、宪法精神等合宪性问题的，由省人大常委会向全国人大常委会提出审查请求。

第十七条　对规范性文件进行审查，发现存在与党中央、省委的重大决策部署不相符或者与国家、省的重大改革方向不一致的，应当提出意见。

第十八条　对规范性文件进行审查，发现规范性文件违背法律、法规规定，有下列情形之一的，应当提出意见：

（一）超越权限，违法设定公民、法人和其他组织的权利与义务，或者违法设定国家机关的权力与责任的；

（二）违法设定行政处罚、行政许可、行政强制，或者对法律、行政法规设定的行政处罚、行政许可、行政强制违法作出调整和改变的；

（三）与法律、法规规定明显不一致，或者与立法目的、原则明显相违背的；

（四）违反授权决定，超出授权范围的；

（五）违反法定程序的；

（六）其他违反法律、法规规定的情形。

第十九条　对规范性文件进行审查，发现规范性文件存在明显不适当问题，有下列情形之一的，应当提出意见：

（一）明显违背社会主义核心价值观和公序良俗的；

（二）对公民、法人或者其他组织的权利和义务的规定明显不合理的；

（三）因现实情况发生重大变化而不宜继续施行的；

（四）其他明显不适当的情形。

第二十条　县级以上人民政府、人民法院、人民检察院发现本级人大常委会负责备案审查的规范性文件存在本条例第十六条、第十七条、第十八条、第十九条所列情形的，可以向其提出审查要求。

设区的市、县（市、区）人大常委会认为上一级人大常委会负责备案审查的规范性文件存在本条例第十六条、第十七条、第十八条、第十九条所列情形的，可以向其提出审查要求。

前两款规定以外的其他国家机关、社会团体、企业事业组织以及公民认为规范性文件存在本条例第十六条、第十七条、第十八条、第十九条所列情形的，可以向负责备案审查的人大常委会提出审查建议。

第二十一条　审查要求应当以书面形式提出，由常委会办公厅（室）接收、登记，批转相关委员会会同备案审查工作机构进行审查。

审查建议应当以书面形式提出，由备案审查工作机构接收、登记，依法进行审查。必要时，送相关委员会协助审查。

第二十二条　对不属于本级人大常委会备案范围的审查要求或者审查建议，由备案审查工作机构移送有关国家机关依法处理，同时可以向有关机关提出研究处理的意见和建议。

第二十三条　备案审查工作机构、相关委员会在审查中认为有必要进行共同审查的，可以召开联合审查会议；审查中有较大意见分歧的，向主任会议报告。

第二十四条　对规范性文件进行审查，可以通过座谈会、听证会、论证会、委托第三方研究等方式，听取国家机关、社会团体、企业事业组织、人大代表、专家学者以及利益相关方的意见；对涉及改革发展稳定和人民群众切身利益、社会普遍关注重大问题等方面的规范性文件，应当通过听取制定机关专项报告、实地调研等方式，进行重点审查。

第二十五条　依职权对规范性文件进行审查，发现其规定可能存在本条例第十六条、第十七条、第十八条、第十九条规定情形的，可以函告制定机关在三十日内作出说明并反馈意见。

根据审查要求、审查建议进行审查，发现规范性文件的规定可能存在本条例第十六条、第十七条、第十八条、第十九条规定情形的，应当函告制定机关，要求制定机关在三十日内作出说明并反馈意见。

第二十六条　根据审查建议对规范性文件进行审查，可以向审查建议人询问有关情况，要求审查建议人补充材料。

第四章　处　理

第二十七条　经审查认为，规范性文件存在本条例第十六条、第十七条、第十八条、第十九条规定情形，需要予以纠正的，在提出书面审查意见前，可以与制定机关沟通，要求制定机关及时修改或者废止。

制定机关同意对规范性文件进行修改或者废止，并书面提出明确处理计划和时限的，审查中止；制定机关不同意修改或者废止，或者未按照处理计划和时限修改或者废止的，备案审查工作机构应当提请主任会议研究。主任会议研究认为应当予以纠正的，由备案审查工作机构以人大常委会办公厅（室）文件向制定机关提出书面审查意见。

第二十八条　制定机关收到书面审查意见后，应当在六十日内修改或者废止规范性文件，并重新公布、备案。

制定机关未在规定期限内修改或者废止的，备案审查工作机构应当向主任会议提出撤销该规范性文件或者其部分内容的处理建议，由主任会议决定提请人大常委会会议审议。

第二十九条 人大常委会会议审议撤销规范性文件或者其部分内容的议案时，制定机关有关负责人应当到会听取意见、回答询问，并可以书面提出陈述意见。

人大常委会会议经过审议，认为规范性文件或者其部分内容应予撤销的，应当作出撤销决定并向社会公布。

第三十条 设区的市人民政府未按照省人大常委会的书面审查意见对其规章进行修改或者废止的，由省人大常委会主任会议建议该设区的市人大常委会予以撤销。设区的市人大常委会应当在六十日内向省人大常委会报告处理结果。

第五章　其他规定

第三十一条 备案审查工作机构应当在规范性文件依申请审查工作结束后，将审查结果向提出审查要求或者审查建议的国家机关、社会团体、企业事业组织或者公民反馈。

第三十二条 反馈应当采取书面形式，也可以采取口头形式。对通过备案审查信息平台提出的审查建议，可以通过备案审查信息平台进行反馈。

第三十三条 制定机关未按照本条例第二十八条规定的期限对规范性文件进行修改或者废止的，备案审查工作机构可以约谈制定机关的相关负责人。

第三十四条 备案审查工作机构应当每年向人大常委会报告开展备案审查工作的情况，由人大常委会会议审议。

第三十五条 上级人大常委会应当通过人员培训、工作交流、个案指导、典型案例通报等形式，加强对下级人大常委会备案审查工作的指导。

第六章　附　则

第三十六条　本条例自公布之日起施行。

上海市人民代表大会常务委员会
规范性文件备案审查条例

第一章 总 则

第一条 为了进一步规范备案审查工作，加强备案审查制度和能力建设，履行宪法、法律赋予地方各级人民代表大会及其常务委员会的监督职责，根据《中华人民共和国宪法》以及《中华人民共和国立法法》《中华人民共和国各级人民代表大会常务委员会监督法》等法律的有关规定，参照全国人大常委会《法规、司法解释备案审查工作办法》，结合本市实际，制定本条例。

第二条 市人民代表大会常务委员会（以下简称市人大常委会）对规范性文件的备案审查，适用本条例。

本条例所称规范性文件，是指本市行政区域内有关国家机关依照法定权限和程序制定并公开发布，涉及公民、法人和其他组织权利、义务，具有普遍约束力，并在一定时期内可以反复适用的文件。

下列规范性文件，应当报送市人大常委会备案：

（一）市人民政府制定的规章；

（二）市人民政府制定的决定、命令、规定、办法等规范性文件；

（三）本市地方性法规要求市人民政府及其相关工作部门制定的与实施该法规相配套的规范性文件；

（四）市监察委员会为执行国家法律法规或根据授权制定的

规范性文件；

（五）市高级人民法院、市人民检察院制定的指导、规范审判、检察业务的规范性文件；

（六）区人民代表大会及其常务委员会作出的决议、决定；

（七）依法应当向市人大常委会报送备案的其他规范性文件。

第三条　市人大常委会依照宪法、法律开展备案审查工作，保证党中央令行禁止，保障宪法法律实施，保护公民合法权益，维护国家法制统一，促进本市国家机关提高规范性文件制定水平。

第四条　开展备案审查工作，应当依照法定权限和程序，坚持有件必备、有备必审、有错必纠的原则。

第五条　市人大常委会办公厅（以下简称常委会办公厅）负责报送备案的规范性文件的接收、登记、转送和存档等工作。

市人大常委会法制工作委员会（以下简称法工委）是规范性文件备案审查的日常工作机构，负责有关备案审查的分办、协调、综合、研究、报告等工作。

市人民代表大会专门委员会、常委会工作委员会（以下简称有关委员会）按照各自职责，负责相关领域规范性文件的审查研究工作。

第六条　市人大常委会加强备案审查信息化建设，建立健全覆盖全市、互联互通、操作便捷的备案审查信息平台，提高备案审查工作信息化水平。

第七条　常委会工作机构加强与市委办公厅、市政府办公厅、市监察委员会、市高级人民法院和市人民检察院备案审查工作机构的联系和协作，形成备案审查衔接联动机制。

第八条　常委会工作机构加强与区人大常委会的工作联系，根据需要进行相关业务指导。

第二章　备　案

第九条　规范性文件应当自公布之日起三十日内报送备案。

报送备案，应当按要求一并报送备案报告、规范性文件正式文本及相关说明材料的纸质文本一式三份和电子文本。

报送单位应当通过市人大常委会备案审查信息系统报送全部备案文件的电子文本，报送的电子文本应当符合全国人大常委会工作机构印发的格式标准和要求。

第十条　规范性文件由下列机关负责报送备案：

（一）市人民政府及其相关工作部门制定的规范性文件，由市人民政府办公厅报送备案；

（二）市监察委员会制定的规范性文件，由监察委员会办公厅报送备案；

（三）市高级人民法院、市人民检察院制定的规范性文件，由市高级人民法院办公室、市人民检察院办公室报送备案；

（四）区人民代表大会及其常务委员会制定的规范性文件，由区人大常委会办公室报送备案。

第十一条　常委会办公厅自收到备案文件之日起五个工作日内进行审核，对符合法定范围和程序、备案文件齐全、符合格式标准和要求的，予以接收登记后转送法工委；对不符合法定范围和程序、备案文件不齐全或者不符合格式标准和要求的，应当要求报备单位补充或予以退回重新进行报备并说明理由。补充报备材料或重新报送备案，应当自收到通知之日起十个工作日内完成。

法工委对报送备案的文件进行审查研究，根据职责分工送有关委员会审查研究。

第十二条　每年一月三十一日前，制定机关应当将其上一年度制定、修改和废止的规范性文件目录报送常委会办公厅备查。

市人大常委会办公厅通过市人大常委会公报和上海人大公众网向社会公布上一年度备案的规范性文件目录。

第三章 审 查

第一节 审查职责

第十三条 有关委员会、法工委对报送备案的规范性文件依职权主动进行审查。

有关委员会应当自收到分送的报备文件之日起三十日内提出书面审查研究意见，送法工委综合研究；但需要函告制定机关作出说明的除外。

第十四条 国家机关依法向市人大常委会书面提出的对规范性文件的审查要求，由常委会办公厅接收、登记，报秘书长批转有关委员会会同法工委进行审查研究。

第十五条 国家机关、社会团体、企业事业组织以及公民依法向市人大常委会书面提出的对规范性文件的审查建议，由法工委负责接收、登记，会同有关委员会审查研究。

第十六条 经初步研究，审查建议有下列情形之一的，可以不启动审查程序：

（一）建议审查的规范性文件的相关规定已经修改或者废止；

（二）此前已就建议审查的规范性文件的相关规定与制定机关作过沟通，制定机关明确表示同意修改或者废止；

（三）此前对建议审查的规范性文件的同一规定进行过审查，已有审查结论；

（四）建议审查的理由不明确或者明显不成立；

（五）其他不宜启动审查程序的情形。

第十七条　对审查建议进行初步审查研究后，法工委认为需要启动审查程序的，经报秘书长同意按第五条规定的职责分工送有关委员会提出审查研究意见。

第十八条　结合贯彻党中央决策部署、落实全国人大常委会决定，围绕本市工作重点，法工委会同有关委员会对相关的规范性文件开展专项审查。

第十九条　对不属于市人大常委会备案审查范围的规范性文件提出的审查建议，法工委依法移送有权审查的机关处理，或者告知提出审查建议的公民、组织直接向有权审查的机关提出审查建议。

对有关机关移送的审查建议，法工委按本条例的相关规定研究处理。

第二节　审查程序

第二十条　在依职权审查、移送审查、专项审查中，或者根据审查要求、审查建议进行审查研究中，发现规范性文件可能存在本条例第三章第三节规定情形的，可以函告制定机关在三十日内作出说明并书面反馈说明意见。

第二十一条　对规范性文件进行审查研究，可以通过座谈会、听证会、论证会、委托第三方研究等方式，听取有关国家机关、社会团体、企业事业组织、人大代表、专家学者以及利益相关方的意见。

第二十二条　对规范性文件进行审查研究，根据需要可以进行实地调研，深入了解实际情况。

第二十三条　法工委应当加强与有关委员会在备案审查工作中的沟通协调，适时向有关委员会了解备案审查工作的情况。

有关委员会、法工委在审查研究中有较大意见分歧的，经报秘书长同意向主任会议报告。

第三节　审查标准

第二十四条　对规范性文件进行审查研究，发现规范性文件可能存在违背宪法规定、宪法原则或宪法精神问题的，应当向全国人大常委会报告。

第二十五条　对规范性文件进行审查，发现规范性文件存在与党中央的重大决策部署不相符或者与国家重大改革方向不一致问题的，应当提出意见。

第二十六条　对规范性文件进行审查，发现规范性文件违背法律、法规的规定，有下列情形之一的，应当提出意见：

（一）违反《中华人民共和国立法法》第八条规定，对只能制定法律的事项作出规定；

（二）超越权限，违法设定公民、法人和其他组织的权利和义务，或者违法设定国家机关的权力和责任；

（三）违法设定行政许可、行政处罚、行政强制，或者对法律、法规设定的行政许可、行政处罚、行政强制违法作出调整和改变；

（四）与法律、法规的规定明显不一致，或者与法律、法规的立法目的、原则明显相违背，旨在抵消、改变或者规避法律、法规的规定；

（五）违反授权决定，超出授权范围；

（六）违背法定程序；

（七）其他违背法律、法规规定的情形。

第二十七条　对规范性文件进行审查，发现规范性文件存在明显不适当问题，有下列情形之一的，应当提出意见：

（一）明显违背社会主义核心价值观和公序良俗；

（二）对公民、法人或者其他组织的权利和义务的规定明显不合理，或者为实现立法目的所规定的手段与立法目的明显不匹配；

（三）因现实情况发生重大变化而不宜继续施行；

（四）其他明显不适当的情形。

第四章　处　理

第二十八条　有关委员会、法工委在审查研究中发现规范性文件可能存在本条例第三章第三节规定情形的，可以与制定机关沟通，或者采用书面方式对制定机关进行询问。

第二十九条　经审查研究，认为规范性文件存在本条例第三章第三节规定情形，需要予以纠正的，由法工委会同有关委员会提出研究意见，与制定机关沟通，要求制定机关予以修改或者废止。

经沟通，制定机关及时修改或者废止规范性文件，或者书面提出明确处理计划和时限的，审查中止。

经沟通没有结果的，法工委会同有关委员会依法提出书面审查研究意见，经主任会议决定由办公厅发函制定机关，要求在两个月内提出书面处理意见。

第三十条　制定机关按照主任会议要求或者常委会工作机构意见，对有关规范性文件进行纠正并完成相关工作的，审查终止。

制定机关未按照主任会议决定的书面审查研究意见对有关规范性文件予以修改或者废止的，有关委员会或者法工委应当向主任会议提出撤销该规范性文件的议案、建议，由主任会议决定提请市人大常委会会议审议决定。

第三十一条　规范性文件修改或者废止的，制定机关应当将有关情况及时书面告知，并按照本条例规定重新报送备案。

第三十二条　规范性文件审查工作结束后，国家机关提出的审查要求，由常委会办公厅向该国家机关反馈审查结果；国家机关、社会团体、企业事业组织以及公民提出的审查建议，由法工委反馈审查结果。

反馈采取书面形式，必要时也可以采取口头形式。对通过市人大备案审查信息系统提出的审查建议，可以通过备案审查信息系统进行反馈。

第三十三条　规范性文件审查工作结束后，有关审查研究资料应当及时归档保存。

第五章　报告工作

第三十四条　法工委应当每年向市人大常委会报告开展规范性文件备案审查工作的情况，由市人大常委会会议审议。

第三十五条　备案审查工作情况报告的内容一般包括：接收备案的情况，开展审查的情况，对规范性文件纠正处理的情况，开展备案审查制度和能力建设的情况，下一步工作考虑和建议等。

法工委起草备案审查工作情况的报告，应当征询各委员会、常委会办公厅的意见，报主任会议决定提请市人大常委会会议审议。

第三十六条　备案审查工作情况报告根据常委会组成人员的审议意见修改后，在市人大常委会公报和上海人大公众网刊载。

第六章　附　　则

第三十七条　本市各区人民代表大会常务委员会参照本条例对依法接受本级人大常委会监督的地方国家机关制定的有关规范

性文件进行备案审查。

  第三十八条 本条例自 2021 年 7 月 1 日起施行。2012 年 4 月 19 日上海市第十三届人民代表大会常务委员会第三十三次会议通过的《上海市人民代表大会常务委员会关于规范性文件备案审查的规定》同时废止。

天津市人民代表大会常务委员会
和区人民代表大会常务委员会
规范性文件备案审查办法

第一章 总 则

第一条 为了规范备案审查工作，加强对规范性文件的监督，提高规范性文件质量，维护宪法法律权威，根据《中华人民共和国立法法》《中华人民共和国各级人民代表大会常务委员会监督法》等有关法律的规定，参照《法规、司法解释备案审查工作办法》，结合本市实际，制定本办法。

第二条 本办法适用于市和区人民代表大会常务委员会（以下简称人大常委会）对规范性文件的备案审查工作。

本办法所称规范性文件，是指市和区人民政府、监察委员会、人民法院、人民检察院，区人民代表大会及其常务委员会，乡、镇人民代表大会在其法定职权范围内，依照法定程序制定并公开发布的，涉及自然人、法人和非法人组织权利、义务，在一定时期内具有普遍约束力的文件。

第三条 市和区人大常委会应当坚持有件必备、有备必审、有错必纠的原则，依照法定权限和程序开展备案审查工作，保证党中央令行禁止，保障宪法法律实施，保护公民合法权益，维护国家法制统一，促进制定机关提高规范性文件制定水平。

第四条 市和区人大常委会应当履行宪法法律赋予的监督职责，加强备案审查制度和能力建设，建立健全备案审查信息平台，促进备案审查工作制度化、规范化、信息化。

第五条 市和区人大常委会办公厅（室）负责对报送备案的规范性文件的接收、登记、分送、存档等工作。

市和区人大专门委员会、常委会工作机构按照职责分工，负责对报送备案的相关领域规范性文件的审查研究工作。常委会法制工作机构负责对报送备案的规范性文件的审查研究、意见汇总、综合协调等工作。

第六条 市和区人大常委会工作机构应当按照备案审查衔接联动机制工作要求，加强与有关方面的联系和协作。

第七条 市人大常委会工作机构应当加强与区人大常委会的工作联系，根据需要对区人大常委会的备案审查工作进行业务指导。

第二章 备 案

第八条 下列规范性文件，应当报送市人大常委会备案：

（一）市人民政府规章；

（二）市人民政府发布的决定、命令和其他规范性文件，以及以市人民政府办公厅名义发布的规范性文件；

（三）市监察委员会制定的规范性文件；

（四）市高级人民法院制定的规范性文件；

（五）市人民检察院制定的规范性文件；

（六）区人民代表大会及其常委会作出的决议、决定以及其他规范性文件。

第九条 下列规范性文件，应当报送区人大常委会备案：

（一）区人民政府发布的决定、命令和其他规范性文件，以及以区人民政府办公室名义发布的规范性文件；

（二）区监察委员会制定的规范性文件；

（三）区人民法院制定的规范性文件；

（四）区人民检察院制定的规范性文件；

（五）乡、镇人民代表大会作出的决议、决定以及其他规范性文件。

第十条　规范性文件应当自公布之日起三十日内报送备案。

规范性文件报送备案应当将备案报告、政府令或者公告、规范性文件正式文本、说明等有关文件的纸质文本一式五份和电子文本一并报送；电子文本应当符合相关格式标准和要求，通过人大常委会规范性文件备案审查信息平台报送。

第十一条　市和区人大常委会办公厅（室）应当自收到备案文件之日起十五日内进行形式审查，对符合法定范围和程序、备案文件齐全、符合格式标准和要求的，予以接收并通过人大常委会规范性文件备案审查信息平台发送电子回执；对不符合法定范围和程序、备案文件不齐全或者不符合格式标准和要求的，以电子指令形式予以退回并说明理由。

因备案文件不齐全或者不符合格式标准和要求被退回的，制定机关应当自收到电子指令之日起十日内按照要求重新报送备案。

第十二条　市和区人大常委会办公厅（室）对报送备案的规范性文件进行登记，并根据职责分工分送有关专门委员会、常委会有关工作机构和法制工作机构进行审查研究。

第十三条　市和区人大常委会办公厅（室）应当对制定机关的报送备案工作进行督促检查，并适时将迟报、漏报等情况予以通报。

第十四条　每年一月底前，制定机关应当将上一年度制定、修改和废止的规范性文件目录汇总报送市或者区人大常委会办公厅（室）。

市和区人大常委会办公厅（室）通过常委会公报或者常委会官方网站向社会公布上一年度备案的规范性文件目录。

第三章　审　查

第十五条　对规范性文件进行审查研究，应当审查规范性文件是否存在与党中央的决策部署不相符或者与国家的改革方向不一致的问题。

第十六条　对规范性文件进行审查研究，应当审查规范性文件是否存在以下违背法律法规规定的情形：

（一）违反立法法规定，对只能制定法律的事项作出规定；

（二）超越权限，违法设定自然人、法人和非法人组织的权利与义务，或者违法设定国家机关的权力与责任；

（三）违法设定行政许可、行政处罚、行政强制，或者对法律法规设定的行政许可、行政处罚、行政强制违法作出调整和改变；

（四）与法律法规规定明显不一致，或者与法律法规的立法目的、原则明显相违背，旨在抵消、改变或者规避法律法规规定；

（五）违反授权决定，超出授权范围；

（六）违背法定程序；

（七）其他违背法律法规规定的情形。

第十七条　对规范性文件进行审查研究，应当审查规范性文件是否存在以下明显不适当的情形：

（一）明显违背社会主义核心价值观和公序良俗；

（二）对自然人、法人或者非法人组织的权利和义务的规定明显不合理，或者为实现立法目的所规定的措施与立法目的明显不匹配；

（三）因现实情况发生重大变化而不宜继续施行；

（四）同一效力层级的规范性文件对同一事项的规定不一致；

（五）其他明显不适当的情形。

第十八条　市和区人大有关专门委员会、常委会有关工作机构和法制工作机构对报送备案的规范性文件依职权主动进行审查。

第十九条　市人民政府、市监察委员会、市高级人民法院、市人民检察院或者区人大常委会可以向市人大常委会书面提出属于本办法第八条规定的规范性文件的审查要求，由市人大常委会办公厅接收、登记，报秘书长批转市人大有关专门委员会、常委会有关工作机构，会同法制工作机构进行审查。

区人民政府、区监察委员会、区人民法院、区人民检察院可以向区人大常委会书面提出属于本办法第九条规定的规范性文件的审查要求，由区人大常委会办公室接收、登记后，报常委会主任批转区人大有关专门委员会、常委会有关工作机构，会同法制工作机构进行审查。

第二十条　本办法第十九条规定以外的其他国家机关、社会团体、企业事业组织、公民认为规范性文件存在本办法第十五条、第十六条和第十七条规定情形之一的，可以向有备案审查权的市或者区人大常委会提出书面审查建议，由常委会法制工作机构接收、登记并进行审查研究；必要时，会同有关专门委员会、常委会有关工作机构进行审查。

根据审查建议对有关规范性文件进行审查，可以向提出审查建议的国家机关、社会团体、企业事业组织、公民询问有关情况，要求其补充有关材料。

第二十一条　审查建议涉及的规范性文件不属于市或者区人大常委会备案审查范围的，法制工作机构可以按照规定移送有关机关处理，并告知提出审查建议的国家机关、社会团体、企业事业组织以及公民移送情况；不予移送的，应当告知直接向有权审查的机关提出审查建议。

第二十二条 市和区人大常委会法制工作机构对事关重大改革和政策调整、涉及法律重要修改、关系公众切身利益、引发社会广泛关注或者可能存在共性问题等方面的规范性文件，可以组织开展专项审查。

第二十三条 市和区人大有关专门委员会、常委会有关工作机构和法制工作机构审查规范性文件，可以就相关问题发函询问制定机关，制定机关应当及时回复。

审查规范性文件可以通过召开论证会、听证会等方式，广泛听取制定机关、相关部门、专家代表及社会各界的意见，也可以根据需要进行实地调研，深入了解实际情况。

第二十四条 市和区人大有关专门委员会、常委会有关工作机构和法制工作机构在备案审查工作中，发现报送备案的规范性文件可能存在违背宪法规定、宪法原则或者宪法精神问题的，经本级人大常委会主任会议同意后，向全国人大常委会法制工作机构报告。

第四章 处 理

第二十五条 市和区人大有关专门委员会、常委会有关工作机构和法制工作机构，经审查研究认为规范性文件存在本办法第十五条、第十六条或者第十七条规定情形，需要予以纠正的，可以与制定机关沟通，要求制定机关修改或者废止。

经沟通，制定机关同意对规范性文件予以修改或者废止并提出书面处理计划的，审查中止。

第二十六条 经沟通，制定机关不同意修改或者废止相关规范性文件的，经主任会议同意，可以由人大有关专门委员会或者法制委员会召开审查会议，向制定机关提出修改或者废止相关规范性文件的书面审查意见。

有关专门委员会可以和法制委员会召开联合审查会议。

人大有关专门委员会、法制委员会召开审查会议，可以要求制定机关到会说明情况。

第二十七条　制定机关应当自接到书面审查意见之日起两个月内提出书面处理意见；逾期未报送书面处理意见的，由常委会办公厅（室）向制定机关发函督促，制定机关应当自接到督促函之日起十个工作日内报送书面处理意见。

制定机关同意书面审查意见并提出修改或者废止相关规范性文件书面处理计划的，审查中止。

第二十八条　制定机关不同意书面审查意见或者经督促未在规定期限内提出书面处理意见的，人大有关专门委员会可以依法提出撤销该规范性文件或者要求制定机关修改或者废止该规范性文件的议案，由主任会议决定提请常委会会议审议；常委会法制工作机构可以向主任会议提出建议，由主任会议向常委会会议提出撤销该规范性文件或者要求制定机关修改或者废止该规范性文件的议案。

制定机关未按照书面处理计划对规范性文件进行修改或者废止的，按照前款规定处理。

市和区人大常委会会议作出撤销规范性文件或者要求制定机关修改或者废止规范性文件的决定，应当向社会公布。

第二十九条　制定机关应当向社会公布修改后的规范性文件文本或者废止规范性文件的决定，并按照本办法规定报送备案。

第三十条　市和区人大有关专门委员会、常委会有关工作机构和法制工作机构，经审查研究认为规范性文件存在本办法第十五条、第十六条或者第十七条规定情形，需要予以纠正的，应当自制定机关修改、废止该规范性文件或者人大常委会作出相关决定之日起一个月内，提出书面审查研究报告，审查终止。

经审查研究认为规范性文件不存在本办法第十五条、第十六条或者第十七条规定情形的，应当在审查程序启动后三个月内提出书面审查研究报告，审查终止。

第三十一条 市和区人大有关专门委员会、常委会有关工作机构和法制工作机构，根据审查要求或者审查建议对规范性文件的审查工作结束后，应当由常委会办公厅（室）向提出审查要求的国家机关进行反馈，由法制工作机构向提出审查建议的有关国家机关、社会团体、企业事业组织以及公民进行反馈。

第五章 报告与公开

第三十二条 市和区人大常委会法制工作机构应当每年向本级人大常委会会议报告规范性文件备案审查工作情况。

备案审查工作情况报告经常委会会议审议后，在本级人大常委会公报或者官方网站刊载，向社会公布。

第三十三条 市和区人大专门委员会、常委会工作机构应当将规范性文件审查工作情况纳入其年度工作报告。

第六章 附 则

第三十四条 本办法自 2020 年 11 月 1 日起施行。2008 年9 月 10 日天津市第十五届人民代表大会常务委员会第四次会议通过的《天津市人民代表大会常务委员会和区县人民代表大会常务委员会审查监督规范性文件办法》同时废止。

新疆维吾尔自治区各级人民代表大会常务委员会规范性文件备案审查条例

第一章 总 则

第一条 为加强规范性文件的备案审查工作，维护国家法制统一，保障公民、法人和其他组织的合法权益，根据《中华人民共和国立法法》《中华人民共和国各级人民代表大会常务委员会监督法》等法律、法规的有关规定，结合自治区实际，制定本条例。

第二条 自治区县级以上人民代表大会常务委员会规范性文件备案审查工作适用本条例。

第三条 本条例所称规范性文件，是指自治区各级国家机关（以下统称制定机关）依照法定权限和程序制定，并公开发布的涉及本行政区域内公民、法人和其他组织权利、义务，具有普遍约束力，在一定时期内反复适用的文件。

第四条 县级以上人民代表大会常务委员会开展备案审查工作应当依照法定权限和程序，坚持有件必备、有备必审、有错必纠的原则。

第五条 自治区人民代表大会常务委员会规范性文件备案审查工作由自治区人民代表大会常务委员会法制工作委员会负责；设区的市、自治州、县（市、区）人民代表大会常务委员会规范性文件备案审查工作由本级人民代表大会常务委员会指定的工作机构（以下统称备案审查机构）负责。

第六条 县级以上人民代表大会常务委员会办公厅（室）负责报送备案的纸质版规范性文件的接收、登记和存档工作。电子版规范性文件通过规范性文件备案审查信息平台报送备案审查机构，县级以上人民代表大会常务委员会办公厅（室）做好协调工作。

备案审查机构根据工作需要，可以将规范性文件分送常务委员会有关工作机构审查；也可以会同常务委员会有关工作机构联合审查。

常务委员会有关工作机构按照各自职责，负责备案审查机构分送的规范性文件的业务性审查工作。

第二章 备 案

第七条 下列规范性文件，应当报送本级人民代表大会常务委员会备案：

（一）自治区人民政府制定的规章；

（二）设区的市、自治州的人民政府制定的规章；

（三）自治区人民政府、设区的市、自治州的人民政府，根据本级地方性法规或者单行条例授权制定的与之相配套的规范性文件；

（四）县级以上人民政府制定发布的决定、命令、规定、细则、办法、意见、措施等，以及以其办公厅（室）名义发布的规范性文件；

（五）县级以上监察委员会制定或者由其会同本级其他有关国家机关联合制定的指导、规范监察工作的意见、规定、办法等规范性文件；

（六）各级人民法院、人民检察院制定或者由其会同本级其他有关国家机关联合制定的指导、规范审判、检察工作的意见、规定、办法等规范性文件；

（七）其他应当报送备案的规范性文件。

第八条　下列规范性文件，应当报送上一级人民代表大会常务委员会备案：

（一）设区的市、自治州的人民政府制定的规章；

（二）各级人民代表大会及县级以上人民代表大会常务委员会作出的决议、决定；

（三）其他应当报送备案的规范性文件。

第九条　规范性文件应当自公布之日起三十日内报送备案。

第十条　报送备案的规范性文件备案材料包括下列内容：

（一）备案报告；

（二）规范性文件文本、说明；

（三）其他有关资料。

报送备案材料应当按照公文格式装订成册，民、汉文纸质文本各一式五份，并附送电子文本。

第三章　审　　查

第十一条　审查规范性文件需要制定机关说明情况或者补充材料的，备案审查机构可以要求制定机关及时说明情况或者补充材料。必要时，可以召开座谈会、论证会、听证会等，听取相关意见。

第十二条　经审查，规范性文件有下列情形之一的，应当予以修改或者废止：

（一）与法律、法规、自治条例和单行条例相抵触；

（二）与上级或者本级人民代表大会及其常务委员会的决议、决定相抵触；

（三）限制、减损、剥夺公民、法人和其他组织的合法权利或者增加其义务，增加或者扩充国家机关的权力或者缩减其责任；

（四）违法设定行政许可、行政处罚、行政强制或者行政收费；

（五）超越法定权限；

（六）违反法定程序；

（七）规范性文件之间对同一事项规定不一致；

（八）明显违背社会主义核心价值观和公序良俗；

（九）其他不适当情形。

第十三条　规范性文件有本条例第十二条所列情形之一的，可以按下列程序提出审查要求或者审查建议：

（一）自治区监察委员会、高级人民法院、人民检察院，设区的市、自治州的人民代表大会常务委员会认为自治区人民政府制定的规章有需要审查情形之一的，可以向自治区人民代表大会常务委员会书面提出审查要求；

（二）县级以上人民政府认为本级监察委员会、人民法院、人民检察院制定的规范性文件有需要审查情形之一的，可以向本级人民代表大会常务委员会书面提出审查要求；

（三）县级以上监察委员会、人民法院、人民检察院认为本级人民政府及其办公厅（室）制定的规范性文件有需要审查情形之一的，可以向本级人民代表大会常务委员会书面提出审查要求；

（四）县级以上监察委员会、人民法院、人民检察院之间认为对方制定的规范性文件有需要审查情形之一的，可以向本级人民代表大会常务委员会书面提出审查要求；

（五）各级人民代表大会和县级以上人民代表大会常务委员会认为上一级人民政府、监察委员会、人民法院、人民检察院制定的规范性文件有需要审查情形之一的，可以向上一级人民代表大会常务委员会书面提出审查要求；

（六）设区的市、自治州和县级人民政府、监察委员会、人民法院、人民检察院认为本级人民代表大会常务委员会作出的决议、决定有需要审查情形之一的，可以向上一级人民代表大会常务委员会书面提出审查要求。

前款规定以外的其他国家机关和社会团体、企事业单位以及公民，认为前款所述规范性文件有本条例第十二条所列情形之一的，可以向本级或者上级人民代表大会常务委员会书面提出审查建议。

书面提出审查要求或者审查建议，应当写明规范性文件的名称、审查要求或者审查建议的事项和理由。

第十四条　对规范性文件提出审查要求或者审查建议的，由备案审查机构进行审查并提出研究处理意见。

如有必要，备案审查机构可以听取或者书面征求审查要求或者审查建议提起人的意见。

第四章　处　理

第十五条　规范性文件未按时报送备案经函告后仍未报送，或者因报送备案的材料不全要求重新报送备案仍未报送的，由备案审查机构责令限期报送。

第十六条　规范性文件有本条例第十二条所列情形之一的，备案审查机构应当进行审查。

经审查认为需要修改或者废止的，经本级人民代表大会常务委员会主任会议决定后，由常务委员会办公厅（室）函告制定机关按审查意见自行修改或者废止。制定机关应当自收到函告之日起三十日内自行修改或者废止，并报告结果。

制定机关对审查意见有异议的，应当自收到函告之日起三十日内说明理由。经再次审查，认为制定机关理由成立的予以认可；理由不成立的，函告制定机关按本条第二款的规定执行。

第十七条 规范性文件违反本条例第十二条规定，并有下列情形之一的，由本级人民代表大会常务委员会主任会议提请人民代表大会常务委员会会议作出撤销的决定：

（一）制定机关未在规定的时间内按审查意见自行修改或者废止；

（二）制定机关对审查意见有异议，其理由不成立又不自行修改或者废止。

第十八条 制定机关应当向社会公布修改后的规范性文件文本或者废止规范性文件的决定，并按照本条例规定报送备案。

第十九条 备案审查机构对审查要求或者审查建议，应当在审查完毕后三十日内将审查结论告知审查要求或者审查建议提起人。

审查要求或者审查建议提起人对审查结论有异议，再次提出书面审查要求或者审查建议的，备案审查机构应当向常务委员会主任会议提出书面意见，由常务委员会主任会议决定是否再次启动审查程序。

第二十条 设区的市、自治州的人民政府规章有本条例第十二条所列情形之一的，经自治区人民代表大会常务委员会主任会议决定，将书面审查意见转自治区人民政府或者设区的市、自治州的人民代表大会常务委员会研究处理。

自治区人民政府或者设区的市、自治州的人民代表大会常务委员会应当将处理情况报告自治区人民代表大会常务委员会。

第二十一条 规范性文件审查终结后，备案审查机构应当将规范性文件审查过程中形成的资料进行收集、整理，交人民代大会常务委员会办公厅（室）存档、备查。

第二十二条 制定机关违反本条例规定，报备规范性文件出现迟报、漏报、瞒报的，或者对审查意见指出的问题整改不及时、不到位的，由备案审查机构报常务委员会办公厅（室）通知制定机关限期改正；逾期未改正的，提请常务委员会主任会议决定予以通报批评，并建议制定机关对相关责任人员追究责任。

第五章　报　告

第二十三条 人民代表大会常务委员会会议作出的撤销决定，在本级人民代表大会常务委员会公报上刊载。

第二十四条 县级以上人民代表大会常务委员会应当建立健全人民代表大会常务委员会听取和审议规范性文件备案审查工作情况报告制度。

备案审查机构应当于每年年初向本级人民代表大会常务委员会报告上一年度规范性文件的备案审查工作情况，根据常务委员会组成人员的审议意见对备案审查工作情况报告修改后，在本级人民代表大会常务委员会公报上刊载。

第六章　附　则

第二十五条 新疆生产建设兵团制定的规范性文件，报送自治区人民代表大会常务委员会备案。

自治区人民代表大会常务委员会兵团工作委员会根据自治区人民代表大会常务委员会授权，对自治区直辖县级市人民代表大会及其常务委员会、自治区高级人民法院生产建设兵团分院及各师中级人民法院、新疆生产建设兵团人民检察院及各师检察分院的规范性文件进行审查，并将备案审查工作情况向自治区人民代表大会常务委员会报告。

自治区直辖县级市人民代表大会常务委员会对本级人民政府、监察委员会、人民法院、人民检察院以及所辖团的规范性文件进行审查。

第二十六条　人民代表大会常务委员会地区工作委员会依据《新疆维吾尔自治区人民代表大会常务委员会地区工作委员会工作条例》的规定，对地区行政公署、地区监察委员会、地区中级人民法院、人民检察院地区分院和本地区县级人民代表大会及其常务委员会的规范性文件进行审查，并将备案审查工作情况向派出机关报告。

第二十七条　人民代表大会常务委员会派出机构审查规范性文件，有本条例第十二条所列情形之一的，向制定机关提出自行修改或者废止的建议。制定机关不予自行修改或者废止的，报告派出机关研究处理。

第二十八条　本条例自公布之日起施行。

云南省各级人民代表大会常务委员会
规范性文件备案审查条例

第一章　总　则

第一条　为了规范备案审查工作，加强备案审查制度和能力建设，履行宪法、法律赋予各级人民代表大会及其常务委员会的监督职责，根据《中华人民共和国立法法》《中华人民共和国各级人民代表大会常务委员会监督法》等法律的规定，参照《法规、司法解释备案审查工作办法》，结合本省实际，制定本条例。

第二条　本省各级人民代表大会常务委员会对规范性文件的备案审查，适用本条例。

第三条　本条例所称规范性文件，是指在本行政区域内，各级人民代表大会及其常务委员会和县级以上人民政府、监察委员会、人民法院、人民检察院依照法定权限和程序制定并公开发布，涉及公民、法人和其他组织的权利、义务，具有普遍约束力，在一定时期内反复适用的文件。

第四条　规范性文件的备案审查应当坚持党的领导，保证党中央令行禁止，保障宪法、法律实施，保护公民、法人和其他组织合法权益，维护国家法制统一，促进制定机关提高规范性文件制定水平。

第五条　规范性文件的备案审查应当依照法定权限和程序，坚持有件必备、有备必审、有错必纠的原则。

第六条　省人民代表大会常务委员会法制工作委员会，州

（市）、县（市、区）人民代表大会常务委员会确定的有关部门负责规范性文件备案审查的组织协调工作。

县级以上人民代表大会专门委员会、常务委员会工作机构按照职责分工负责有关规范性文件的审查工作。

县级以上人民代表大会常务委员会办公厅（室）按照职责做好规范性文件备案审查的相关工作。

第七条　县级以上人民代表大会常务委员会应当加强规范性文件备案审查制度和能力建设，落实备案审查衔接联动机制，加强备案审查信息化建设，提高备案审查质量和效率。

第二章　备　案

第一节　备案范围

第八条　下列规范性文件，应当报送本级人民代表大会常务委员会备案：

（一）省人民政府、州（市）人民政府制定的规章；

（二）县级以上人民政府制定的决定、命令等，以及以县级以上人民政府办公厅（室）名义制定的有关规范性文件；

（三）县级以上监察委员会制定或者由其会同其他国家机关制定的有关规范性文件；

（四）县级以上人民法院、人民检察院制定或者由其会同其他国家机关制定的有关规范性文件；

（五）其他依法应当报送本级备案的规范性文件。

第九条　下列规范性文件，应当报送上一级人民代表大会常务委员会备案：

（一）州（市）、县（市、区）人民代表大会及其常务委员会作出的决议、决定等规范性文件；

（二）州（市）人民政府制定的规章；

（三）乡（镇）人民代表大会作出的决议、决定等规范性文件；

（四）其他依法应当报送上一级备案的规范性文件。

第十条　报送备案的规范性文件材料应当包括：备案报告、规范性文件正式文本（包括政府令或者公告）及其说明。

报送规范性文件备案，应当报送纸质文本一式 5 份，同时通过云南省备案审查信息平台报送符合格式标准和要求的电子文本。

第二节　备案程序

第十一条　报送省人民代表大会常务委员会备案的规范性文件，由省人民代表大会常务委员会法制工作委员会负责接收登记。报送州（市）、县（市、区）人民代表大会常务委员会备案的规范性文件，由其确定的有关部门负责接收登记。

负责接收登记的部门统称接收登记机构。

第十二条　规范性文件应当自公布之日起 30 日内报送备案。必要时，接收登记机构可以要求规范性文件制定机关对指定的规范性文件即时报送备案。

第十三条　接收登记机构应当自收到备案材料之日起 15 日内进行形式审查，对符合法定范围和程序、备案材料齐全、符合格式标准和要求的，予以接收并通过云南省备案审查信息平台发送电子回执；对不符合法定范围和程序、备案材料不齐全或者不符合格式标准和要求的，以电子指令形式予以退回并说明理由。

因备案材料不齐全或者不符合格式标准和要求被退回的，制定机关应当自收到电子指令之日起 10 日内按照要求重新报送备案。

第十四条 制定机关应当于每年一月底前，将上一年度制定、修改、废止的规范性文件目录报送接收登记机构备案。

县级以上人民代表大会常务委员会办公厅（室）通过常务委员会公报或者人大网站向社会公布上一年度备案的规范性文件目录。

第三章 审 查

第一节 审查职责

第十五条 对规范性文件可以采取依职权审查、依申请审查、移送审查、专项审查等方式进行审查。

第十六条 接收登记机构收到报送备案的规范性文件，应当按照职责分工分送人民代表大会有关的专门委员会、常务委员会工作机构进行审查。

报送省人民代表大会常务委员会备案的规范性文件，由省人民代表大会常务委员会法制工作委员会负责组织审查。

报送州（市）、县（市、区）人民代表大会常务委员会备案的规范性文件，由州（市）、县（市、区）人民代表大会常务委员会确定的有关部门负责组织审查。

负责审查的部门统称审查机构。

第十七条 对本条例第八条、第九条所列的规范性文件进行审查研究，发现规范性文件可能存在违背宪法规定、宪法原则、宪法精神等合宪性问题的，县级以上人民代表大会常务委员会应当按照相关规定向全国人民代表大会常务委员会提出审查请求。

第十八条 县级以上人民政府、监察委员会、人民法院、人民检察院认为本级人民代表大会常务委员会接受备案的规范性文件有本条例第三章第三节规定情形的，可以向本级人民代表大会常务委员会书面提出审查要求；州（市）、县（市、区）人民代表大会常务委员会认为上一级人民代表大会常务委员会接受备案的规范性文件有本条例第三章第三节规定情形的，可以向上一级人民代表大会常务委员会书面提出审查要求。

前款规定以外的其他国家机关和社会团体、企业事业组织以及公民认为规范性文件有本条例第三章第三节规定情形的，可以向接受相关规范性文件备案的人民代表大会常务委员会书面提出审查建议。

第十九条　审查要求、审查建议应当写明要求或者建议审查的规范性文件名称、审查的内容和理由。

审查要求由县级以上人民代表大会有关的专门委员会、常务委员会工作机构按照职责分工进行审查、提出意见。审查建议由负责组织审查的机构进行研究，必要时，送人民代表大会有关的专门委员会、常务委员会工作机构进行审查、提出意见。

对不属于本级人民代表大会常务委员会备案审查范围的规范性文件提出的审查要求和审查建议，审查机构应当告知提出审查要求或者审查建议的国家机关、社会团体、企业事业组织或者公民，并可以移送其他有关机关处理。

第二十条　审查机构结合贯彻党中央决策部署和落实常务委员会工作重点，对事关重大改革和政策调整、涉及法律、法规重要修改、关系公众切身利益、引发社会广泛关注等方面的规范性文件进行专项审查。

在开展依职权审查、依申请审查、移送审查过程中，发现存在共性问题的，可以一并对相关规范性文件进行专项审查。

第二节　审查程序

第二十一条　根据审查要求、审查建议进行审查研究，发现规范性文件的规定可能存在本条例第三章第三节规定情形的，应当函告制定机关，要求制定机关在一个月内作出说明并反馈意见。

对规范性文件开展依职权审查、专项审查，发现规范性文件的规定可能存在本条例第三章第三节规定情形的，可以函告制定机关在一个月内作出说明并反馈意见。

第二十二条 对规范性文件进行审查研究，可以通过座谈会、听证会、论证会、实地调研、委托第三方研究等方式，听取国家机关、社会团体、企业事业组织、人大代表、专家学者以及利益相关方的意见。

第二十三条 县级以上人民代表大会有关的专门委员会、常务委员会工作机构在审查研究中认为有必要进行共同审查的，可以由负责组织审查的机构组织召开联合审查会议。

有关的专门委员会、常务委员会工作机构在审查研究中有较大意见分歧的，向主任会议报告，由主任会议决定。

第二十四条 审查机构应当在审查程序启动后三个月内完成审查研究工作。确需延长审查时限的，应当说明理由。

第二十五条 负责组织审查的机构应当加强与人民代表大会有关的专门委员会、常务委员会工作机构在备案审查工作中的沟通协调，适时向其了解开展备案审查工作的情况。

第三节　审查标准

第二十六条 对规范性文件进行审查研究，发现规范性文件存在与党中央的重大决策部署不相符或者与国家的重大改革方向不一致问题的，应当提出意见。

第二十七条 对规范性文件进行审查研究，发现规范性文件违背法律、法规规定，有下列情形之一的，应当提出意见：

（一）违反《中华人民共和国立法法》规定的立法事项和立法权限；

（二）超越权限，违法设定公民、法人和其他组织的权利与义务，或者违法设定国家机关的权力与责任；

（三）违法设定行政许可、行政处罚、行政强制，或者对法律、法规设定的行政许可、行政处罚、行政强制违法作出调整和改变；

（四）与法律、法规的规定明显不一致，或者与法律、法规的立法目的、原则明显相违背，旨在抵消、改变或者规避法律、法规的规定；

（五）与上级或者本级人民代表大会及其常务委员会的决议、决定等规范性文件相抵触；

（六）违反授权决定，超出授权范围；

（七）违背法定程序；

（八）其他违背法律、法规规定的情形。

第二十八条　对规范性文件进行审查研究，发现规范性文件存在明显不适当问题，有下列情形之一的，应当提出意见：

（一）明显违背社会主义核心价值观和公序良俗；

（二）对公民、法人或者其他组织的权利和义务的规定明显不合理，或者规范性文件所规定的手段与其制定目的明显不匹配；

（三）因现实情况发生重大变化而不宜继续施行；

（四）其他明显不适当的情形。

第四章　处　理

第二十九条　审查机构在审查研究中发现规范性文件可能存在本条例第三章第三节规定情形的，可以与制定机关沟通，或者采取书面形式对制定机关进行询问。

第三十条 经审查研究，认为规范性文件存在本条例第三章第三节规定情形，需要予以纠正的，在提出书面审查研究意见前，可以与制定机关沟通，要求制定机关及时修改或者废止。

经沟通，制定机关同意对规范性文件予以修改或者废止，并书面提出明确处理计划和时限的，可以不再向其提出书面审查研究意见，审查中止。

经沟通没有结果的，可以召开联合审查会议，要求制定机关到会说明情况，再向制定机关提出书面审查研究意见，要求制定机关在两个月内提出书面处理意见。

第三十一条 制定机关收到审查研究意见后逾期未报送书面处理意见的，审查机构可以向制定机关发函督促或者约谈制定机关有关负责人，要求制定机关限期报送处理意见。

第三十二条 制定机关按照书面审查研究意见对相关规范性文件进行修改、废止的，审查终止。

第三十三条 制定机关按照书面审查研究意见修改、废止的相关规范性文件，应当重新公布，重新报送备案。

第三十四条 制定机关未按照书面审查研究意见对规范性文件及时予以修改、废止的，审查机构可以依法向主任会议提出予以撤销的议案、建议，由主任会议决定提请常务委员会会议审议。

常务委员会会议审议撤销规范性文件的议案时，制定机关应当派人到会听取意见，回答询问。

常务委员会会议经过审议，认为规范性文件应当撤销的，应当作出撤销的决定并向社会公布。

第三十五条 经审查研究，认为规范性文件不存在本条例第三章第三节规定问题，但是存在其他倾向性问题或者可能造成理解歧义、执行不当等问题的，可以函告制定机关予以提醒，或者提出有关意见建议。

规范性文件审查研究工作结束后，有关审查研究资料应当及时归档保存。

第三十六条　负责组织审查的机构在规范性文件审查结束后的 30 日内，应当将审查研究情况向提出审查要求的国家机关或者提出审查建议的国家机关、社会团体、企业事业组织或者公民反馈。

反馈采取书面形式，必要时也可以采取口头形式。对通过备案审查信息平台提出的审查建议，可以通过备案审查信息平台进行反馈。

第五章　保障与监督

第三十七条　省人民代表大会常务委员会法制工作委员会应当在每年三月底前向省人民代表大会常务委员会专项报告上一年度规范性文件备案审查工作情况。

州（市）、县（市、区）人民代表大会常务委员会负责组织审查的机构应当每年向本级人民代表大会常务委员会专项报告上一年度规范性文件备案审查工作情况。

第三十八条　省人民代表大会常务委员会建立全省统一的规范性文件备案审查信息平台，省人民代表大会常务委员会办公厅负责做好备案审查信息平台的运行、维护和技术支撑等工作，制定机关、接收登记机构和审查机构应当通过备案审查信息平台开展备案审查工作，提高备案审查工作信息化水平。

第三十九条　县级以上人民代表大会常务委员会应当加强规范性文件备案审查工作队伍建设，配备专业人员，加强人员培训，提高备案审查工作能力。

制定机关应当加强规范性文件报送备案工作，建立健全工作制度，明确负责具体报送的机构和人员。

第四十条 负责组织审查的机构应当加强与同级党委、人民政府负责规范性文件备案审查的工作机构和下一级人民代表大会常务委员会负责组织审查的机构，以及同级监察委员会、人民法院、人民检察院有关业务机构的工作联系，通过备案审查衔接联动机制，加强信息交流共享和工作协作。

第四十一条 制定机关未按照备案范围报送规范性文件或者未按照期限报送，或者备案材料不齐全的，由接收登记机构通知其限期报送或者补充报送。逾期不报送的，由常务委员会办公厅（室）予以通报，并责令限期改正。

第六章 附 则

第四十二条 本条例自 2020 年 7 月 1 日起施行。2010 年 7 月 30 日云南省第十一届人民代表大会常务委员会第十八次会议通过的《云南省各级人民代表大会常务委员会规范性文件备案审查规定》同时废止。